BRENNER / Auf vertrauten Pfaden

stv

Wilhelm Brenner

Auf vertrauten Pfaden

Leopold Stocker Verlag
Graz – Stuttgart

Umschlaggestaltung: Atelier Geyer, Albersdorf
Umschlagbild: Carl B. Thiermeyer, Windschnur, Bayern
Bildnachweis: Brenner (5), Matula (5)

CIP-Kurztitelaufnahme der Deutschen Bibliothek

Brenner, Wilhelm:
Auf vertrauten Pfaden / Wilhelm Brenner. – Graz; Stuttgart: Stocker, 1981.
ISBN 3-7020-0378-9

ISBN 3-7020-0378-9

Printed in Austria
Druck: Leykam AG, Graz

Auf vertrauten Pfaden

Durch Jagd erlebtes Österreich

Daß Österreich nicht nur das grüne Herz Europas, sondern auch ein kleines Paradies für Jäger und Naturliebhaber ist, kann als eine allseits bekannte Tatsache angenommen werden. Die landschaftliche Vielfalt, die vom Hoch- und Mittelgebirge über das Hügelland bis zur Tiefebene, zu den weiten Augebieten der Flüsse und zum Weinland reicht, ergibt ein einzigartiges Bild von Schönheit. Die Jahreszeiten wechseln dazu noch stets das Antlitz der österreichischen Landschaften, sie geben ihnen immer wieder neue Farben, Züge und Düfte. Zeichen und Zeiten des Landes zu erkennen, das Erlebte zu deuten, die wärmende Erinnerung zu bewahren, sind Glück und Aufgabe des Jägers, der die größte Verantwortung für das Wild und somit auch für die Natur trägt.

Als Jäger lernt man Österreichs Landschaften auf vertrauten Pfaden, auf seit vielen Generationen ausgetretenen Wegen und Pirschsteigen kennen. Österreich ist alles andere als ein exotisches Jagdland; seine jagdliche Tradition und Kultur reichen Jahrhunderte zurück. Weder der Jäger noch der Jagderzähler betreten in Österreich Neuland, im Gegenteil, sie schließen sich einer langen Reihe von teils hervorragenden Vorgängern an. Doch wie überall in der Welt und in der Geschichte, prägen auch in diesem herrlichen kleinen Lande sowohl Beständigkeit wie auch Veränderung die Menschen samt ihrer Tätigkeit und ihrer Einstellung zur Welt.

Es kann daher auch hier nur eine Jagd und eine erzählende Kunst geben, die der Gegenwart mit allen ihren Schönheiten, Sünden und Naturgefährdungen Rechnung trägt, die auch den Aufgaben gerecht wird, mit denen heutzutage die Jagd täglich konfrontiert wird. Diese heißen: Schutz des Wildes, der Natur, der menschlichen Umwelt, ohne die wir nicht existieren könnten.

Es ist meine innerste Überzeugung, daß man verschiedene Gegenden am tiefsten durch die Jagd erleben kann. Bewußt suchte ich durch zwei Jahrzehnte diese Möglichkeit des Beobachtens und Erlebens auszunützen, um, über Beuten und Trophäen hinausgehend, die Seele der Landschaften Österreichs, ihre Eigenart, Stimmung und Vergangenheit mit heimtragen zu können. Ohne Gedanken und Gefühle wäre die Jagd ein dummes Sitzen oder ein gieriges Schleichen. Sie ist aber mehr. Sie ist Schauen und Sehen, Geben und Nehmen, Denken und Fühlen.

Anfänglich waren mir die Pfade, die zur Jagd in Österreich führen, gar nicht so vertraut. Ich kam als Erwachsener in dieses Land, wo ich meine seit der Kindheit gehegten Träume und Sehnsüchte nach der Jagd erst allmählich verwirklichen konnte. Ich wurde somit erst in Österreich zum seine Tätigkeit frei und voll ausübenden Jäger. Ich bin also ein österreichischer Jäger und werde dies bewußt und dankbar bis zu meinem Lebensende bleiben.

Mein Leben, meine Aufgaben, meine Familie und meine ganze Liebe verbinden mich mit diesem Land, das ich am tiefsten durch die Jagd erlebt habe, das mich am stärksten durch seine Landschaften, durch seinen Reichtum an Kultur und Schönheit an sich gebunden hat. Ich erlebte all dies durchaus mit heimischen Augen und Gefühlen, doch irgendwie mit sehnsüchtigeren. Persönliche Zuneigung und familiäre Wurzeln ließen mich einst für Österreich entscheiden. Seither suche ich sein jahreszeitlich sich änderndes Gesicht mit der natürlichen Liebe des Jägers und mit der treuen Anhänglichkeit des Abkömmlings. So kam es dann, daß die nie als fremd empfundenen Pfade mir bald als völlig vertraut galten, daß Jagd und Heimat zu einem einzigen Begriff verschmolzen, daß aus meinem bewegten und bewegenden Schicksal ein Weg, ein vertrauter Pfad, eine Heimkehr wurde.

Meine jagdlichen Möglichkeiten sind weder eng noch überdurchschnittlich groß. Sie liegen vielleicht um ein Quentchen, um ein „Atzgerl" höher als bei vielen meiner Alters- und Weidgenossen. Mit zwei Freunden gemeinsam betreue ich ein mittelgroßes Pachtrevier im Burgenland, wo folglich meine jagdliche Heimat liegt. Als Leiter unserer Jagdgesellschaft werde ich im Revier mit allen Fragen des alltäglichen Jagdbetriebes konfrontiert, habe Aufgaben zu erfüllen und Sorgen zu tragen. Dort erlebe ich aber auch die schönsten Stunden meines jagdlichen Daseins.

In andere Reviere, in andere Gegenden Österreichs, kam und komme ich durch Einladungen mir wohlgesinnter Menschen, Freunde und Kameraden. Im Laufe zweier Jahrzehnte lernte ich mit Hilfe der Jagd viele Landschaften Österreichs vielleicht besser kennen als mancher Nichtjäger, der im Lande geboren wurde. Vor allem aber entdeckte und erlebte ich für mich die großartigste Symbiose dieses Landes: den Einklang von Naturschönheit und von menschlicher Kunst, die Harmonie der verschiedenen Landschaften mit den Werken vieler Jahrhunderte. Und ich erlebte am eigenen Beispiel, wie die Liebe und Lust zur Jagd mit einem innigen Heimatgefühl verbunden sind, wie die Bindung zwischen Mensch und Wild und Land entsteht und fortbesteht, welches Glück zu geben sie fähig ist, indem sie die Schönheit der Welt und die des Lebens erfahren und erkennen läßt.

Im Laufe der Jahre wurden mir die Pfade, die Wege, die Steige und die Wechsel, die zur Jagd führen, immer mehr vertraut. Große Dankbarkeit schulde ich jenen, die mir dabei geholfen haben und mir Möglichkeiten boten. Man sagt zwar in unserer Zeit häufig, daß zur Jagd nur Gäste eingeladen werden, die Einfluß haben, die für den Gastgeber von wirtschaftlichem Interesse sind. Nachdem ich persönlich weder politische noch wirtschaftliche Positionen einnehme, geschweige denn solche verteile, kann an dieser Behauptung irgend etwas nicht stimmen. Oder habe ich glücklicherweise jene Kreise „verfehlt“?

Als eher grübelnder, deutender und denkender Beobachter der Jagd, einer Tätigkeit, die irgendwo zwischen Sport und Glauben liegt, suchte ich stets eigene Pfade. Und da die Jagd tiefe innere Reflexionen hervorruft und auch zu einem geistigen Landschaftserlebnis führt, versuchte ich von Anfang an, meine Gedanken und das Erlebte auch in Worte zu fassen. Von den bescheidenen Anfängen meiner jagdlichen Karriere bis zur Gegenwart bin ich immer bemüht gewesen, die erlebten Landschaften zu verstehen, sie zu deuten und zu vergeistigen, ihre Aussage für Gemüt und Intellekt einzufangen. So entstanden allmählich meine Berichte, geschriebene Aquarelle über ein geliebtes Land, dessen Erzähler ich aus Liebe und Begeisterung wurde. Es war dabei nie mein Ziel, eine jagdliche oder Selbstbiographie abzufassen. Für das übliche Thema „Mein Leben und die Jagd“ halte ich mich noch für zu jung, meine künftigen Erlebnisse für vielversprechend. Aus dieser Überlegung beließ ich die eigene Person und die Marksteine meines Daseins eher im Hintergrund, um allein die Landschaften, ihre Stimmungen, Geschöpfe und Werke gelten zu lassen.

Meiner Herkunft und Einstellung nach bin ich ein Städter, ein urbaner Mensch. Als Architekt und als Lehrer habe ich sogenannte intellektuelle

Aufgaben zu erfüllen, die kaum etwas mit der Jagd zu tun haben. Demnach bin ich als Jäger zu den reinsten „Amateuren" zu zählen. Ich bin stolz, auf diese Tatsache verweisen zu dürfen. In einer Welt, in der das Spezialistentum immer mehr überhandnimmt, gehöre ich zu den echten Liebhabern.

Vielleicht eben deshalb ist mir die Jagd, meine Liebhaberei, so ungemein wichtig. Sie hat meinem Leben einen besonderen, von keinem beruflichen oder sonstigen Interesse geprägten Inhalt gegeben. Auch die übliche jagdliche Karriere wurde mir nicht zuteil, in deren Folge man unter Obhut und Leitung des Vaters, des Großvaters oder anderer Anverwandter allmählich in seine Aufgaben hineinwächst. Die Anlagen wären zwar auch bei mir dagewesen, nur wurde ihre Entfaltung durch „historische Ereignisse" unterbunden. Was zählte da meine jugendliche Begeisterung für die Jagd? Erst in Österreich erlebte ich dann – ich stand damals schon gut in den Dreißigern –, daß ich zu keiner Menschengruppe gehöre, die bei der Jagd unerwünscht ist. Das ist einer der vielen Gründe, warum ich nicht nur ein so begeisterter österreichischer Jäger, sondern Österreicher überhaupt bin!

Meine bisherige Strecke ist nicht außergewöhnlich, sie läßt sich immerhin sehen. Ihr innerer Wert besteht nicht nur aus der Tiefe der Gefühle, die mich mit meinen Trophäen verbinden. Die durch meine Jagden erlebten vielfältigen Landschaften Österreichs, die tiefe innere Beziehung zu ihnen, zählen zu meinen schönsten und wichtigsten „Beutestücken". Und schreiben über die Jagd sollte doch nicht jener, der das meiste Wild erlegt, sondern der, der ihre ganze Poesie erlebt und empfunden hat und diese auch zum Ausdruck bringen kann!

Meine vertrauten Pfade führten einigemal auch über die Grenzen der Republik hinaus, in Gegenden, die durch historische und geographische Züge derart mit Österreich verbunden sind, daß man sie noch heute, zwei Generationen nach ihrem Verlust, kaum als Ausland empfinden kann. Südtirol, Grado und die Untersteiermark reihte ich also ebenfalls in die österreichischen Landschaften ein, ohne dabei politische Themen berühren zu wollen. Die von mir erlebte jagdliche Mentalität und Verhaltensweise der dort lebenden Menschen ist derart identisch mit jener der Österreicher, daß man sich in ihrem Kreis einfach nicht im jagdlichen Ausland fühlen kann, ganz gleich, ob die Muttersprache der Einheimischen deutsch, italienisch oder slowenisch ist.

Auch in der Zukunft möchte ich meine jagdliche Entdeckung Österreichs fortführen, auf möglichst vielen Pfaden des Landes mich vertraut bewegen, um es bis zu seinen letzten mir noch unbekannten Winkeln als Jäger kennenzulernen, um die nie endende Möglichkeit, die Seele der Landschaft zu erahnen, in keinem Augenblick meines Lebens zu versäumen, um meine Liebeserklärung an die Landschaften Österreichs stets fortsetzen zu können.

Winterliche Stromjagd

Auf Wildenten an der Donau

Langsam stieg die Sonne zwischen dämmerndem Nebel und Uferwald hoch. Einige Dunstschleier krochen noch vorbei, dann lag unter goldgrauer Wintersonne der Strom vor mir. Mochte er rauschen oder rinnen, strömen oder plätschern; seitdem es ihn gab, war er Allgegenwart und Zeitlosigkeit in dieser Landschaft, die er prägte. Ich hielt an und beobachtete den winterlichen Strom. Sein Wasser ist eine Ewigkeit für uns Menschen, sein Strombett ein einziger Hinweis auf die historische Blickrichtung des Uferlandes. Die Donau – sie war der erste große Fluß, den ich als Knabe erlebte, in ihrer Strömung „erlitt" ich die ersten Schwimmstunden, damals klapperten noch uralte Schwimmühlen in der Strommitte, und abends führten halbnackte braungebrannte Burschen ihre verstaubten Pferde zur Schwemme. Jetzt aber war Winter. Ich grüßte zu einer vorbeistreichenden Ente hinauf: Ihr galt mein Besuch!

Die eigenartige und noch bis in die Gegenwart erhaltene, manchmal auch etwas melancholisch wirkende Schönheit dieser vielfältigen Stromlandschaft und Augegend der Donau in Niederösterreich zieht mich mit der gleichen Kraft an wie ihre jagdlichen Möglichkeiten. Jedesmal, wenn ich in das landschaftlich so ausgeprägte Revier kam, ergriff mich sein verhalten-hintergründiger Reiz. Am gegenüberliegenden Ufer sieht man die Hügelzüge des Wienerwaldes, aber auch die barocken Türme der Dorfkirchen, die in einer Zeit entstanden sind, als das Land nach den Untergangsängsten der Türkenzeit einen Aufschwung ohnegleichen erlebte. Der Kontrast von stillen ungestörten Auwäldern und barocker Baukunst wirkt auch hier wunderbar mitteleuropäisch.

Die Aulandschaft der Donau bietet jagdlich fast jede Möglichkeit, die es in unserem Lande gibt. Mich aber zieht am meisten ihre Wasserjagd an, diese herrliche Gelegenheit, auf winterliche Enten zu weidwerken. Wenn auch die Stromregulierungen einiges an dem Charakter des Landes verändert haben, sind Stromgebiet und Aulandschaft der Donau noch immer ein einmaliges Erlebnis und die winterliche Entenjagd ein jagdlicher Höhepunkt des Jahres. Und auch des Jägers, der seine jagdliche „Landschaftssammlung" möglichst auf alle Gegenden Österreichs ausbreiten möchte. Faszinierend ist allein schon die Stimmung des ruhig dahinfließenden Stromes mit der weiten Sicht über sein Bett, mit den vielen Buchten und Nebengewässern. Breitbeständig zieht auch der Auwald mit seinen reinen Laubholzbeständen den Strom entlang. Doch am faszinierendsten ist, wenn die winterliche Sonne im grauen Dunst des Flusses steht und man aus dem Nebel Enten klingelnd herannahen hört! –

Wenn einmal der Frost zunimmt und die stehenden Gewässer nacheinander zufrieren, versammeln sich die Enten am offenen Strom, da sie dort Äsung und genügend Wasser finden. Das ist die alte Erklärung für die Tatsache, daß man am besten bei schlechtem Wetter Enten jagen kann. Das ungestörte Augebiet bietet mit seinen bewaldeten Ufern Schutz auch für die zugezogenen Enten, und der Strom schwemmt ausreichend Nahrung mit sich. Die Hauptmasse des Wasserwildes bilden die Stockenten, nur selten sieht man auf der Wasserfläche aufleuchtende, helle nordische Zuwanderer und Wintergäste, die von den einheimischen Jägern, wenn auch ornithologisch nur selten richtig und dennoch treffend „Eisenten" genannt werden.

Die Neujahrstage sollten wir gemütlich jagend im Jagdhaus verbringen, lautete die Einladung. Die gewölbte alte Diele erwartete uns mit einer angenehmen Ofenwärme. Ich vertrat nach der langen Autofahrt die Füße, während Freund Herbert den Tee richtete. Seine Nachrichten waren recht verheißungsvoll. Die Enten seien, erzählte er mir, seit dem Eintritt des anhaltenden Frostwetters am Strom versammelt. Die Teiche, Tümpel und toten Arme der Gegend wären schon seit mehr als einer Woche zugefroren, auch vom Neusiedler See kämen die Enten zur Donau herüber. „Iß eine Kleinigkeit und kleide dich dann gleich um, wir fahren bald hinaus", schloß Herbert seinen Lagebericht. Nach einer knappen halben Stunde waren wir schon unterwegs ins Revier.

Mitten durch die winterkahlen Auwälder führte der schnurgerade Waldweg, den wir entlangfuhren. Stellenweise verlief seine Trasse in einem nicht endenwollenden Auf und Ab, wenn man die Wellenlinie der dicht aufeinanderfolgenden Bodenmulden passierte. Diese Vertiefungen sind naturgeschaffene, zum Strom hinführende Rillen, die bei Hochwasser als erste überflutet werden. Sie bilden aber auch einen kanalähnlichen Abfluß, der nach Rückgang der Überschwemmung die Entwässerung ermöglicht. Fährt man diese wellenartige Bahn hinter einem anderen Wagen, so sieht man den Vordermann entweder in einer der Mulden verschwinden, oder aber, wenn man selbst eben die Tiefe passiert, auf der nächsten begrasten Dünenkrone auftauchen.

Auch an diesem Wintertag erfreute mich der wohlbekannte Anblick der für flachländische Großreviere so charakteristischen niedrigen Kanzeln in den Alleekreuzungen. Wir fuhren an einigen dieser Stände vorbei. Sie wirkten gleich und doch nicht eintönig. Ihre in allen Jahreszeiten erlebte, im Sonnenaufgang auftauchende oder im Bodendunst des Abends verlöschende Silhouette wird für mich immer ein Symbol der Jagd im Auwald bleiben. Bei einem der „Haufen" – das sind natürliche oder künstliche Bodenerhöhungen, die bei Hochwasser oft die letzte Rettung des bedrängten Wildes sind, da sie als Rettungsinsel dienen – ließen wir den Wagen stehen. Von hier ging es durch den Uferwald und durch Erlen- und Weidengestrüpp zum Strom hinaus. Die letzten Meter schlichen und krochen wir, bis wir unsere Beobachtungsstände an der grasbewachsenen, sandigen Uferböschung erreichten. Von hier bot sich ein überwältigender Anblick!

Die frühe Nachmittagssonne beleuchtete den ruhig dahinfließenden Strom. Etwas stromaufwärts von meinem Beobachtungsstand dehnte sich eine Strombuhne zur Schiffahrtsrinne hinaus. Der Wasserstand war niedrig, neben dem aus groben Steinblöcken geschütteten Damm der Buhne sah ich das seichte schlammige Wasser zum Ufer buchten. Auf der Buhne aber saßen und ruhten Hunderte von Enten! Sie sonnten sich oder suchten nach angespülter Äsung. Andere Enten ließen sich auf dem Strom in kleinen Scharen treiben, unentwegt flogen kleinere Schofe im Tiefflug auf und nieder, fielen irgendwo ein, gründelten und suchten, wurden dann allmählich abgetrieben, standen wieder auf und strichen stromaufwärts wieder zurück. Ich saß in der brusthoch verschilften Niederung einer Bodenmulde und beobachtete das Kommen und Gehen der Enten, den Strom, die Nebenarme, die Schotterbänke, das von Schilf und von Schlingpflanzen umsäumte brüchige Ufer. Meinen Stand richtete ich allmählich ein, ich knickte einige störende Zweige weg, legte Rucksack und Loden hin, machte für Flinte und Patronen einen geeigneten Platz. Mein Fernglas hatte ich freilich bei der Hand; zur Entenjagd sollte man den Feldstecher immer mitnehmen, man beobachtet mit seiner Hilfe den Flug des Wildes viel besser und findet auch leichter die geflügelten Enten.

Am Anblick vor mir konnte ich mich freilich gar nicht sattsehen!

Immer wieder strichen einzelne Enten auf und ab. Manchmal kamen auch ganz hochfliegende heran, sie fielen im Bremsflug ein und klatschten leise auf das Wasser auf. Weiter oben sah ich eine verankerte Zille neben dem Ufer schaukeln. Unentwegt hörte man das Geschnatter der Enten, aus der Ferne tutete einmal das Schiffshorn eines Schleppers. Zeit zum Beobachten hatte ich genug.

Mit Herbert haben wir schon bei der Ausfahrt vereinbart, daß ich, sollte er mich inzwischen nicht abholen, bis zum Beginn der Jagd auf meinem Stand verharren und nach Herzenslust das Wasserwild beobachten sollte. Er würde inzwischen noch zwei Schützen vom Jagdhaus zu ihren Ständen herausbringen und aufstellen, den Hebschuß sollte dann der Schütze abfeuern, der mit der Zille unterwegs zum Schauplatz sein würde, so lautete das Programm und meine Einweisung.

Wie meistens im Winter, gab es auch in diesem Jahr einen niedrigen Wasserstand der Donau. Dadurch kamen etliche Schotterbänke zum Vorschein; sie dienten als beliebter Aufenthaltsort für die Enten. Um sie herum schien das Wasser zu stehen, da die in regelmäßigen Abständen ins Strombett wie Finger hineingreifende Buhnen die offene Rinne eingeengt haben und somit ruhige Wasserflächen in Ufernähe schufen. Hier war dann kaum eine Strömung mehr zu bemerken. Hier gab es freilich auch die meiste Äsung für die Enten. Ich konnte mein Fernglas einfach nicht vom Auge nehmen, kaum daß ich mir einmal eine Zigarette gönnte, so viele Enten kamen und gingen in meinem Blickfeld. Kälte verspürte ich kaum. Mit der Aussicht auf eine gute Wildentenjagd könnte man mich bis zum Ende der Welt locken, fiel mir während der beobachtenden Wartezeit ein, denn kein Flugwild fasziniert mich derart wie unsere schnellflügige heimische Ente! Ich gebe ihr selbst dem Fasanhahn gegenüber den absoluten Vorrang.

Ich meditierte eben über das Thema, um wie vieles reizender die Entenjagd am Strom als weiter landeinwärts ist, da hier der weite Winterhimmel, der sich in der Donau spiegelt, viel mehr zur Geltung kommt, da hier der Wald einen Hintergrund zum Schauplatz bietet, dessen eigenartige Schönheit kaum in Worte zu fassen ist, als ich die Zille weit unter mir, langsam stromaufwärts fahrend, erblickte. In dem mit einem geringen Außenbordmotor angetriebenen Boot saßen der Revierjäger, ein

Gastschütze und ein Hund. Der braune Langhaar stand regungslos in der Bugspitze, das Glas brachte mir seine angespannte Körperhaltung, seine erwartungsvolle Aufmerksamkeit in fast greifbare Nähe. Die Aufgabe dieser Zille und ihrer zwei- bzw. vierbeinigen Mannschaft war, die geschossenen und anrinnenden Enten einzuholen und auch das abseits eingefallene Wild hochzumachen.

Als die Zille die Höhe der Reviergrenze passiert hatte und seine schwappenden Bootswellen gegen den Rand der ersten Buhne klatschten, krachte der Hebschuß. Er holte gleich eine aus der Strommitte aufsteigende Ente herunter.

Mitunter macht der Schütze, der im Boot fährt und nicht wie die anderen am Ufer einen Stand bezogen hat, eine wesentlich höhere Strecke als seine Jagdgenossen. Manchmal durch Zufall, manchmal aber aus dem einfachen Grunde, weil er seine fraglos besseren Chancen voll ausnützt, obwohl seine eigentliche Aufgabe ist, möglichst viele Enten hochzumachen und diese von der Strommitte zu den Schützen zu schicken.

Die auf den Sandbänken und Buhnen stehenden Enten begannen nun unruhig zu werden. Es fielen bereits auch weiter oben in der Stromkrümmung einige Schüsse, diese brachten dann das Wild endgültig hoch. Als zwei Stockenten, die unmittelbar auf mich zugestrichen kamen, meine Höhe überflogen, fielen meine ersten beiden Schüsse. Die eine kam geflügelt herunter, leider konnte ich weder hören noch sehen, wo sie genau eingefallen ist. Wahrscheinlich habe ich wieder einmal leichtsinnig geschossen, und ob ich die Ente hinterher finden würde, hing jetzt allein von Heck, vom altbewährten Kurzhaar meines Freundes, ab.

Von den Ständen meiner Nachbarn hörte ich jetzt Schuß nach Schuß fallen. Die Enten strichen kreuz und quer, manchmal kamen Schofe von der Landseite her. Jetzt, jetzt klingelte eine einzelne Ente heran, ich schoß nach halblinks und holte sie herunter. Es ist für mich unendlich wichtig, den Strich nicht mit Fehlschüssen zu beginnen. Ein übereilter, ärgerlicher Schuß kann mitunter die bei der Flintenjagd so wichtige Stimmung verderben und die Konzentration schwächen. Denn nicht nur das Verhalten am Stand ist wichtig, das wird mir jeder Flugwildschütze bestätigen. Die richtige Einschätzung der gegebenen Situationen, die rasche Entscheidung, wie und wann man schießen sollte, die dauernde Konzentration, um keine Chance zu verpassen, das alles sind nicht nur Voraussetzungen, sondern auch Sinn und Freude der Flintenjagd, die sich durch eine scheinbare Leichtigkeit, vor allem aber durch den raschen Szenenwechsel vom bewegungslos ernsten Versammeln des Büchsenschusses unterscheidet – und jetzt hörte ich wieder das Brausen eines in meine Richtung eindrehenden Schofes, die Flintenmündung schnellte in die Höhe, der erste Schuß ging daneben, der linke Lauf aber holte blitzschnell den im Flug wendenden Erpel herunter.

Das Knallen der Flinten hat immer wieder neue Entenflüge hochgemacht, auch von der Landseite kamen stets neue Schofe herangestrichen; so lebte der Strich in regelmäßigen Zeitabständen immer wieder auf. Es kamen aber auch von weit her neue Enten; man erkannte sie an ihrem hohen Flug und an der Absicht, auf dem Strom niederzugehen. Die interessantesten Schüsse aber boten jene Enten, die niedrig und geschwind über die Wasserfläche herangestrichen kamen, oft ganz überraschend, einmal von vorne, dann von hinten. Sie zwangen mich zu ständiger Aufmerksamkeit und Konzentration.

Der Wind paßte genau. Er ging weder allzu stürmisch, noch gab es totale Windstille. Die Enten zeigten trotz des Flintenfeuers keine fluchtartige Unruhe, doch waren sie stets in Bewegung. Meine dritte und vierte Ente holte ich herunter, während die Zille, auf der Höhe meines Standes kreuzend, von der Strommitte einen Schof hochtrieb. Mit leisem Neid beobachtete ich den Schützen im Boot: Er hatte diesmal einen herrlichen Tag, kam unentwegt zum Schuß und hatte auch kaum Schwierigkeiten, die gefallenen Enten zu bergen. Zu Füßen des als Steuermann fungierenden Revierjägers häufte sich die Strecke des Fahrgastes. Nur der Langhaar kam zu diesem Zeitpunkt noch kaum zu seinem Vergnügen; es wäre auch nicht vernünftig gewesen, den Hund apportieren zu lassen, um ihn dann unter großen Schwierigkeiten wieder in die Zille zu bergen. Durch mein Glas beobachtend, bedauerte ich den braven Vierbeiner, wie er nach jeder getroffenen Ente schon ins Wasser springen wollte und dann jedesmal durch ein scharfes Kommando zurückgehalten wurde.

Sirren der Schwingen, Entenrufe, Schußknall – geflügelt. Ich warf den zweiten Schuß der im schrägen Gleitflug abfallenden Ente nach. Sie klatschte auf das seichte Uferwasser, der leblose Körper blieb dann vor einem Stein hängen.

Auch auf den Nachbarständen schwiegen die Flinten nicht. Immer wieder bekamen sie einen Fieberanfall, der ausgelöst wurde durch einen Entenschof, der das Ufer entlangstrich. Das waren freilich keine vom Strom aufstehenden Flüge mehr, sondern hoch streichende Enten, die vom Land kamen. Sie lösten jedesmal ein aufbrausendes Flintenfeuer aus. Verdächtige Bewegungen unter ihnen warnten sie freilich vor dem Einfallen auf ihre Lieblingsbuhnen und bevorzugten Buchten mit der Gegenströmung, worauf sie die Tiefe mieden und gar nicht versuchten, bei uns niederzugehen. Und man konnte hier immer wieder erleben, daß ruhig und gedeckt stehende Schützen zumindest soweit das Mißtrauen der Enten vermindern konnten, daß sie nicht vorzeitig vom Strom abschwenkten, sondern die Feuerlinie oft irgendwo zwischen zwei Schützen zu überqueren suchten.

Das gegen den winterlichen Abendhimmel wunderbar gezeichnete und oft beglückend lange Zeit zu betrachtende Flugbild der Enten war vielleicht die schönste „Beute" dieser Jagd! Immer wieder hallten Schüsse. Herberts Browning war jedesmal klar herauszuhören; nach der Anzahl der Schüsse mußte er einen tollen Tag gehabt haben.

Die Zille befand sich jetzt ganz weit stromaufwärts, und schon begannen einzelne Enten wieder auf die Buhnen und Schotterbänke einzufallen. Es war ein reizendes Erlebnis, ihren Landeflug mit dem Glas zu beobachten. Aufgeregt erzählten sie einander mit „Hap-hap"-Lauten, mit mehrstimmigen „Schap-schap-schap"-Chören und mit den tiefernsten „Meikmeik-meik"-Berichten von den durchgestandenen Aufregungen des Nachmittags.

Dann aber kehrte die Zille zurück. Mit ihr flammte das Flintenfeuer wieder auf, wobei ich zwei Stockenten, der im Boot mitfahrende Schütze aber drei schoß. Auch bei meinem oberen Nachbarn krachte es diesmal ganz gehörig; ein Zeichen dafür, daß auch dort der Strich außerordentlich gut verlief.

Fehlschüsse gab es ebenfalls in großer Zahl. Sie zu zählen wäre nicht schwer gewesen, sieht man doch aus einer gewissen Entfernung früher die Enten fallen als man den Schußknall hört. Auch um meinen Stand herum häuften sich die leergeschossenen Hülsen schneller als die gestreckten Enten – jetzt aber ging ich in Deckung, eine Ente drehte ein und kam direkt auf mich zu. Wie ein Knäuel fiel sie nach dem Schuß herunter und schlug weich im Ufergebüsch auf.

Noch zwei weitere Enten erlegte ich, bevor die Zille ans Land kam, um somit ein Zeichen für das Ende der heutigen Jagd zu setzen. Ich mußte diesmal meinen aufkeimenden Neid unterdrücken: Der Schütze, der in der Zille die Entenjagd miterlebt und mitgeschossen hatte, brachte eine Strecke aus dem Boot, die wirklich ansehnlich war.

Tageslicht und Zeit hatten wir nur mehr wenig, um mit den beiden Hunden die Nachsuche im Ufergelände zu unternehmen. Heck, dieser unübertreffliche alte Hundeprofessor, dieses Urtalent für jede Nachsuche, gleich ob auf Hirsch oder auf Federwild, brachte alle meine Enten. Selbst die erste fand er weiter landeinwärts, die ich bloß geflügelt habe.

Die Nachsuche war allerdings nicht übermäßig schwierig. Wenn auch die Hunde, die doch den Strich neben ihren Führern stehend verbracht haben, die Stellen nicht sehen konnten, wo die Enten heruntergefallen waren, mußten sie sich nicht besonders plagen. Die winterlich spärliche Vegetation machte ungleich weniger Schwierigkeiten als der Sommerdschungel der Entenjagden im August. So hatten wir bald die Strecken der einzelnen Schützen beisammen.

Der Winterabend kam mit einem wolkenlos stillen Farbenhimmel. Die Sonne versank hinter dem Strom und ließ noch lange ihre Spur am verdunkelnden Firmament zurück. Grüne, gelbe und dunkelrote Farbflecke lagen eine Zeitlang noch als Nachhut dort oben, dann brach die Dunkelheit ein. Aus den Mulden der Au und aus dem Bett der Donau stiegen zarte graue Dunstschleier auf. Man spürte direkt körperlich, wie sehr Land und Strom hier zusammengehörten, wie sie gemeinsam reagierten und sich gaben. Der Winterabend umhüllte uns, als wir die Autos bestiegen. Den letzten Eindruck des Jagdtages vermittelte uns dann ein Hochwildrudel, das im Scheinwerferlicht des Wagens die große Allee überfiel.

Die Strecke legten wir im Hof des Jagdhauses, erst danach gingen wir in das gutgeheizte Badezimmer, um uns für das schon recht begehrte Abendessen herzurichten. Ich gehe gewiß nicht nur mit dem Ziel jagen, Wild zu erlegen. Man sammelt Landschaftserlebnisse und Erinnerungen an Jagdhäuser, man sammelt persönliche Eindrücke und führt gute Gespräche. Und man lobt Küche und Weine unter einem alten Gewölbe, raucht bei bedächtigem Gespräch seine Pfeife, und während draußen die klirrende Nachtkälte hochsteigt, weiß man, was Zufriedenheit ist. –

Die Geduldsprobe

Ein Muffelwidder aus dem Walstertal

Die härteste Geduldsprobe, die ich in meinem bisherigen Jägerleben zu bestehen hatte, erstreckte sich auf drei Kalenderjahre, auf drei wundervolle, abwechslungsreiche Herbste im Gebirge. Eingeladen war ich auf einen guten Muffelwidder. Kenner dieser Wildart behaupten, daß man zur Muffeljagd noch ein Quentchen mehr Glück und Weidmannsheil braucht als zu allen anderen Schalenwildarten. Diese These kann ich aus eigener Erfahrung nur bestätigen, denn kein einziges Stück Wild hat mir mehr Geduld abverlangt als der im Jahre 1977 in der Walster erlegte Muffelwidder.

Gegangen bin ich auf ihn schon das dritte Jahr. Fünf Stück Muffelwild hatte ich bis dahin erlegt, zwei Widder und drei Schafe. Mit dem dritten Widder aber wollte es einfach nicht klappen. Nicht weniger als dreiundzwanzigmal pirschte ich während zweier Jahre – und nicht einmal zum Schuß war ich gekommen! Es gibt kaum ein Wild in unseren Breiten, das so wetterwendig und so unberechenbar wäre wie ein guter Widder mit voll geschwungenen Schnecken. Kommt einmal Südwind in die Berge um die Walster, so kann der Jagdgast bereits seine Sachen packen und heimfahren – oder aber in irgendeinem Gasthof von Mariazell Anschluß an eine einheimische Kartenrunde suchen. In den beiden vorhergegangenen Jahren habe ich fast immer Südwetter erwischt, sobald ich das Revier betrat. Es war zum Verzweifeln!

Unvergleichlich schön waren sie trotzdem, die Pirschgänge und Ansitze, die geruhsamen Tage im Revier, die langen Herbst- und Winterabende im Jagdhaus des Gastgebers. Die Walster, dieses Gebirgsrevier der Ostalpen, ist ein langgestrecktes Tal stiller Wälder und großer Forstdomänen, ein Kleinod österreichischer Jagdkultur und Tradition. Und wenn auch mein Herz dem in die endlose Weite Pannoniens sich ausbreitenden Voralpenland gehört, zieht mich das Gebirge immer mit magischen Kräften an, wenn es um Gams oder Muffelwild geht. –

Viele Jäger mögen ihn nicht, den um die Jahrhundertwende eingebürgerten Gast aus dem Mittelmeergebiet. Manche halten ihn noch heute für einen Eindringling und meinen, daß der Mufflon nicht zur autochthonen Tierwelt heimischer Wildbahnen paßt. Sie mögen teilweise recht haben, zumindest jene, die sich nur auf die Rehwildhege ausrichten. Mich persönlich zieht das Muffelwild ungemein stark an, für mich ist es ein vollberechtigter Bewohner vieler Mittelgebirgsreviere. Ich finde auch, daß die farbenprächtige Winterdecke, die kraftvolle Erscheinung, die herrlich geschwungenen Schnecken dieses Wildes ausgezeichnet in gewisse Gegenden und Reviere passen.

Im Gebiet um die Walster ist das Muffelwild seit der Jahrhundertwende beheimatet. Das Wild lebt in freier Wildbahn. Die Gegend ist eine richtige Mittelgebirgslandschaft, eine Randzone der Ostalpen, stellenweise schroff und stark geklüftet, klimatisch äußerst rauh. Das Walstertal liegt in acht- bis neunhundert Meter Seehöhe, die Berge rundum erreichen selten mehr als vierzehnhundert Meter. Der Wald besteht hauptsächlich aus Nadelhölzern und aus Buchen. Die Gegend ist klimatisch gesehen ein ausgesprochenes „Kälteloch“; der Winter dauert hier oft ein halbes Jahr und noch länger. Die steirisch-niederösterreichische Landesgrenze geht mitten durch die Walster, sie bildet gleichzeitig auch die Reviergrenze zu den Bundesforsten.

Rehwild gibt es in der weiteren Umgebung nur wenig. Die harten Winter, die ungünstigen Äsungsverhältnisse lassen den Bestand nicht hochkommen. Auch das Fehlen jeder landwirtschaftlichen Kultur dürfte eine Ursache für den schwachen Rehbestand sein. Hochwild gibt es dagegen reichlich; auch der Bestand an Waldgams ist nennenswert.

Man würde eigentlich annehmen, daß das aus trocken-mediterranen Klimaverhältnissen stammende Muffelwild hier nur schwer Fuß fassen konnte, daß es hier in eine ungünstige Umwelt kam. In Wirklichkeit aber verlief die Einbürgerung des Wildschafes günstig und zeigte schon frühzeitig Erfolge.

Das Muffelwild verträgt die harten Winter gut, wenn es entsprechend gefüttert wird. Wichtig ist auch, daß das Gelände steil und überall bestockt ist. So finden die Muffel selbst in strengen Wintern noch apere Flächen oder zumindest Stellen unter den Bäumen, wo sich das Scharren lohnt. Die steilen Hänge bieten tagsüber in den Forstkulturen gute Sonneneinstände, und der Hochwald schützt das Wild vor Stürmen. Die langen, schneereichen Winter sind daher keine Gefahr, selbst dann nicht, wenn sie sich bis in die Setzzeit der Schafe hinausschieben. Viel gefährlicher für den Nachwuchs sind verregnete, feuchte Wochen im Frühling. Sehr günstig für den Muffelbestand der Walster ist noch die Tatsache, daß es hier keine Streusiedlungen, keine Höfe gibt. Die Forste sind ausnahmslos Großwaldbesitz und daher überaus ruhig. Es fehlt auch der größte Feind der Muffelhege: der streunende, wildernde Hund. Denn kaum ein Wild ist dafür so empfindlich wie das sonst robuste Wildschaf und noch mehr sein Lamm.

Mit dem Hochwild verträgt sich der Muffel ohne Schwierigkeit. Oft sah ich während unzähliger Pirschgänge Hirsch und Muffel an sonnigen, aperen Flächen friedlich nebeneinanderstehen, ohne einander zu stören.

Der wichtigste jagdliche Vorteil des Muffelwildes ist seine Standorttreue im weiteren Sinne. Es zieht zwar ziemlich unberechenbar auf und ab, besonders in wärmeren Jahreszeiten, doch hält es im großen und ganzen seinen Einstand. Daß Muffelreviere nie klein sein dürfen, versteht sich von selbst. Im Winter stehen die Rudel tagsüber meist an sonnenbestrahlten Hängen. Zu dieser Zeit gesellen sich auch die starken alten Widder, die sonst heimlich, ruhelos und allein umherbummeln, den Rudeln zu. Der Muffel ist bekanntlich ein ausgesprochenes Herdentier, so ist sein Bestand relativ leicht zu kontrollieren, besonders, wenn es einmal in der Nähe der Winterfütterungen steht. –

Meine Erfahrungen mit dem Muffelwild erstrecken sich auf fünfzehn Jahre und beschränken sich auf das Walsterrevier Sulzberg, wo ich stets Gast des Jagdherrn Dr. F. E. Graf Hoyos war. Unvergleichlich schön an diesen Einladungen ist, daß man nie unter Zeitdruck pirschen oder gar schießen muß: Denn sollte es in einem Jahr eben nicht „passen", so wird die Pirsch im nächsten Jahr einfach fortgesetzt, bis man zum erwünschten Abschluß oder Abschuß kommt! Ich glaube, daß viele meiner Weidgenossen den besonderen Wert solcher Einladungen „neidvoll" erkennen.

Zur Muffeljagd kam ich stets im Spätherbst und im Winter, nie vor der Hirschbrunft in die Walster. Es gelang mir auch, die Jagd stets so einzurichten, daß ich für die jeweilige Pirsch mehrere Tage verwenden konnte. So auch für meinen dritten Widder, dem ich so viele Fahrten, Tage und Hoffnungen opferte und den ich erst im dritten Jahr erlegte. Seine

Trophäe heimzutragen, war meine bisher härteste Geduldsprobe, wie schon anfänglich erwähnt. –

Nun war ich also wieder dabei, meinen neuerlichen, den vierundzwanzigsten Anlauf auf den starken Muffelwidder zu unternehmen. Es war ein gar nicht grauer Novembertag, als wir vor dem Jagdhaus aus dem Wagen stiegen. Im „Jubiläumsjahr" des fünfzigsten Bestandes darf vielleicht erwähnt werden, daß man in einigen guten Revieren und in einigen schönen Jagdhäusern „vorbeigekommen" ist und daß zur Spitze dieser Erlebnisse fraglos auch die Walster gehört mit dem warmen Gästeappartement samt Badezimmer, mit der architektonisch so gelungenen Gestaltung des in die Natur „hineinfließenden" Baukörpers, des Jagdhauses. Ankunft am Abend, Begrüßung durch den Forstverwalter Theubenbacher, diesen tüchtigen und grundgescheiten Fachmann und Weidmann, dessen Gesellschaft mir bei allen Pirschgängen und Ansitzen zumindest soviel wert wie die nicht erlegten Widder war. Die Morgenpirsch verlief erfolglos, da schon wieder der Südwind wehte. Nachmittags unternahmen wir den nächsten Versuch. Wir sahen zwei schußbare Hirsche und einiges an Rehwild, doch keinen Muffelwidder. So ging es auch am nächsten Tag. Obwohl ich kein zeitgeplagter Manager bin, der jede Viertelstunde auf seine Armbanduhr schauen muß, begann ich unruhig zu werden. Der föhnfröhliche Südwind blies, und kein Mensch konnte uns sagen, wohin sich die Muffel verzogen haben. Wir sahen zwar einige Schafe und Lämmer unruhig umherziehen, doch das war auch alles. Von den Widdern fehlte jede Spur.

Selbst abends wehte noch ein Südwind. Die Berge glänzten später scharf und dünn im Mondlicht, die Sterne standen besonders hell am rätselvollen Himmel. In den Tiefen der Gräben lag dunkle Einsamkeit, geheimnisvolle Stille. Auch diese Nacht änderte sich das Wetter nicht, das muß aufgezeichnet werden, obwohl jede Jagderzählung Gefahr läuft, zu einem Wetterbericht herabzusinken.

Doch schön waren sie auch, diese ruhigen langen Herbstabende im Jagdhaus. Wir lasen viel, meine Frau nahm sich Handarbeiten mit. Es war behaglich und warm um mich. In der Stille der Abendstunden stiegen öfters in mir Gefühle hoch, die ich längst schon für begraben hielt: Heimweh und Sehnsucht nach den Häusern meiner Kindheit und Jugend, nach der verlorenen Ruhe und Unerschütterlichkeit, die in den großen Räumen dieser Häuser lebte. –

Auch der nächste Tag verlief ereignislos. Nicht einmal einen Anblick hatten wir. Dafür konnten wir uns mittags vor dem Haus sonnen, und das im November! Der föhnige Südwind blies, und mein unübertrefflicher Pirschführer, selbst schon etwas deprimiert wegen unserer Pechserie, machte mir nach der Abendpirsch die betrübliche Mitteilung, daß er am nächsten Tag nicht mitwirken könne, da seine Schwiegereltern goldene Hochzeit feiern würden. Ein anderer Gutsangestellter sollte mich am nächsten Morgen begleiten, der ebenfalls ein erfahrener Muffeljäger wäre.

Beim Hundegang vor dem Schlafengehen beobachtete ich gewohnheitsgemäß die Wetterlage. Der Himmel war bedeckt, der Wind hatte umgeschlagen, und sanfte Schneeflocken schwebten herunter. Aus war es mit dem Südwetter, der Winter zog ins Tal! Mein Spaniel lief begeistert auf und ab und konnte vom frischen Schnee nicht genug zum Spielen haben.

Der verschneiten Nacht folgte ein grauer Frühwintertag. Ich spürte, daß dieser Sonntagmorgen meinen Widder in Schußnähe bringen würde. Es war eine beglückende Ahnung. Mein neuer Pirschführer holte mich nach Tagwerden ab: Eine Wohltat der Muffeljagd, daß man sich morgens getrost Zeit lassen kann, da das Wild erst später in die Tageseinstände zieht. Pfeifend stieg ich vor dem Haus in die Bergschuhe. Dann zogen wir los und setzten uns eine halbe Stunde später in den wettergeschützten Bodenschirm am Rande einer kleinen Bergmulde an. Es war der letzte vorgesehene und für mich überhaupt mögliche Jagdtag – und ein dreizehnter! Der kalte Novemberwind wehte aus nördlicher Richtung und blies mir Hoffnung ins Gesicht.

Glücksfall und Zufall, die gute Serie meines „Jubiläumsjahres", mußte nun helfen. In diesem Jahr erlegte ich einen meiner besten Böcke und dazu noch einen recht starken Keiler: nun mußte es auch mit dem Widder klappen! Mehr als eine Stunde verging, nichts zeigte sich. Doch jetzt rührte sich etwas im Hochwald, und dann sahen wir ein Muffelwildrudel am oberen Rand der offenen Bergmulde zwischen den Baumstämmen stehen. Das Leitschaf prüfte lange den Wind und schien unschlüssig zu sein. Würden sie in die Mulde unter uns hereinziehen oder am Berghang durchwechseln? Es lag eine ungeheure Spannung in diesem Anblick. Ich glaube geseufzt zu haben, als endlich das erste Schaf in unsere Richtung zu ziehen begann. Ein Mufflon nach dem anderen löste sich aus der Deckung. Es gab im Rudel gleich zwei gute Widder, sie zogen als letzte hinter etwa zehn Schafen und Lämmern. Wie gebannt musterte ich ihre Schnecken. War das ein herrlicher Anblick! Kaum ein Wild wirkt in der winterweißen Umgebung so malerisch wie der kastanienbraune Muffelwidder mit der hellen Schabracke.

Der hintere Widder war der stärkere, er zog heraus und plätzte neben einer jungen Fichte. „Etwa sechsjährig, der könnte passen!“ – flüsterte mir mein Begleiter zu. Wir nahmen das Fernglas nicht von den Augen weg. Nun stand der Widder regungslos, ich sah seine reifen Schnecken – aber auch, daß sie an den Enden ziemlich eng und einwärtsgedreht standen. Ja, das wäre was! Der Widder stand noch immer am Waldrand und äugte und witterte in die Mulde herunter. Wenn auch dieses Wild in vielen Farbschattierungen vorkommt, vom rötlichen Hellgelb bis zum Schwarzbraun, dominiert doch die Tönung der Edelkastanie, der Buche und der Eiche in seiner Decke; Farben der Urheimat auf den Inseln des Mittelmeeres, Tönungen des Trockengestrüpps, der Felsen, der Laubwälder.

Ein guter Muffelwidder im Schnee ist ein großartiger Anblick! Der kräftige Körper sieht etwas gedrungen aus, besonders wenn man ihn seitlich betrachtet. Stämmig und stolz trägt der Widder die Waffen, die dunklen Lichter spähen klug und scharf, während das Wild bewegungslos verhofft. Rund um das Wild herrschte Weiß: verschneite Erde, rauhreifüberzogene Bäume, vortretende Kalkfelsen. Nur die Baumstämme, die schweren Wurzelteller der Windwürfe und das Wild waren dunkel. Jetzt zog auch der Widder dem Rudel nach. Noch ein letzter Blick durch das Spektiv, dann nahm ich die Büchse zur Hand. Mein Begleiter nickte mir wortlos zu. Ich ging in Anschlag. Als ich das Wild im Fadenkreuz hatte, ging mein Atem schwer. Endlich, endlich, nach so vielen erfolglosen Pirschen und Ansitzen, endlich habe ich das ersehnte Stück Muffelwild vor mir, ging es mir blitzschnell durch den Kopf – und jetzt nur ja nicht fehlen, das wäre fürchterlich! Der Widder kam näher, er stand jetzt auf etwa hundertfünfzig Gänge vor mir – und nun sprang er plötzlich weg und begann den schwächeren Widder vom Rudel wegzutreiben. Offenbar war ein Schaf noch brunftig. Himmel, der geht mir am Ende noch durch die Lappen, durchfuhr mich der Schreck. Als der Widder hangseitig für für einen Augenblick breit verhoffte, zog ich durch. Die Mulde stöhnte, der Schußknall rollte durch den Wald, der Widder zeichnete und fiel dann allmählich zur Mulde zurück. Das Rudel flüchtete. Als der Widder versuchte, nochmals auf die Läufe zu kommen, trug ich ihm, jetzt schon mit ruhigerem Atem, den Fangschuß an. Leblos rutschte er nun den Berghang hinab. Eine dunkelrote Schweißspur markierte in der blendenden Leichendecke seine Todesbahn.

Jetzt erst begann die Spannung nachzulassen. Mein Begleiter lachte mich an. Ich erklärte ihm kurz, daß ich eigentlich kein Risiko eingehen wollte und deshalb das Risiko des relativ weiten und vielleicht etwas hastigen Schusses auf mich nahm. Ja, wenn man schon den dritten Herbst erfolglos pirscht, dann bekommt man allmählich einen Reiz in die Finger, hat man endlich das Wild in abspringender Absicht vor sich!

Nach der Totenwacht untersuchten wir den Widder. Seine Schnecken waren noch stärker als erhofft, doch an den Enden bereits so eng, daß der Träger beidseitig aufgescheuert war. Eine Stunde später legten wir das Wild vor dem Jagdhaus zur Strecke. Der Pirschführer und sein Sohn verbliesen den Widder. Fröhlich lief der Klang der beiden Jagdhörner durch das winterliche Tal und echote aus den Felsen und dunklen Fichten zurück. Das Jagdhaus, die Berge und die Wälder bildeten eine wunderbare Kulisse zu diesem seit Jahren ersehnten festlichen Akt. Und dann kam es noch feierlicher.

Als hätte ein ganz edler und seltener Gebirgsbewohner ebenfalls seine Reverenz dem toten Widder erweisen wollen, segelte jetzt mit regungslosen Schwingen ein prachtvoller Steinadler heran. Er hakte auf starke Kugelschußentfernung auf einer Lärche an und beobachtete uns von dort minutenlang. Offenbar hatte er schon den Aufbruch entdeckt. Ein auf der selben Lärche stehender Rabe nahm sich neben dem Steinadler wie ein kleiner Vogel aus.

Als die beiden Jagdhörner verhallten, schwang sich auch der Adler vom Baumast und strich in Richtung des Aufbruches davon.

Heimliches Wunder der Heide

Trappenbalz im burgenländischen Niedermoor

Der Feldweg lag verlassen da, als wäre er aus dem Nichts gekommen um ins Nichts zu führen. Und dennoch hatte ich das Gefühl, in der Mitte der Ebene zu wandern, war doch jeder Blickpunkt gleichzeitig auch ein Mittelpunkt der Landschaft, in der es nur den Horizont als Begrenzung gab. Genau gleich entfernt in jede Richtung, wo Himmel und Erde sich berührten. Dazu gab es Linien, Streifen und Flächen – schützende Baumreihen, Laubwaldremisen, Feldwege und Ackerparzellen. Herb und rein wirkte die Heide an diesem Frühlingstag. Sie zeigte kaum geahnte Farben – und auch diese nur in den zartesten Tönen. Das Licht aber änderte sich unentwegt, und das Gewölk stand über dieser Welt wie ein weißes fernes Gebirge.

Ich war wieder einmal zu Besuch im Lande der Großtrappe, dieses geheimnisvollen großen Vogels der pannonischen Ebene. Ich wollte bei Tageslicht meinen Schirm aufsuchen, den ich am nächsten Morgen beziehen sollte, um dieses leider schon so seltene, scheu-mißtrauische, nur wenigen bekannte Wild zu beobachten, um seine heimlich-wunderbare Balz zu erleben. Die Großtrappe zählt zu den seltensten Kostbarkeiten der heimischen Tierwelt, ihre Balz ist ein einzigartig schönes Liebesschauspiel und Naturwunder. Gestört darf sie nicht werden, das ist das wichtigste Gesetz für jeden Beobachter!

Der ausgefurchte, nur dürftig beschotterte Feldweg zog wie ein pfeilgerader Streifen durch die Ebene, zum letzten Winkel des burgenländischen Niedermoors vor der Grenze. Pappeln und Akazien begleiteten ihn, Stauden und Remisen, am Rande einzelner Tümpel sah man Schilf und Weiden. Alte Pappelbäume sind recht selten, sie haben einen Feind mehr als ihre Vetter niedrigen Wuchses: den Blitz. Sie ziehen seine Kraft an und leiten sie durch den eigenen Körper zum Schoße der Erdenmutter hinab. Kaum daß man einmal so einen alten Recken ohne die Wundmale, Risse und Spalten des Blitzschlages sieht. Sie wirken eben deshalb wie knorrige, zum Himmel gerichtete Finger, wie einsame vertikale Kontrapunkte zur flachen Endlosigkeit der Heide.

Weiter hinter meinem Feldweg, vor der Wiese mit dem Pfeifengras und mit dem schütteren Bestand von Moorbirken, lag der Schirm. Ich betrachtete ihn durch mein starkes Glas, durch die einzige Ausrüstung, die der weidgerechte „Trappenjäger" heute noch verwenden darf. Es schien alles zu passen. Also morgen in der Früh, so Hubertus hilft, würde ich von diesem Schirm aus die Balz des großen Vogels beobachten.

Vor nicht allzulanger Zeit war hier noch alles winterweiß, danach tauend grau. In diesem Jahr war der Winter besonders grausam und unerbittlich. Heulend fegte der Wind über die Ebene. Die weiße Decke lag hoch und war verkrustet. Da machte das Scharren große Mühe. Ausgehungert und entkräftet strömte das Trappenwild in die rettende Nähe eines ungeerntet gebliebenen Kohlfeldes zusammen. Es war eine jämmerliche Zeit, die Vögel fanden kaum die zur Verdauung nötigen Sandkörnchen und Steinchen, da alles unter dem Schnee lag. Am schlimmsten aber waren jene Tage, an denen der bleierne, eisige Winterregen im Jänner fiel. Er überzog alles mit einer Eiskruste, selbst das Gefieder der Trappen. Durch diese Behinderung war das Wild hilflos und konnte kaum fliegen. Wären nicht Kohl und Raps hie und da gelegen, hätten nur die stärksten Stücke überlebt. Der ganze Flug stand damals eng beisammen im tiefverschneiten Feld, und wo die Alten Äsung freigescharrt hatten, gab es auch für die Schwächeren etwas zu picken. Es war eine grausame Zeit für das Wild; die Not zwang es sogar, die Nähe der Heidedörfer zu suchen. Durch den Feldgemüse- und Rapsanbau bedingt, gab es auch in diesem Winter mehr Trappen hier als zur Balz oder zur Brutzeit zu beobachten sind: Auch die „Verwandten" aus dem angrenzenden ungarischen Hanság kamen über die Grenze herüber. Würden sie das nicht tun, wüßte heute jeder Jäger, Naturbeobachter und Naturschützer, wie schlecht es um unser Trappenwild im Seewinkel steht, daß die zur Zeit der Wintersnot gezählten Stücke zum Teil nur Gäste sind, die nicht als Standwild bei uns in Österreich betrachtet werden dürften. –

Mit dem Einzug des Frühlings änderte sich dann die Welt. Zwischen Winterweiß und Sommerstaub erlebte die Heide auch in diesem Jahr wieder ihre fröhlichste und bewegteste Zeit. Jetzt schaukelte wieder der verspielte warme Wind. Es gab keine Spur mehr von herbstlicher Wehmut oder winterlicher Strenge. Die Welt befand sich im Aufbruch. Vogelpfiffe, Frühlingsfarben und warme Düfte der Erde beherrschten sie.

Wie so oft im Jahr, lag auch an diesem Tag etwas unsagbar Schönes und Urtümliches in der Landschaft. Heide und Torfland, Sumpf und Moor, Weide und Wald bedeuteten hier einst ungestörte Öde, geheimnisvolle Einsamkeit. Daran änderte sich zwar manches, doch nicht alles. Und auch der König der freien Wildbahn der Gegend ist noch da: der weitblickende, menschenscheue, wachsame Trappenvogel. Es gibt ihn noch in der Heide des Seewinkels, im äußersten Osten Österreichs. Vielleicht sind seine Tage schon gezählt: Kein Wild ist in unserem Lande so gefährdet wie er! Nicht nur durch die Menschen, am wenigsten durch die Jäger, sondern vor allem durch die Zeit, in der wir leben.

Am nächsten Tag kauerte ich schon zur späten Nachtstunde in meinem kleinen Schirm. Der frische Wind kündigte den Morgen an. Im Dunst des ersten Tagwerdens sah ich Rehe zur Äsung ziehen. Hoch im Himmel strich ein Reiher zum Kanal, dann hörte ich Enten klingeln. Es wurde taghell.

Der Wind säuselte und schaukelte, Lerchen trillerten ihr Liedchen. Die Rehe taten sich im Pfeifengras nieder; ich sah nur mehr das „V" ihrer Lauscher. Ich beobachtete und wartete. Mein Glas suchte unentwegt den Horizont ab, nicht einmal eine Zigarette wagte ich anzuzünden, um ja keinen Augenblick zu versäumen. Denn wie oft sitzt man als Wildbeobachter hinter einem Schirm oder auf Ansitz, ohne etwas zu sehen! Über die erfolglos versessenen Stunden und Tage schreibt doch niemand, weder Berichte noch Landschaftserzählungen – wie oft auch bin ich umhergesessen, weiß Gott wie viele Stunden meines Lebens habe ich mit Beobachten verbummelt –, und jetzt gab es eine Bewegung vor der Kulisse des Baumstreifens. Eine Trappe zog herein, verhielt und äugte lange in meine Richtung. Eine Ecke weiter entdeckte ich dann das zweite Stück, das minutenlang regungslos im Acker stand. Und dann stand der ganze Flug vor mir und zog seitlich zur Äsung und zur Balz. Die Entfernung betrug an die fünfhundert Gänge, ohne mein starkes Glas hätte ich hier nichts zu suchen gehabt. Mit der Zeit zählte ich dreizehn Trappen, davon zwei Hahnen, die schon durch ihre Größe hervorstachen. Wäre ich glücklicher gewesen, hätte ich eine Büchse in der Hand gehabt, hätte ich das Anpirschen versuchen dürfen? Vielleicht ja, doch nur dann, wenn ich nicht gewußt hätte, daß es in unserem Seewinkel nicht viel mehr als ein Dutzend von reifen Trapphahnen gibt! So weit sind wir schon. Das muß auch jeder

Jäger wissen, um zu verstehen, warum dieses kostbar-seltene Wild, dieses Naturdenkmal, unbedingt geschützt werden muß, nicht nur vor der Kugel, sondern vor allem Drohenden!

Die hellbraunen Trappen zogen und ästen vor meinem Versteck. Stand einmal ein Stück in einer Ackerfurche, so konnte man es kaum entdecken, diese weich-heidefarbene Federkugel ohne Läufe. Auch die Rehe ästen ungestört weiter, weder Trappe noch Reh schienen sich gegenseitig zu stören; sie nahmen keine Notiz voneinander.

Die wichtigste Eigenschaft der Großtrappe ist die Wachsamkeit. Selbst in der Balzzeit kennt dieses Wild keine selbstvergessene Ekstase der Liebe. Schauen, beobachten, regungslos äugen, das ist ewiges Trappengesetz. Diese Pose der unerschütterlichen Aufmerksamkeit erinnert an die einstigen Hirten der Ebene, die, das Kinn auf den langen Stock gestützt, scheinbar teilnahmslos Leben und Welt an sich vorbeistreichen ließen.

Es war schon heller Morgen, als plötzlich das weiße Untergefieder eines Hahnes zu leuchten, zu blinken begann.

Dieses Schauspiel kann man nicht oft genug im Leben beobachten: Der Trapphahn zeigt eine Balzstellung wie kein anderer Vogel der Welt!

Mein Hahn verwandelte sich aus einem mehrfärbigen, dem Boden und den Pflanzen farblich täuschend ähnlichen Wild in eine vergrößerte helle Federkugel. Er klappte seinen Stoß auf den Rumpf zurück, kehrte dadurch das helle Untergefieder hervor. Der Trapphahn streckte seine Schwingen nach hinten und drehte die helle Innenseite der Handschwingen nach oben. Den Hals aufgebläht, stand nun der balzende Trapphahn wie eine vergrößerte helle Federkugel da.

Das Schauspiel der Balzstellung dauerte nicht allzulange. Nach einer Zeit klappte der Hahn Stoß und Schwingen wieder zurück, verkleinerte sich somit zur Normalgröße und nahm die weiß-gelb-braune Deckfarbe wieder an. Damit aber war das Balzspiel noch nicht aus: Schon wieder blähte er sich zu einem Federball auf und gab durch dieses sich wiederholende Aufblinken ein neuerliches Zeichen seiner Liebesbereitschaft.

Bald darauf sah ich auch eine Henne neben dem Hahn einfallen.

Bei der Großtrappe wird die Henne nicht vom Hahn begleitet, wie auch dieses Wild kein Eheverhalten kennt. Das Balzspiel, das sich wiederholende Aufleuchten der Hahnen, ist eine optische Signalgebung an die Henne, ein Liebesruf.

Jetzt balzte auch der zweite Hahn in meinem Blickfeld. Wie ein Relikt uralter Zeiten leuchteten ab und zu die beiden Hahnen, die letzten Könige der Heide, im warmen Strom des Frühlings. Ihre scheinbare Gleichgültigkeit den Hennen gegenüber erinnerte mich irgendwie an die Menschen der Pußta: Die meisten alten Hirtentänze der Ungarn sind immer reine Männertänze gewesen, bei denen den Frauen die Zuschauerrolle zustand. Allein auf Bewegung und Rhythmus konzentriert, doch nie unbeherrscht, nie ganz selbstvergessen, tanzte der Steppenhirt Europas durch die Jahrhunderte seiner Geschichte am Lagerfeuer.

Ich lag hinter meiner dürftigen Deckung, das Glas ständig am Auge. Vor mir stand der so seltene, urige Steppenvogel, Sendbote ferner Ebenen in Mitteleuropa, und feierte seine Balz. Es wurde inzwischen wärmer, die Luft flimmerte bald am Horizont. Ein Ziesel flitzte an meinem Versteck vorbei, hoch oben kreiste ein Bussard. Es war sonst alles so still und friedlich um mich herum, als hätte ich einen geheimen Platz in der Tiefe der Ebene entdeckt. Man ist überhaupt oft geneigt zu denken, daß nur das Gebirge echtes Landschaftserlebnis bieten kann. Und dann kommt man wieder einmal in die Heide und wird von einer Stimmung der Weite und der Ruhe gepackt, hat man doch bei der Trappenbalz ein Geheimnis dieser eigentümlichen Welt erlauscht und erlebt.

Man fragt sich oft, warum selbst geschützte Wildarten in unserer Zeit vom Aussterben bedroht sind. Wandert man mit aufmerksamen Augen durch die Heide, wird man bereits im Landschaftsbild einige Ursachen der Bedrohung der Großtrappe erkennen.

Zu diesen gehören vor allem die sonst so nützlichen Waldstreifen, die man in den letzten zwei Jahrzehnten forciert angepflanzt hat. Sie nützen der Landwirtschaft, dem Boden, dem Klima, dem Wasserhaushalt, bloß dem Trappenwild schaden sie schwer, indem sie diesem vorsichtigen, weitblickenden Vogel die wichtigste Sicherheit, die Sicht, nehmen oder zumindest einengen.

Das immer dichter werdende Netz der Stromleitungen, vor allem der Hochspannungsleitungen, bildet eine weitere schwere Gefahr für das Trappenwild. Die Fluggeschwindigkeit dieses größten flugtüchtigen Vogels Europas ist viel höher als man beobachtend annehmen würde. Kommt es aber zu einer Kollision zwischen Trappe und Draht, so werden Geschwindigkeit und Körpermasse des Wildes häufig zur Todesursache.

Landschaftsänderungen, chemische Gifte, Störung durch Lärm und Verkehr – das sind lauter Gefahren. Zu ihnen gesellt sich noch das schlechte Geschlechtsverhältnis, die geringe Bestandsdichte, der Mangel an reifen, vererbungsfähigen männlichen Exemplaren – unbefruchtete

Gelege geben ein beredtes Zeugnis über diese Tatsache ab; die Großtrappe ist ernstlich bedroht! –

Meinen Beobachtungsposten verließ ich an diesem Morgen erst, nachdem das Trappenvolk abgestrichen war. Der Himmel war hell, das Gefieder der großen Vögel leuchtete im Sonnenschein. Als sie fort waren, verließ auch ich meinen Stand. Ich wanderte zum fernen Dorf zurück, das man inmitten der Heide für eine Remise hätte halten können, wäre nicht der kalkweiße barocke Kirchenturm dort gestanden.

Wenn der Lehrer mit dem Schüler . . .

Auf den Rehbock in den Eisenerzer Alpen

Meine jagdliche Bekanntschaft mit den Eisenerzer Alpen begann merkwürdigerweise im Zeichensaal. Es war zu Beginn des Semesters, und die etwa zwanzig Burschen, die bereits am ersten Entwurfprogramm arbeiteten, kannte ich noch kaum. Ein Tonbandgerät spielte leise Musik, von der Straße stieg der Verkehrslärm herauf. Mitunter ging ich von Tisch zu Tisch, korrigierte hier einen Grundriß, dort einen Fassadenentwurf, und versuchte, in kurzen Gesprächen meine neuen Schüler kennenzulernen, ihre Namen und Gesichter mir einzuprägen. Dann kehrte ich zu meinem Tisch zurück und blickte durchs offene Fenster.

Es war ein wunderbarer heller Nachmittag. Der Himmel war hoch und zartblau. Die Hausdächer glänzten und Tauben sonnten sich an den Firsten. Die Sehnsucht trug meine Gedanken aus dem Zeichensaal: Wie gerne wäre ich jetzt irgendwo draußen gewesen, gleich ob in den Bergen oder in meinem burgenländischen Revier! Mir fielen die vielen kleinen Stimmungen und Erinnerungen der vergangenen Ferienwochen ein, die stillen Pirschgänge und Ansitze, die Bergwanderungen und Paddelbootsfahrten, die Reisen zu Stätten architektonischer Schönheit. Nun blickte ich weg vom Fenster und betrachtete meine Schüler, diese zukünftigen Hochbauingenieure, die in ihr Programm vertieft zeichneten. Einer fiel mir dabei auf.

Er zeichnete nicht. Er blickte, wie ich dies vorher tat, lange durchs offene Fenster. Als er nach einer Zeit zu mir herübersah, lag noch so viel Sehnsucht, so viel jugendliche Wärme in seinen Augen, daß er mir direkt leid getan hat. Er war ein mittelgroßer drahtiger Bursche. Wette, daß der aus der Obersteier kommt, dachte ich, dort ist dieser Menschenschlag mit den schwarzen Haaren, dunklen Augen und olivbrauner Hautfarbe, dieser alpine Urtypus, noch häufiger zu treffen. Er wirkte auch auf den ersten Blick wie ein Bergsteiger, so etwas erkennt man sofort. Ich wollte es versuchen: „Edlinger, wär's heute nicht schöner in den Bergen als hier beim Zeichnen?" Er stand auf und lachte mich an: „Und erst beim Jagern, Herr Professor!" – kam bedächtig die Antwort und mit ein wenig Heimweh in der Stimme.

So begann meine Bekanntschaft mit meinem Schüler, der Jungjäger war. Alfred Edlinger war kein kommender Stern irgendeiner baulichen Wissenschaft, doch seine Leistungen waren positiv. Ich lud ihn daraufhin zu mir ins Revier ein. Nie werde ich das Gesicht meiner Frau vergessen, als sie ihm das erste Mal die Wohnungstür öffnete. „Du, da steht ein junger Mann draußen, mit einem riesigen Rucksack und einer Auerhahnfeder am Hut und behauptet, daß er zu dir ins Revier eingeladen ist!" –

Wenn ich ehrlich sein will, muß ich zugeben, daß mein Alfred mehr Interesse für meinen Gewehrschrank als für meine Vorträge zeigte. Er war ein echter Waffennarr, erwarb bei verschiedenen Trödlern fallweise gräßliche alte Stücke, Trümmer von alten „Spritzen" und bastelte an ihnen herum. Ein Glück, daß man zu diesen Prachtgewehren nirgends mehr eine Munition auftreiben konnte!

Als Vorstand des Jahrganges habe ich dann auch mit dem Vater meines Schülers Bekanntschaft machen können. Edlinger senior besuchte mich, um sich über den Studienfortschritt seines Sohnes zu informieren. Nachdem ich erfreulicherweise positive Auskunft geben konnte, war die Freude dieses drahtigen Obersteirers so groß, daß er mich in sein Revier einlud. „Wissen S' Herr Professor, i hon mi vom einfochn Hauer zum Obersteiger hinaufgorbeit, i hob's nie im Lebn leicht ghobt, drum sollt auch mei Alfred tüchtig wos leistn. A kloans Revier ist's nur, wos i gepacht hob, aber an Bock, an guatn müßn S' bei uns schiaßn, weil S' immer so nett aufm Buam gschaut hobn!" – Ich nahm an, doch unter der Bedingung, daß ich erst kommen werde, wenn Alfred Edlinger seinen Abschluß mit positivem Erfolg hinter sich gebracht hatte. In einigen Wochen war es dann soweit. Die österreichische Bauwirtschaft wurde um einen jungen Ingenieur reicher. Ich gratulierte meinem nunmehr ehemaligen Schüler herzlich. „Jetzt aber müssen S' kommen, der Vater und der Bock warten scho!" – sagte er dankend.

Es war ein herrlicher warmer Sommertag, als ich die alte Eisenstraße, die über die Paßhöhe des Präbichls von Leoben Richtung Eisenerz führt, entlangfuhr. Es gibt wenige Strecken in Österreich, die so viel über

Industriegeschichte erzählen können wie diese. Der Erzberg, der eiserne Brotlaib der Steiermark, hat bereits eine zweitausendjährige Geschichte im Bergbau des Landes. Die alten Hammerwerke sind nicht nur Industriedenkmäler, sie zeugen auch von der städtebildenden Kraft des Bergbaues. Was sich in all den Jahrhunderten in der Steiermark ereignete, da vom Berg das Erz gewonnen und auf einem das ganze Land überziehenden Straßennetz verfrachtet wurde, schuf eine Atmosphäre in diesem Land, die auch für Legende und Sage, für Lied und Gruß einen Platz neben der Arbeit des Alltags übrig hielt. Die Eigenheit und Eigenart des Steirerlandes besteht vielleicht überhaupt aus dem historischen Nebeneinander von Bauer und Knappe, aus der alten Kultur dieser beiden Stände, die mehr als irgendein anderer auf die Tradition bedacht und auch angewiesen sind. Die Bergmannstracht und die Sitten der Knappschaft waren in diesem Lande daher ebenso eiserne Bestandteile der Volkskultur wie Bauernloden, Bürgerrock und Jägerbrauch.

Und nun fuhr ich die Nordrampe des Präbichls bergab. Im frühen Nachmittagslicht lagen der pyramidenförmige Erzberg und die Stadt am Fuße dieses größten mitteleuropäischen Eisenvorkommens vor mir. Es ist eine markante, wenn auch „harte" Stadt, die vor der Kulisse einer großartigen Gebirgslandschaft liegt. Ihr architektonisches Wahrzeichen ist der mittelalterliche Schichtturm, der in der Windfahne den steirischen Panther zeigt und dessen Glocke einst Beginn und Ende der Schicht eingeläutet hat. Wie der Landschaft dieses Talkessels, fehlt auch der Stadt die „Lieblichkeit" im übertragenen Sinne, doch spürt man auf Schritt und Tritt die Tradition eines uralten Berufes, der selbst dieser kargen und klimatisch oft düsteren Landschaft einen Adel des Alters und der Arbeit verleihen konnte, da hier alles einen Charakter hat, der vom Gesetz dieser uralten Stätte des Eisenwesens bestimmt wurde.

Das war also die Welt, aus der Vater und Sohn Edlinger stammten. Der für diesen Anlaß schichtfreie Obersteiger und der urlaubsfrohe Absolvent meiner Klasse erwarteten mich schon jagdlich gekleidet und mit der in diesem Lande unvermeidlichen Jause, die hochdeutsch Imbiß und kleiner Umtrunk heißen würde. „Greifen S' nur zuwi, Zeit ham ma eh gnua!" ermunterte mich der Hausherr.

Als wir dann in Richtung Revier zur Jagdhütte losfuhren, fragte ich meinen Gastgeber, ob ich vorher nicht ein, zwei Kleinigkeiten besorgen sollte, da ich mitten aus der Arbeit von daheim losgefahren bin. „Da werden S' nix brauchen, Herr Professor", sagte der Vater lächelnd, „für

Sie is gesorgt wordn, und Patronen werden S' sicher mitbracht hobn!"

Das Revier hatte etwa zweihundert Hektar Größe und lag in mittlerer Höhe. Nachdem wir den Wagen an einem geeigneten Platz abgestellt haben, zogen wir zu dritt pirschend durch den Fichtenhochwald bergauf zur Hütte. Inzwischen wurde es später Nachmittag, und wir sahen an den Gegenhängen ziemlich viel Wild. Es ist eine Eigenart des steilen Mittelgebirges, daß man über die Gräben und Schluchten blickend, in die Schläge und Kulturen spähend, meist Wild in Anblick bekommt. Und auch, daß die Reviere viel größer wirken, als sie in Wirklichkeit sind.

In ungefähr zwölfhundert Meter Seehöhe erreichten wir dann das Jagdhaus. Es war eine kleine, vom Jagdpächter mit eigenen Händen gebaute Hütte, sie lag neben einer frischen Quelle. Ich bestieg noch vor Dunkelheit einen unweit von der Hütte stehenden Hochsitz, um mich etwas über Revier und Wild zu informieren. Ich sah mehrere Stück Rehwild, auch einen für hiesige Verhältnisse ganz passablen Bock. Nach Einbruch der Dunkelheit wanderte ich bei prachtvollem Mondlicht durch den Nadelhochwald zur Hütte zurück.

Die unerwartete Schönheit, die sich im Mondlicht dort vor mir auftat, berührte mich wie ein plötzlicher Aufruf. Das war eine bisher mir nur wenig bekannte Landschaft, eine nächtliche Welt, ein Ineinanderfließen von grellem Licht und von tiefem Schatten, bewegungslose und dennoch bewegende Flächen und seitlich das endlose Hintereinander von Rücken und Hängen. Vor mir aber glänzten die hellen, zum Leopoldsteiner See herunterfallenden Kalkfelshänge des Hochgebirges. Die Konturen des Berges hoben sich scharf vom zarten Sternenhimmel ab. Die im Licht glänzende helle Linie einer Bergstraße unterstrich noch die dunklen Flächen des Waldes. Ich spürte wie selten die Kraft und Gabe des Mondlichtes, die Verzauberung einer Landschaft zu bewirken.

Vater und Sohn warteten schon mit dem Abendessen auf mich. Als wir fertig waren, setzten wir uns aufs Bankerl vor der Hütte, um den Zauber der Mondnacht zu genießen. Einmal spielte der Vater, dann der Sohn auf der Gitarre zu unserem leisen Gesang. Ich bekam wunderhübsche Jäger- und Bergmannslieder zu hören: Vater Edlinger, dieser drahtige Fünfziger, hatte ein beachtenswertes Repertoire. Man sah es ihm an, daß dieser Abend für ihn eine Herzenssache war: Er feierte den glücklichen Abschluß des Studiums seines Sohnes auf seine naturverbundene Art. Und es war auch nicht schwer herauszufinden, welche tiefe, verborgene Zärtlichkeit diesen eher verschlossenen und harten Mann mit seinem Jungen verband, und daß sie erwidert wurde.

Nachdem wir wieder einmal angestoßen haben, fragte ich meinen Gastgeber, wie er, der doch aus ärmlichen Verhältnissen stammte und als Obersteiger gewiß nicht zu den reichen Leuten zählte, sich dieses schöne Revier leisten konnte. „Nur durch viel Arbeit", kam die Antwort. Dann erzählte er mir mit wenigen Worten, daß er nie auf Urlaub fahre, daß er seine gesamte dienstfreie Zeit hier im Revier verbringe. Nicht nur als Jäger und als Betreuer des Wildes. Nein, Vater Edlinger half auch bei der Holzarbeit dem Bauern, dem die Eigenjagd gehörte.

„Hirsch und Gams kommen bei uns nur als Wechselwild vor", beendete mein Gastgeber seine Erzählung, „die Hahnen werden seit Jahren geschont. So bleibt allein das Rehwild, dessen Hege unsere Hauptaufgabe ist."

Leise intonierte er jetzt wieder ein Lied auf der Gitarre. Es war unschwer zu erkennen, daß es aus dem vorigen Jahrhundert, aus der Erzherzog-Johann-Ära stammte. Kein Mensch tat in der neueren Geschichte mehr für das Steirervolk als dieser kaiserliche Sproß. Er war sowohl Retter wie auch Neubegründer der neuzeitlichen Volkskultur, der Tracht, des Liederschatzes, des Brauchtums. Was er aber unter anderem auch für die Jagd und den Bergbau tat, zählte zu seinen besten Leistungen. Wie nahe eigentlich „Hochkultur" und „Volkskultur" zueinander stehen, fiel mir ein, als ich meinen Gastgeber beobachtete, während dieser ein neues Lied begann. Es erzählte über eine Treibjagd auf Gams, über eine recht „feudale" Art der Gebirgsjagd, die in der Steiermark am prägnantesten im Erzherzog-Johann-Revier am Hochschwab ausgeübt wurde. Mein Gastgeber, dessen Vorfahren bestenfalls als Treiber oder als Träger an solchen Gamsjagden teilgenommen haben, dessen ganzer Blickwinkel aus der Zugehörigkeit zum Bergmannsstand bestimmt wurde, sang dennoch mit Inbrunst die prinzliche Strophe: „Doch das Muatterl vom Kitz schiaßt nit weg!" –

Der Mond stand schon hoch. Wir tranken unsere Gläser aus. Mein Gastgeber gab seinem Sohn einige Anweisungen, wie er das Frühstück zu machen habe, wohin er mich zum Ansitz führen sollte, was und wo er alles in der Hütte finde. Dann wandte er sich an mich: „Der Alfred weiß eh olles, was zu tun is, i muaß jetzt heim. Loßn S' sich Zeit, bleiben S' nur so lang da, wie Sie können, i schau morgen wieder amol herauf. Und wos den Bock angeht, so wünsch i Eahna an recht guaten Anblick!" Noch einige Minuten verfolgen wir die Gestalt des Weggehenden, wie er rucksackbeladen die mondhelle Wiese durchschritt und dann im dunklen Fichtenhochwald verschwand. „Gemma schlafn, der Bock wart scho", sagte der Junge und überzog eines der Hüttenbetten mit frischem Bettzeug für mich.

Nach der klaren Mondnacht kam ein wunderbarer heißer Sommertag. Bei Dämmerung saßen wir schon auf dem Hochsitz am Mitterriegel, auf einem Kogel, von wo man eine herrliche Aussicht auf das Gebirge hatte. Wir bewunderten das Tagwerden, diese herrliche alltägliche Szenerie, die ich kaum kennen würde, wäre ich kein Jäger. Doch weil ich es eben bin, habe ich im Laufe der Jahre so viele Erinnerungen über diesen Beginn gesammelt, in der Ebene, im Alpenvorland und im Gebirge, daß ich jedesmal fasziniert bin, wenn ich den Tagesbeginn an einem mir bisher noch nicht bekannten Ort erlebe. Diese Neugeburt der Welt durch das Licht. Das Streicheln des Morgenwindes. Das Aufsteigen der Sonne und der Wärme. Wieder einmal dankte ich dem Schöpfer, daß ich dieses Wunder an so vielen Orten, in so vielen Revieren erleben durfte, nicht nur im eigenen.

Mein ehemaliger Schüler, dem diese Naturszenerie gewiß vertraut und bekannt war, suchte inzwischen eifrig die Gegend mit seinem Glas ab. Wir sahen auch einigemal Wild, darunter einen recht schwachen zweijährigen Gabler, den ich schießen wollte. „Dös is nit der richtige, der Vata wüll, daß S' anen besseren schiaßn!" – lehnte Alfred entschieden meine Absichten ab. Also mußte ich warten. Debattieren wollte ich nicht, doch nahm ich es mir fest vor, keinen guten Bock zu schießen. Letzthin konnte mir die Tatsache nicht unbekannt bleiben, daß es in diesem Revier höchstens drei Böcke im Jahr zu schießen gab. Da fand ich, daß man als Gast eine gewisse Zurückhaltung zu zeigen hatte.

Es kam nichts Passenderes an diesem Morgen. Wir zogen uns zurück zur Hütte. Alfred machte Stubendienst und bereitete uns ein Frühstück. Er umhegte mich mit so viel Aufmerksamkeit, daß es mir direkt peinlich war. „Ich war so oft bei Ihnen im Jagdhaus eingeladen . . ." reagierte er auf meine Proteste mit fröhlichem Lachen, daß ich seine guten Dienste einfach annehmen mußte.

Was macht man bei so einem wunderbaren Sommerwetter, wenn man Zeit bis zur Abendpirsch hat? Man rasiert sich einmal gemütlich, man wäscht sich im nahen Bach, dann legt man sich mit einem Buch in die Sonne oder in den Schatten, je nach persönlichem Bedürfnis, und freut sich, daß man noch nicht heimzufahren braucht.

Die Abendpirsch brachte ebenfalls keine Beute ein. Wir saßen an einer

Stelle, wo der „gwisse Bock" auszutreten pflegte. Er kam aber nicht. Dafür besuchte uns nach Dunkelwerden der Vater von Alfred. Schon am vergangenen Abend war mir der nette Ton und die herzliche Verbundenheit der beiden aufgefallen und auch die einfache, doch aufmerksame Art der Bewirtung, mit der ich in den „Hüttenbund" von Vater und Sohn aufgenommen wurde. „Haben S' Ihren Bock no nit kriegt?" – fragte mich Edlinger lachend, als er meinen Hut ohne Bruch erblickte. „Fredi, morgen in der Fruah führst den Herrn Professor nochamol aufn Mitterriegel, dort muaß es hinhaun!" – ordnete er gleich die nächste Pirsch an.

Der Schlaf war zwar kurz, aber ergiebig; dann ging es hinaus in das Revier. Kühle Morgenluft, wolkenklarer Sternenhimmel, Duft des Waldes und der Bergwiesen, kleine Geräusche der heimlichen Welt, das waren immer neu erlebte kleine Glückseligkeiten der Jagd. Nachdem es das erstemal war, daß ich im Gebirge auf den Rehbock weidwerkte – mein Revier liegt im pannonischen Hügel- und Weinland an der ungarischen Grenze, und ins Gebirge fahre ich normalerweise auf den Kleinen und Großen Hahn, auf Gams und auf Murmel, da ich doch Gelegenheit genug habe, auf mein liebstes Wild, auf den Rehbock eben, in seinen besseren „Wuchsgebieten" zu weidwerken –, empfand ich an diesem Tag ein besonderes Interesse.

Der Tag enttäuschte mich auch nicht.

Ich hatte den Bock schon längst im Glas, als es meinen jugendlichen Begleiter erst richtig „derwischt" hat. „Dös wär der richtige, den hot der Vota gmoant, schiaßn S' do endlich!" flüsterte er mir aufgeregt zu.

Es war ein etwa vierjähriger braver Sechserbock, nichts Außergewöhnliches, doch für das Mittelgebirge eher als gut zu bezeichnen. Es war genau der Bock, den man als Gast annehmen konnte, ohne unbescheiden zu sein. Man soll auch nie undankbar sein; selbst der bescheidenste Bock muß irgendwie innerlich verdient sein, wenn nicht anderswie, so durch das intensive Erleben seiner Welt, seiner Landschaft. . ., dann fuhr der Schuß aus dem Mauser.

„Weidmannsheil!" rief mein Begleiter, „des woar a guater Schuß!" Ich habe also die Prüfung vor meinem ehemaligen Schüler bestanden.

Eben deshalb freute es mich besonders, als ich von ihm den Bruch überreicht erhielt. Ich glaube annehmen zu dürfen, daß ich der erste Jagdgast war, bei dem der Vater sich durch den Sohn vertreten ließ, als das Wild fiel. Um so mehr freute mich die natürliche Eleganz der Geste, mit der unserem alten Brauch Genüge getan wurde, als Alfred seines

Amtes gewaltet hatte. Dachte er vielleicht auch wie ich daran, daß es eine besonders nette Geste des Vaters war, die Aufgabe des Jagdherrn an den Sohn weiterzugeben? Die Feinheiten des Lebens erfährt man meistens bei „gestandenen" Leuten, nie bei solchen, die man als „fein" bezeichnen würde. Um dieses Apostroph geht es eben – nicht nur in der Jagd. In der Jagd aber geht es immer darum, ganz gleich, ob man im Revier eines alten Grundbesitzergeschlechts auf den Bock eingeladen wird oder aber im Pachtrevier der Mindestgröße eines Eisenerzer Obersteigers zur gleichen „Tat" gebeten wird.

Unter der Waldgrenze

Begegnungen mit dem steirischen Waldgams

Wir Jäger sprechen gern über den „Waldgams", obwohl es eine in den Wäldern hausende Unterart des Gamswildes im zoologischen Sinne gar nicht gibt. Wir meinen mit dieser Bezeichnung die Gamsvorkommen unter der Waldgrenze. Das Gamswild ist nicht so eindeutig an gewisse Höhenlagen gebunden, wie dies oft angenommen wird. Es kommt auch im Mittelgebirge besonders der Ostalpen vor, wo die Höhe der Gebirgszüge nicht die sogenannte Waldgrenze überschreitet. Selbst im Vorgebirge trifft man mancherorts noch auf den Gams als Standwild, ein Zeichen dafür, daß die Anpassungsfähigkeit dieses Wildes viel höher ist als allgemein angenommen wird. Für die große Vitalität dieser Wildart zeugt auch, daß einzelne Exemplare oder Gruppen zum Auswandern neigen, selbst größere ebene Flächen durchqueren, um irgendeinen einsamen Bergstock zu bevölkern. Daß sie dabei manchmal in die Irre gehen, liegt in der Natur und in der Geographie, wie zum Beispiel im Falle jener beiden Exemplare, die in den letzten Jahrzehnten im Mais-, Reben- und Waldgebiet des südlichen Burgenlandes vorgekommen sind und für deren vorübergehenden Aufenthalt ich absolut glaubwürdige Zeugen anführen kann.

Nicht von extremen Fällen soll jedoch hier die Rede sein, nur von Begegnungen mit dem üblichen steirischen Waldgams, den zu beobachten und zu bejagen mir stets eine große jagdliche Freude ist.

Der Waldgams hat Freunde und Feinde. Viele mögen ihn nicht, weil er, so sagt man, immer mehr zur forstschädigenden Lebensweise neigt. Manche halten nicht viel von seiner Bejagung, weil er angeblich zu leicht zu erlegen sei. Es steht außer Zweifel, daß der Gams hoher Felsgrate, breiter Almwiesen und schwer übersichtlicher Latschenfelder ein tieferes Naturerlebnis bietet und einen höheren körperlichen Einsatz dem Jäger abverlangt als der in Gräben, Wandln oder oft auf auch mit Laubwald vermischten Beständen stehende „Waldgams". Doch auch dieser ist ein echter Gams, obwohl er häufig wie ein Rehbock vom Hochsitz beobachtet oder erlegt wird.

„Kommt bei euch auch Gamswild vor?" – dies ist eine oft gestellte Frage, wenn man mit Jägern aus dem Mittelgebirge spricht, zumindest in der Steiermark. Sie hat ihren guten Grund. Denn was könnte uns Jäger, die wir nicht in echten Hochgebirgsgegenden wohnen, dort nur gelegentlich als Gäste weilen, die wir eigentlich ein Leben im Zeichen des Rehwildes verbringen, mehr elektrisieren als die mögliche Aussicht auf Gamswild! Rehböcke gibt es in Österreich fast überall, und auch das Hochwild ist keinesfalls auf bestimmte Gegenden beschränkt. Mit dem Gamswild steht es aber ganz anders. Dort, wo es vorkommt, wird die Jagd um eine Nuance interessanter, um eine Farbe reicher. –

Schauplatz meiner ersten Begegnung mit dem Waldgams – und auch mit dem Gamswild überhaupt – war die Windhofer-Jagd. Diese große, auf der Nordseite des Schöckels liegende bäuerliche Jagd besitzt einen ziemlich guten Gamsbestand. Etwa zwischen acht- und zwölfhundert Meter Seehöhe, am steilen nördlichen Abhang des Grazer Hausberges, fast im Weichbild der steirischen Landeshauptstadt, gibt es bereits ein interessantes Gamsvorkommen. Und dennoch ist die Windhofer-Jagd keine von denen, wohin man auf einen ziemlich sicheren Abschuß kommen kann. Hier muß man einige Zeit pirschen und ansitzen und eine Portion Glück haben, bis man zum Schuß auf einen Gams kommt.

Eine typische Eigenschaft des sogenannten Waldgamses ist, daß er keine ganzjährig festen Einstände kennt. Je nach Jahreszeit, nach Witterung und Lebensablauf wechselt er seinen Aufenthalt. Verlassen kann man sich allein auf seine Brunftgewohnheiten, sonst ist so ziemlich alles offen und dem Zufall überlassen.

Aus eigener Erfahrung kann ich diese Tatsache bestätigen. Nachdem ich damals in der Windhofer-Jagd eine Gamsgeiß freibekommen habe, pirschte ich auf diese gleich ab Anfang August. Außer Stimmungen und Anblicken gab es für mich nichts. Doch ich brauchte keine lange Anreise aus Graz und konnte mich auch stets entscheiden, ob ich heimfahren oder beim Aufsichtsjäger nächtigen wollte, da der alte Peter Papst nebenbei auch eine kleine Gastwirtschaft mit Fremdenbetten betreibt. Auch konnte man ohne Anmeldung kommen, wenn man Zeit hatte oder wenn das Wetter sich günstig zeigte.

Ich lag also wieder einmal in den dicken und etwas muffigen Daunen der Wirtin, es war eine kalte Dezembernacht, und grübelte über mein bisheriges Weidmannspech nach. Gewiß, damals im Oktober hätte ich nur abziehen müssen, der Bock war gut gestanden, auf höchstens siebzig Gänge – nur, es war eben ein Bock. Ich hatte aber in diesem Jahr eine Geiß frei. Hätte ich einen Bock frei gehabt, so wären mir bisher immer nur Geißen gekommen. Darauf würde ich wetten, und weil schon davon die Rede ist, sei gleich auch vermerkt, daß ich mit einem Bekannten gewettet hatte, noch vor Ablauf der Schußzeit meine Geiß vom Berg zu holen. Um ganze zehn Liter Wein! Darüber und über das drohend nahe Jahresende dachte ich vor dem Einschlafen nach. Nein, ein steirischer Wein soll es nicht sein, da ist mir schon einer aus Niederösterreich lieber, Krems oder Baden, Getränke im spritzigen Dreivierteltakt, nicht im etwas schwerfälligen Sechsviertel unserer süßlich-südlichen Büheln, wo an den nach dem Windischen geneigten Berglehnen bei der Musik des Klapotez, des bekannten Windrades, der Riesling und der Traminer wachsen. Das waren schöne Gedanken vor dem Einschlafen, bloß die Gamsgeiß fehlte noch, um die endgültige Weinauswahl vornehmen zu können.

Ich lag also in der Dachbodenkammer und grübelte. Mich fesselte manches an diesem Berg, darum kam ich immer wieder heraus. In erster Linie die geringe Entfernung von daheim, so daß ich jederzeit aus der Architektur und auch aus dem Lehrsaal in das Weidwerk hinüberwechseln konnte. Vom Rapidograph zum Bergstock, das war auch für die Finger eine angenehme Abwechslung. Überhaupt, ich kann mir nichts Schöneres vorstellen als diesen Wechsel zwischen Beruf und Jagd.

Bevor ich einschlief, spähte ich wetterkundig nochmals hinaus. Das kleine Haus ist so dicht an die steile Berglehne herangerückt worden, daß man bergseitig aus dem Dachgeschoß direkt ins Freie hinaustreten konnte. Das war ein Glück, angesichts der sanitären Versorgung der Gästekammer. Durch diesen echten „Notausgang“ war ich also zwecks Wetterprüfen in die Nacht hinausgegangen.

Die unerwartete Schönheit, die sich im Mondlicht vor mir auftat, berührte mich wie ein plötzlicher Anruf. Das war ein Ineinanderfließen von Licht und Schatten und gegenüber das endlose Hintereinander von Rücken und Hängen. Alles war durch das klare Mondlicht in ein einziges Bild zusammengefaßt, die dunklen Bergmassen, die schneebedeckten Wiesen, die Wälder.

Ich schnupperte in die kalte Luft. Die Sterne, die weite Sicht und die prickelnde Nacht versprachen einen schönen Morgen. Zufrieden stieg ich in die Daunen zurück. Der Jäger würde ohnehin gleich hier sein, um mich zu wecken.

Es war dann auch so. Jemand trampelte vor meiner Tür. „Aufstehen, aufstehen, es ist 3.45 Uhr!" Eine Viertelstunde später stieg ich hinter Peter Papst bergauf. Der weiche, knöchelhohe Schnee bewahrte fein säuberlich unsere Fährte, neben jeder zweiten Trittspur lag der spitze Einstich des Bergstockes. Der Jäger hatte bergauf einen ungemein raumgreifenden Schritt, trotz seines Knies, das er sich vor einigen Jahrzehnten bei einem Sturz zertrümmert hatte und das steif blieb. Peter war damals erst Jagdgehilfe, und ein Jagdgast hatte einen Gamsbock angeschweißt. Der Vater schickte Peter mit dem Hund auf die Nachsuche. Der weidwunde Bock hat dann den ihn verbellenden Hund gehakelt, und als der Bursch dem Vierbeiner helfen wollte, ist er ausgerutscht und abgestürzt. „Es war mir im Krieg sogar recht", beendete damals Peter seine Erzählung, „daß i beim Marschieren ghumpelt hab, weil man mi nachher heimgeschickt hat!"

Bergauf war der Jäger tatsächlich nicht zu schlagen. Ich, um ein Vierteljahrhundert jünger als er, schwitzte und schnaufte jedesmal hinter ihm. Nur bergab merkte man, daß etwas mit dem Fuß nicht in Ordnung war. Seit Anfang August ging ich mit ihm auf die Pirsch, und jetzt hatten wir schon Mitte Dezember. Ich kannte also seine Gangart schon ausreichend.

Ab und zu blieben wir stehen, um zu verschnaufen und zu horchen. Dann ging's weiter, der Bergstock gab den Takt an. Manchmal klirrte die Spitze leise, wenn man im Dunkel auf einen unsichtbaren Stein stieß, sonst hörte man nur den Schnee unter den Bergschuhen knirschen. Beim Aufstieg ist kein vernünftiger Mensch gesprächig, vor allem dann nicht, wenn er auf die Gamsjagd geht. So zogen wir wortlos bergauf. Mit geschlossenen Augen hätte ich schon dem Jäger folgen können, so vertraut waren mir Pfad, Tempo und Richtung. Vor mir ging die schwere Bauerngestalt in langem Loden mit aufgeschlagenem Kragen, die alte Hahnbüchsflinte umgehängt, am Hut der Gamsbart und das Abzeichen des Jagdschutzvereins, auf dem Rücken den fast leeren Rucksack. Ich könnte diese Figur jedesmal aus Erinnerung zeichnen.

Schritt für Schritt kam die Dämmerung. Ein wunderschöner Bergmorgen kündigte sich an. Zuerst erschien am untersten Rand des Horizontes hinter einem violetten Wolkenstreifen ein schmaler, grauer Lichtschein. Am westlichen Horizont stand noch der Mond. Hauchzarte Farben zeigten sich. Die Umrisse der Berge wurden plötzlich ganz scharf. Hier oben bewegten sich einige tiefschwarze Nadelzweige im Morgenwind. Als die Sonne kam, begann alles plötzlich zu glänzen. Lange Schattenstreifen lagen hinter jedem Baum, hinter jeder Latte des Almzaunes, hinter den verschneiten Felsbrocken. Auch die Gamsfährte, die quer durch die Almwiese führte, leuchtete verheißungsvoll. Am Rand der Abdrücke bildeten die lockeren Schneekristalle kleine Kraterwände, die ganz besonders intensiv glitzerten.

Gegen Norden hatten wir später einen Ausblick, wie er zu dieser Jahreszeit selten ist; bis zum Hochschwabmassiv strahlten uns die Berge entgegen. Jeder Gipfel war zum Greifen nahe. Unter uns im Talbecken schliefen das Dorf und die vielen verstreuten Bauernhöfe an den Hängen. Im Murtal lagerte ein tiefes Nebelfeld. Ich ging auf der Schneid einige Schritte vor. Jedesmal blies der Gratwind kleine Schneefahnen vor meine Schuhe. Gegen Süden lag ein häßliches Nebelmeer und brandete unter uns gegen den Kogel. Nur der Wildoner Berg durchbrach dieses Dunstfeld. Der Wind stand gut, er wehte uns direkt ins Gesicht. Dann kam die letzte Krümmung des Steiges im Bestand. Dahinter lag, wie eine antike Arena, eine kesselförmige Mulde unter uns.

Eine Laune der Natur hatte einst diesen ruhigen Platz für das Wild geschaffen und ihn auch streng begrenzt. Die Mulde beginnt mit einer kleinen, fast senkrechten Wand und endet an einer hochgezogenen Kante des Nordhanges. Ein ungestörter Platz für den Waldgams, der sich im Winter und auch in der Brunftzeit besonders gerne hier aufhält.

Mitten am Hang, unter einer verkrüppelten, einsamen Lärche, stand auch jetzt ein Gams. Der dunkle Körper stach schwarz vom Schneehintergrund ab. Das Glas zeigte eine starke ältere Geiß. Aber ich mußte mich vorerst überzeugen, ob Wunsch und Erregung mich nicht getäuscht hatten. Als ich mich nochmals konzentrierte, flüsterte mir der Jäger, auch vom Gamsfieber befallen, mit heiserer Stimme zu: „Das is Ihre Goaß, das is scho' die richtige!“ Um ein besseres Schußfeld zu haben, pirschte ich einige Schritte zur Seite. Jetzt erblickte ich unter uns das zweite Stück, einen guten Bock. Am Rande eines Felsstockes standen zwei weitere Geißen, halb versteckt durch verschneite Bäumchen. Das ganze Bild wurde von einer heiter-hellen Wintersonne beleuchtet. Wären wir nicht höher gestanden als das Wild und hätten wir den guten Wind nicht gehabt, der vom Hang her bergauf zog, so hätte uns das Wild längst schon wahrgenommen, denn der Bock stand keine fünfzig Meter von mir! Eine ungeheure Spannung lag in der Luft. Die Mulde war glänzend weiß, nur unter der Lärche lagen gelbbraune Nadeln. Das alles sah ich für einen Augenblick ganz scharf, als wollte ich mir das Bild für ewig einprägen. Dann krümmte ich langsam den Finger.

Der Schuß rollte noch im Kessel, da war das andere Gamswild schon geflüchtet. Meine Geiß verhielt schwerkrank, sie stand breit im Randfelsen. Aus dem Dunkel meines Standes jagte ich die zweite Kugel durch die helle Mulde. Deutlich hörte ich den Kugelschlag. Die Geiß zeichnete ein zweites Mal und verschwand hinter der abfallenden Felskante. Dahinter lag der reglose, in Stein und Wurzeln hängengebliebene dunkle Wildkörper. In grünem Schimmer erstarrt, blickten die glanzlosen Lichter zu uns herauf. Wir nahmen den Hut vom Kopf.

Mit Mühe brachten wir den Gams den Hang hinauf. Die Krucken waren für eine neunjährige Geiß recht gut, ganz bockähnlich gehakelt. Der Bart war freilich kein Wachler – das wäre von diesem Stück zu viel verlangt gewesen –, doch immerhin so ansehnlich, daß sich später manche meiner Freunde über das Geschlecht dieses Gams nicht gleich sicher waren. Um aber meinem kleinen Sohn als Hutschmuck zu dienen, eignete er sich geradezu großartig. –

Die Anpassungsfähigkeit des Gamswildes auch an niedrige Höhenlagen ist erstaunlich. Es ist nicht überall bekannt, daß zum Beispiel im Stadtgebiet Graz alljährlich ein, zwei Stück Gamswild erlegt werden. Die Höhenzüge um die Ruine Gösting beherbergen einen Gamswildbestand, der als absolutes Standwild zählt und keinesfalls „domestiziert" ist. Es ist merkwürdig, daß der echte Hochgebirgsgams, soweit er in der Nähe von häufig begangenen Touristenwegen, Alpenvereinshütten und Berghotels steht, viel eher mit Menschen in Berührung kommt, vor ihnen die Furcht verliert und zum „Hausgams" wird, zum Fotoobjekt, als der eher einsame und heimliche „Waldgams", selbst wenn dieser noch innerhalb der Stadtgrenzen der zweitgrößten österreichischen Stadt seine Fährte zieht. Womit freilich keinesfalls gemeint werden sollte, daß die „hohe" und schönste Gamsjagd nicht in echten Höhen, im menschenleeren Gebirge der Felsen zu finden wäre!

Den extremsten Gegensatz zum Hochgebirgsgams erlebte ich am Wildoner Kogel. Dieser einsame Berg, auf der halben Strecke der Gastarbeiterroute zwischen Graz und der jugoslawischen Grenze liegend, erreicht etwa fünfhundert Meter Seehöhe. Der Kogel ist landschaftlich wie auch geologisch recht interessant, er ist zum Teil mit herrlichem Laubwald, zum Teil mit Nadelwald bestockt, auf seinen Leiten und Lehnen wachsen Obst,

Mais und Getreide. Die vielen dolinenartigen Bodenmulden erinnern den Besucher an Kalk und Dolomit des Karstes. Die gesamte Landschaftsstimmung des Kogels ist ausgesprochen südlich; solche Berge findet man häufiger in Pannonien oder noch mehr im westlichen Krain, so um den Ternovaner oder Birnbaumer Wald herum, wo Wiese, Wald und Wein zusammentreffen, wo die Edelkastanie wächst und wo dunkle Fichtenwälder den Hintergrund zu den Obstgärten bilden.

Die landschaftliche Schönheit des Wildoner Kogels besteht vor allem darin, daß er einsam in der Ebene des südlichen Murfeldes steht und daß er sozusagen das Bindeglied zwischen Flußebene, oststeirischem Hügelland, südsteirischem Weinland und weststeirischem Gebirge ist. Von ihm hat man eine herrliche Aussicht in alle Himmelsrichtungen, wenn man den kleinen Bergstock rundum abgeht. Hier, auf diesem mehr südlichen oder pannonischen Kogel, gibt es Gamswild, ein Rudel von vielleicht zwanzig Stück! Es ist, zumindest nach meinem Wissen, nicht nur das südöstlichste Gamsvorkommen in Österreich, sondern auch das seehöhenmäßig niedrigste auf der ganzen Welt! Seine Besiedlung durch das Gamswild soll, wie mir die Jäger des Reviers erzählten, nach dem Zweiten Weltkrieg erfolgt sein, wobei der Ursprung der Population auf der Koralm zu suchen sei.

Immer schon interessierte mich dieser eigenartige Gamswildbestand. Eben deshalb freute ich mich sehr, als ich unlängst eine Einladung dorthin erhielt. Es war eine übliche Hauptjagd, die Einladung wurde durch einen jungen Freund und Jäger übermittelt. Ich nahm gerne an. Dieser Jagdtag wurde mir zu einem einzigartigen Erlebnis. Von dem mir bis dahin nicht bekannten Jagdherrnehepaar wurde ich aufs herzlichste aufgenommen. Mein Nachbarschütze war ein langbärtiger junger Mann mit köstlichem Humor, der sich später als Pfarrer und Gestalter unserer Abendmesse entpuppte, und der Jagdleiter, der örtliche Obmann des Jagdschutzvereines, wußte mir recht viel über den hiesigen Gamswildbestand zu erzählen.

Während der Gänge zu den einzelnen Fasanentrieben erfuhr ich von ihm, daß die Gams des Wildoner Kogels sogar die Mur manchmal überrinnen und stets versuchen, die linksseitigen Hügel (Seehöhe etwa dreihundert Meter!) zu besiedeln! Er erzählte mir auch, daß die Gams hier oft im Herbst in den Obstgärten aufzufinden seien, wo sie, ähnlich dem Rehwild, Fallobst, Äpfel und Birnen äsen. Sie würden auch, im Gegensatz zu ihren Hochgebirgsvettern, im Winter gerne die Heufütterung annehmen, obwohl sie im Grunde genommen auf diese menschliche Hilfe gar nicht angewiesen seien. Ohne Verhaltensforscher oder Zoologe zu sein, konnte ich darauf nur erwidern, daß es die Gams sich hier recht bequem machen würden, sozusagen bis zur Grenze der Faulheit oder Degeneration. Mein Gesprächspartner meinte daraufhin, daß ich nur teilweise recht hätte, da andererseits die Gams recht heimlich seien und von kräftigem Körperbau und daß sie keine Krankheiten kennen. Hier mußte auch ich etwas nachdenklich werden, habe ich doch niemals von Gamsräude bei Waldgams gehört.

Während meiner Gedanken über die hiesigen Gams habe ich freilich eifrig und fröhlich mitgejagt. Ich schoß einige Nußhäher und auch Hahnen. Ein einziges Mal sah ich auch zwei Gams durch die hohen Buchenbestände huschen. Und nachdem am Morgen dieses Tages die Jagdherrin, nach langjähriger Schonung den ersten Gams, eine uralte Geiß, erlegte, konnten wir abends bei der Streckenlegung siebenundzwanzig bunte Fasanhahnen und einen Gams verblasen! Ich glaube, daß es diese „jagdliche Kombination" nur am Wildoner Kogel geben kann. Die alte Geiß, vielleicht eine der Stammütter des hiesigen Gamsvorkommens, hatte verwachsene und deformierte Schalen. War vielleicht der weiche laub- und nadelbestreute Boden doch zu sanft für die sonst gebirgsharten Schalen des Gamswildes? Das war anzunehmen. Das Feuer prasselte und flammte. Sein Licht fiel gleichmäßig auf das bunte Gefieder der Hahnen und auf die schwarze Winterdecke der Gamsgeiß. Nicht so bald würde ich ein ähnliches Bild erleben, ging es mir durch den Kopf, als wir vom Jagdherrn zu einem Imbiß in sein Haus gebeten wurden. –

Meinen „barocken" Waldgams erlegte ich im Revier des Zisterzienserstiftes Rein. „Barock" nenne ich diese im August erlegte Geiß, weil der architektonische Rahmen der Jagd so stark durch die großartige österreichische Kunstepoche geprägt wurde. Stift Rein ist ein Kleinod des steirischen Barock, ein Kunstwerk ersten Ranges im Lande. Den Abt des Stiftes, eine imposant-kräftige jugendliche Erscheinung, lernte ich bei einer kunstgeschichtlichen Exkursion kennen. Daß wir beide Jäger sind, stellte sich dabei schnell heraus. Barock großzügig war dann auch die Einladung dieses ansonsten ganz und gar modernen Prälaten, in seinem etwa drei-

Die großen Augebiete der Donau sind Paradiese für das Flugwild

tausend Hektar großen Revier einen Gams zu schießen. Ich nahm mit Weidmannsdank an. Es war auch köstlich zu beobachten, wie meine Architekten- und Professorenkollegen sich den Kopf zerbrachen, worüber wir uns so angeregt unterhalten würden, er, der seine Insignien tragende Abt, und ich, der durchaus städtisch gekleidete Gast! Und wieder einmal erlebte ich, welchen „Geheimbund" wir Jäger verkörpern, wie schnell wir uns auch in großen Gesellschaften finden, welches starke Band zwischen uns besteht. Das ist eben die Gilde, die gemeinsame Passion!

Ich kam sogleich ins Revier, nachdem der Gams ab erstem August frei wurde. Bis zum Ende des Jahres pirschte ich in Begleitung des Revierjägers auf „meinen" Gams, ohne ihn nur ein einziges Mal in Anblick zu bekommen. Es war ein Weidmannspech ohnegleichen! Schön waren sie trotzdem, die vielen Ansitze und Pirschgänge im Gebiet des etwa tausend Meter hohen Mühlbacherkogels. Meine beiden Begleiter, den Aufsichtsjäger und den Jagdlehrling, lud ich inzwischen einmal auch zu uns, in mein Revier ein. Sie erlegten dort einige Fasane und Hasen, ich dagegen keinen Gams bei ihnen. Es schien mir, daß die so großzügige Einladung zu einer Geduldsprobe wurde. Nachdem ich aber bis dahin und anderswo schon einige Gams erlegt hatte, Waldgams und echte Hochgebirgsgams, drängte mich kein Motiv zur raschen Verwirklichung der Einladung. Dementsprechend ging ich dann auch bei Jahres- und Schußzeitende leer aus.

Von barocker Großzügigkeit war dann auch die Wiederholung oder Verlängerung der Einladung des Abtes für das darauffolgende Jahr. Am vierundzwanzigsten August 1978 traf ich neuerlich im Revier ein. Der Jagdeleve erwartete mich in feierlicher und durchaus nicht jagdlicher Bekleidung. Der Herr Abt sei verhindert, berichtete er mir, so könne er mich nicht persönlich führen. Ich müßte daher mit ihm, dem Jüngling Edmund, vorliebnehmen. Das tat ich auch gerne. Auf seine wenig jagdliche Bekleidung hinweisend, erfuhr ich, daß er in „Damenangelegenheit" unterwegs sei, und daß er mich zu einem vom Abt bestimmten Stand zu führen hätte. Es war mir nur recht, diesmal ohne Begleiter pirschen zu können. So kam es dann dazu, daß ich zu einer Kanzel hinausgeführt und allein gelassen wurde. Mein Begleiter informierte mich dahingehend, daß in diesem Graben eine alte Geltgeiß umherziehen würde,

Hochwild tritt stets gerne auf solche Schläge aus

die man bisher nicht erwischen konnte. Nach dieser Aufklärung ließ er mich zurück und wünschte einen guten Anblick. Ich hatte volles Verständnis für seine private „Pirschroute" und war meinem Gastgeber innerlich recht dankbar, mich in seinem Revier allein weidwerken zu lassen.

Die Kanzel war luftig hoch. Man hatte von ihr einen ausgezeichneten Blick auf die gegenüberliegende recht steile Hangseite. Der Graben unter mir war völlig verwachsen. Ein großer, schwindelfreier Baumkletterer vor dem Herrn war ich nie in meinem Leben, dies möchte ich auch hier nicht verschweigen. Heraufgekommen bin ich auf diese recht hohe und schwer besteigbare Kanzel irgendwie, wie ich aber herunterklettern würde, war mir noch nicht ganz klar. Dazu noch wackelte der die Kanzel tragende Fichtenstamm sanft, wenn ein kleiner Windstoß kam. Ich sah auf meine Uhr. Viertel fünf nachmittags im August: da könnte man vielleicht eine kleine Schlafpause einlegen, da vor sechs Uhr kein Wild zu erwarten war; die frische Waldluft animierte mich direkt dazu. Dann aber siegte die Vernunft.

Ich zündete mir eine Zigarette an und verzichtete auf ein Nickerchen; schließlich war ich nicht zwecks Kanzelschlafs hierher eingeladen worden! Und wenn ich auch im Vorjahr ein grausames Jagdpech hatte, konnte doch ein Omen darin liegen, daß ich diesmal ohne Begleiter auf „meinen" Gams paßte! Immerhin hatte ich meine für fremde Reviere verfügbare jagdliche Freizeit im vergangenen Jahr fast völlig der hiesigen Gamseinladung gewidmet, mit Ausnahme meines Mufflons in der Walster, so mußte sich doch diesmal eine besondere Situation ergeben.

Keine halbe Stunde verging, schon erschien die alte Geiß, auf die so viele Jäger, mich eingeschlossen, ihre jagdlichen Hoffnungen gerichtet hatten. Es war wie im Märchen: Ein ganzes Jahr vorher hatte ich nicht einmal einen Anblick, und nun stand der ersehnte Gams auf etwa hundertfünfzig Meter Schußweite vor mir. Beim Ansprechen dachte ich unentwegt, daß es nicht wahr sein könne, gleich am ersten Tag des neuen Gamsjahres den ersehnten Anblick zu haben, noch dazu in Form jenes Stückes, zu dessen Erlegen ich ausdrücklich aufgefordert wurde. Täuschung und Einbildung, trügerische Begleiter und Verräter jedes Anblicks wichen nach einiger Zeit von mir. Ja, da gab es keinen Zweifel mehr: Die vom Abt, vom Jagdherrn dieses herrlichen Mittelgebirgsreviers, mir freigegebene alte Gamsgeiß stand drüben am Gegenhang!

Ich hatte ein gutes Abkommen und schoß hinüber. Der Gams zeichnete und verschwand im hohen Almgras hinter einem dicken Fichtenstamm. Nach einer viertelstündigen Beruhigungspause, während der ich mir öfters gratulierte, richtete ich mich zum Abstieg von meiner luftigen Kanzel. Zuerst warf ich meinen Loden hinunter, der sich dann auch prompt in den Zweigen auf mittlerer Höhe verfing. Zum Glück befand sich noch ein Rundholzscheit auf meiner Kanzel; mit diesem Geschoß „holte" ich dann meinen Mantel herunter.

Ich war bester Stimmung. Ganz tief innerlich tat es mir allerdings ein wenig leid, bereits am ersten Pirschtag die Jagdeinladung „konsumiert" zu haben. So ist es halt stets im Jägerleben. Das dicke Ende kam aber erst! Mein Gams war nicht zu finden! Selbst als mir später einer der Hilfsjäger zur Seite stand. Ich war verzweifelt und verbrachte einen sehr niedergeschlagenen Abend. „In der Früh, wenn der Jäger Zenz mit seinem Hund da ist, werden Sie sicher Ihren Gams finden!" tröstete mich der Abt. Wir tranken eine Flasche Wein aus, dann ging ich betrübt davon.

Eine Stunde nach Sonnenaufgang war die Welt wieder in Ordnung. Meine Gamsgeiß hatte einen tadellosen Schuß. Der Hund fand sie sogleich. Am Vorabend, bei der Nachsuche, war sie nicht zu finden gewesen, obwohl wir nicht weiter als zwei Meter im hohen Gras an ihr vorbeisuchten. Tausende Tautröpferln glitzerten, und von dem barocken Stiftskirchenturm hallte das Morgengeläut in den Graben, als wir mit meinem Gams die Forststraße erreichten. –

Vom Umkehrplatz der Holzfuhrwerke bis zur Theißlkeusche brauchte ich diesmal mehr als eine Stunde. Der Weg war vereist und verschneit, meine Bergschuhe rutschten, und dazu kam noch die Dunkelheit, die bekanntlich das Tempo nicht fördert. Der Dezembermorgen dämmerte bereits, als ich beim Haus ankam. Ich klopfte am erleuchteten Küchenfenster des Jägers. „I hab gwußt, daß Sie heut kommen werden", empfing er mich, schon zum Abmarsch bereit. „Heut gibt's guats Wetter zum Gamsjagern."

Vorher schneite es tagelang fast ununterbrochen. Das Wetter nahm mir jegliche Hoffnung auf eine erfolgreiche Gamspirsch. Ich stand jeden Abend daheim am Balkon und sah in die Nacht hinaus, gegen Norden, wo ich die dunklen Umrisse des Berges nur ahnen konnte. Der Wind rüttelte am Fenster. Was wohl jetzt „mein" Gamsbock, den ich bei der letzten Pirsch in Anblick bekommen hatte, im hohen Schnee machte? Stand er irgendwo im Bestand, oder lagerte er zwischen den kleinen Felsen des Zwölferkogels? Gestern abend aber hieß es im Rundfunk, daß eine ausgedehnte Hochdruckzone die Alpen überqueren würde. Ich stellte daraufhin sofort die Weckuhr ein. Und nun wartete ich auf den Jäger und bewunderte die letzte Viertelstunde vor Büchsenlicht. Im Osten wurde der Himmel grau. Eine kurze Zeit lag rätselhaftes Zwielicht am Horizont. Das Sternenlicht verblaßte. Wir zogen inzwischen los. Mit jedem Schritt wurde die Welt fahler und nüchterner. Ich blieb stehen, rückte Büchsenriemen und Rucksack zurecht. Ein kühler Wind wehte uns entgegen.

Bis zum kleinen Steinbruch hatten wir leichten Weg, von dort aber ging es steil bergauf, auch der Schnee war nirgends mehr ausgetreten. Er lag weich und pelzig und reichte stellenweise bis über den Hosenbund. Die Sonne stand jetzt schon über dem Bergkamm und überzog alles mit ihrem fröhlichen Licht. Nun fanden wir auch die erste Gamsfährte. Sie schien von einem guten Bock zu stammen. Der Jäger stocherte mit seinem Bergstock interessiert in ihr umher.

Bei der Schneidwiese wandten wir uns dem Kogel zu. Es war ein herrlicher klarer Morgen, der Schnee lag ganz hoch, es war schwer vorwärtszukommen. Wir sanken einige Male tief ein. Außerdem mußten wir auch scharf aufpassen, denn wir näherten uns bereits den guten Gamseinständen. Hier herrscht selbst im Sommer völlige Ruhe, im Winter kommt überhaupt kein Mensch hier vorbei. Uns gegenüber lag jetzt der Kessel, die kleine Mulde in einem Einschnitt der Wandln, und dort konnte man zwei schwarze Punkte erkennen. Die Geiß stand auf halber Höhe im kleinen Fels, das Kitz turnte unter ihr herum. Wir pirschten näher. Jetzt trat ein zweites Kitz aus, von einem Bock war nichts zu sehen. Der Wind stand gut. Nach einiger Zeit kam die Geiß mit federnden Sätzen in die Mulde herunter und zog, gefolgt von den beiden Kitzen, seitlich fort.

Nun hieß es warten. Wir setzten uns in den Schnee auf die Rucksäcke.

Etwas später kam ein weiteres Kitz aus dem Felsrand heraus und äugte zu uns herüber, als würde es sich für den soeben verspeisten Apfel des Jägers interessieren; dann zog es zum Bestand. Jetzt war die Mulde wieder leer. Am Hang, wo der Wind den Schnee weggeblasen hatte, lugte stellenweise vergilbtes Almgras hervor. Dort hatte auch das Gamswild Äsung ausgeschlagen.

Lange zu warten, hätte nicht viel Sinn gehabt. Ich wollte nicht alles dem Schicksal überlassen. Das Wild konnte ja auch, durch Hang, Wald und Fels gedeckt, ganz in unserer Nähe stehen. Und wo es Geiß und Kitze gab, mußte auch ein Bock sein. Die kalten Füße erleichterten mir den Entschluß: Weiterpirschen! Mein alter Jagdführer brummte etwas und war ebenfalls einverstanden. Er gehörte zu jenen Berufsjägern, die keine Hast und keine Zeit kannten, die von sich aus den ganzen Tag im Schnee versitzen, ohne sich vom Fleck zu rühren, in der Hoffnung, daß schon etwas vorbeikäme. Der alte Papst hatte außerdem die beneidenswerte Fähigkeit, im Sitzen sogleich einzuschlafen, aber auch im nötigen Augenblick sogleich aufzuwachen, als hätte er im Dösen ein „zweites Gesicht" für herannahendes Wild gehabt! Wenn man ihm dann als Jagdgast sagte, daß man eher pirschen als sitzen möchte, war er stets auch einverstanden. „Wie S' holt moanen!" pflegte er immer zu sagen und richtete sich gerne zum Aufbruch. So war es auch diesmal. Ich spürte, daß wir anderswo bessere Chancen haben würden.

Als ich in die nächste Bergmulde hinunterblickte – wir pirschten die Schneid, die Bergkante entlang –, klopfte mein Herz nicht nur vom anstrengenden Brechen im Schnee: Unter uns stand ein kleines Gamsrudel! Und jetzt trat ein weiterer Gams dazu. Das Wild wirkte schwer, kräftig und gedrungen im dunklen Winterkleid. Mein Glas zeigte starke, gut gehakelte Krucken – der Bock! Er zog zum Rudel, warf auf und sicherte lange in unsere Richtung, dann senkte er das Haupt wieder. Ich ließ das Glas in den Riemen fallen und griff nach dem Stutzen. Jetzt machte der Bock einige spielerische Sätze. Meine überspannte Phantasie sah ihn schon flüchtig hinter dem Wandl verschwinden, doch dann folgte ein Haberl. Jetzt stand er vollkommen frei. Mein Daumen schob die Kolbenhalssicherung zurecht, der Mittelfinger stach ein.

Was war denn das? Der Bock warf sich im Schuß zurück und verschwand mit einigen Fluchten in der eigenen Fährte hinter dem Fels. Plötzlich war alles eiskalt um mich. Gefehlt? Unmöglich! Ich wußte doch, daß ich gut abgekommen war.

Unter uns war jetzt alles leer. Das Gamswild war nach dem Schuß in die Felsen geflüchtet. Die Kitze waren zunächst ratlos hin und her gelaufen, doch dann den Fährten ihrer Mütter gefolgt. Erst jetzt merkten wir, daß seitlich weiter unten noch einige Stücke standen, die nach dem Schuß jetzt ebenfalls durch den Graben flüchteten. Es war ein herrlicher Anblick. Doch was war mit meinem Bock?

Jagen heißt fast immer Warten. Ich griff in die Tasche, um eine Zigarette hervorzuholen. Das Packerl war auch da, doch die Zünder fand ich nirgends. Ich hätte jetzt alles, mit Ausnahme des Bockes, für ein einziges Streichholz hergegeben.

Nach einer endlosen Viertelstunde stiegen wir hinunter. Wir rutschten, stolperten und schwammen im Schnee, zwischen Steinen und Stämmen, zwischen Hoffnung und Zweifel. Endlich war ich beim Anschuß. Da riß es mich plötzlich: Ein handgroßer Schweißfleck breitete sich vor mir aus; heller Lungenschweiß. Der Beweis für meinen Schuß leuchtete blutrot im weißen Schnee. Ich spürte die Erleichterung wie einen endlosen Rausch.

Der Fährte direkt zu folgen, wäre fast unmöglich gewesen. Der Hang war steil und vereist. Doch was zählte dies alles, die Wundfährte führte bergab, da gab es keine Sorgen mehr. Sie war auch nicht zu verfehlen, in regelmäßigen Abständen war sie von hellroten Schweißtropfen gesäumt. Lungenschweiß, der Gams stieß beim Atmen Schweißtröpfel aus der Wunde. Daß er nicht gezeichnet hatte, schien mir ein Wunder.

Wir arbeiteten uns weiter talab. Der Bergstock half, so gut es ging. Die Wundfährte führte direkt in den Bestand hinunter. Dort fanden wir auch den verendeten Bock.

So glücklich, mit der Welt und mit mir selbst zufrieden, möchte ich an jedem Tag des Jahres sein, wie ich in diesem Augenblick war, als ich meinen dunklen Gamsbock im hellen Schnee hinter einem Baumstamm entdeckt hatte!

Der Bock hatte recht gut verpechte Krucken mit starken Schläuchen, tadellos gehakelt. Die Kugel hatte den zottigen Körper durchschlagen, sie ging halbschräg durch Lunge und Leber, da ich beim Schuß höher als das Wild gestanden war. Auch der Bart ließ sich sehen, wenn auch der Reif bei einem Waldgams nie so ausgeprägt ist wie bei einem Hochgebirgsgams.

„Auch in der spaten Brunft hat der Bock a zachs Leben", brummte der Jäger kopfschüttelnd und blickte zuerst auf die Schußwunde und dann den Hang hinauf. Auch mein Blick überflog noch einmal die während der Nachsuche zurückgelegte Strecke.

Da es hier keine Latschen gab, nahm der Jäger von einer Föhre Bruch und letzten Bissen für diesen starken Waldgams.

An einer alten Römerstraße

Sommertage in der einstigen Untersteiermark

Eine mir ganz besonders liebe Landschaft ist die herzerwärmende Gegend der ehemaligen Untersteiermark am Fuße des Bachern-Gebirges. Dieses an landschaftlichen Schönheiten so reiche Land liegt beiderseits jener Hauptverkehrsader, die seit der Römerzeit aus dem mittleren Donauraum zu den Häfen der Adria führt; ich meine die Gegend um Windisch-Feistritz und um Gonobitz (Slovenska Bistrica und Konjice).

Hier vereinigen sich die pannonischen und die alpinen Landschaftselemente in einer ungemein interessanten und lieblichen Art miteinander und mit den illyrisch-mediterranen Strukturen. Hier gibt es sanfte Übergänge zwischen Berg und Ebene; keine abrupten Überschneidungen kennt dieses Hügelland der spannungsfreien Harmonie. Die breitgewellte Landschaft mit den vielen kleinen vulkanischen Bergkogeln erinnert mich stets an die Herzgegend Pannoniens um den Plattensee. Die Kleinstädte, die Dörfer, die Weiler und die Einzelgehöfte muten typisch steirisch an; der Bachern, slowenisch Pohorje genannt, ist der südöstliche Eckpfeiler der Alpen. Eine fast paradiesische Milde, eine kaum formulierbare Süße, ist das Merkmal dieser Landschaft, die alpin frisch und dennoch südlich-üppig ist. Sie wird geprägt von Wald, Mais, Kleinacker, Kürbis, Weinbau und Wiese, von einer subalpinen oder pannonischen Vielfalt der Landschaftsnutzung, von einer ungemein heimeligen Art der alten Bauweise, von ungezählten Kapellen und Bildstöcken, die man überall zwischen Linden, Pappeln oder Nußbäumen sieht. Es ist das Land, wo die Akazie der ungarischen Ebene auf die Lärche der Alpen und auf die Edelkastanie des Südens trifft.

Die ehemalige Untersteiermark ist ein an ästhetischen Reizen besonders reiches Land, dessen in Dunst und Duft verschwimmende Atmosphäre weich und träumerisch ist, dessen Zauber den Kunstgeist weckt. Es ist das

Land der bekannten Windräder, slowenisch Klopotec genannt. Sie erzeugen keine Energie, nur eine Musik, um die gefiederten Schädlinge der Weingärten und der Obstkulturen abzuwehren. Technisch kommt die „Musik" der Windräder vom Schlagen kleiner Holzhämmer auf ein Brett oder auf ein Stück Metall. Töne verschiedener Höhe, Länge und Stärke klingen ineinander und erzeugen einen Heimatklang großer seelischer Eindringlichkeit. Das Getön des Klopotec ist das akustische Sinnbild dieser von Föhnwind und Südhauch durchwehten Landschaft, es ist das Gleichnis für Fröhlichkeit, für Sehnsucht und für Vergehen, für die hintergründig tiefe und gleichzeitig sonnenbestrahlte Schwermut der untersteirischen Weinberge.

Meine Zuneigung zu diesem Land ist spontan geboren. Schon bei meiner ersten Begegnung mit dieser Landschaft empfand ich ihre Strukturen, Motive, Bilder und Stimmungen, als wären sie alte Bekannte gewesen. Die Ortsbilder, die einzelnen Bauten, die Pflanzenwelt, die Form der Hügel, ja, die ganze Gegend kamen mir vor, als hätte ich irgendwann schon hier gelebt. Kein Bild der Landschaft überraschte mich, alles sah tatsächlich so aus, wie in meinen geistigen Vorstellungen erwartet. Dieses Erlebnis war eine innere Bestätigung meiner Zusammenhänge suchenden Phantasie, die viel mehr Interesse für historische und geographische Übergangsgebiete als für sogenannte Kernräume hat.

Ohne gewisse geistige Voraussetzungen kann es keine noch so spontane Liebe für eine Landschaft geben. Komplizierte Strukturen verlangen eine komplexe, also behutsame Betrachtungsweise, ein historisches Sehen und auch ein gefühlsgegebenes Eingehen auf die feinen Wertigkeiten des Landes. Das alles waren Aspekte, die mir recht nahestanden, empfand ich doch dieses einst auf illyrischem, dann römischem Boden liegende, historisch ungemein vielfältige Land, in dem sich slawische Kulturelemente mit deutschen verbinden, als einen Teil meiner oberpannonischen Heimat.

Auf keiner Landkarte der Welt ist heute mehr Pannonien vermerkt. Dieses „imaginäre" Land blieb dennoch mehr als nur ein Hilfsbegriff für entdeckungsfreudige junge Künstler und Intellektuelle der Gegenwart: Die die Staatsgrenzen von Ungarn, Österreich und Jugoslawien überschreitende Region Pannonien liegt an den südöstlichen Ausläufern der Alpen, sie umfaßt Westungarn, das Burgenland, Teile Sloweniens und der Steiermark. In diesem Gebiet leben Menschen, deren Wesensart trotz verschiedener Herkunft ganz ähnlich ist, da sie von fast gleichen Lebensbedingungen geprägt wurde. Der Unterschied liegt allein in der sprachlichen

Vielfalt, kaum in der Geschichte. So europäisch wie das Übergangsgebiet Pannonien ist kaum ein Landstrich auf dem Boden unseres alten Kontinents. Der Zusammenklang von Gleichartigem mit Verschiedenem ergibt hier eine faszinierende Farbigkeit. Dieses alte Bauernland Pannonien, dessen Bewohner heute und in der Vergangenheit stets gleichzeitig erzkonservativ und fortschrittlich waren, ist nicht schwer zu erkennen, wenn man nur die Landschaft und die Mentalität der Bewohner versteht.

Die einstige römische Verwaltungseinheit war wohldurchdacht, sie war auf Geographie und Klima aufgebaut. Es gab auch kein Volk, das nach den Wirren der Völkerwanderung in Pannonien seßhaft wurde und sich nicht diesen Tatsachen angepaßt hätte. Der Deutsche, der Ungar und der kleinste Volksstamm der Slawen, der Slowene, sie alle ähneln sich in Pannonien im Brauchtum, in der Landschaftsnutzung und vor allem in der Mentalität, von der gemeinsamen Küche gar nicht zu reden. Manche führen diese Gemeinsamkeiten auf die alte Habsburgermonarchie zurück und vergessen dabei die viel älteren Bindungen der Landschaft: die gemeinsame bauliche Struktur, den uralten Weinbau, den sterzspendenden Haiden und das „pannonische Internationale" des Kürbisses, dessen herrliches Kernöl nur der Pannonier, sei er Steirer, Slowene oder Ungar des Örség, Burgenländer des südlichen Landesteiles, kennt, schätzt und genießt.

Das Bauernvolk der Untersteiermark ist einige Beobachtungen wert. Der „steirische" Slowene ähnelt in vieler Hinsicht dem Südösterreicher, vor allem in seiner typisch mitteleuropäischen Lebensart, in seiner Mentalität. Daß ich ihn als „steirisch" bezeichne, ist kein Sprachimperialismus. Er nennt sich im Volksmund aus historischen Gründen oft selber „Stajerc" zum Unterschied zum slowenischen Gebirgler in Krain, dem Küstenbewohner im Karst und zum mehr dem Ungarn zugewandten Windischen der Übermurgebiete. Seine Art der Musikalität ist ganz und gar steirisch: Er liebt die Blasinstrumente über alles, nur verwendet er sie mit mehr Gefühl, sogar Sentimentalität, als der unkompliziertere Deutsch-Steirer.

Auch Ludvig, mein jagdlicher Begleiter, war ein eifriger Bläser. Ich lernte ihn vor langen Jahren kennen, als ich Jagdgast bei den Staatsforsten am Bachern war. Ludvig, eine beachtlich kräftige Gestalt mit bubenhaft listigen blauen Augen und einem bürstendicken blonden Haarwuchs, war nicht nur Berufsjäger in den Staatsforsten. Als Fachmann auf seinem Gebiet ist er „privat" auch Ausschußmitglied der „Jagdfamilie" seiner kleinen Wohngemeinde. Er riet mir damals, auf den Rehbock in sein Genossenschaftsrevier zu kommen. Das tat ich auch einigemal. In Staatsforsten ist man zwar meistens besser untergebracht, auch die Organisation bewährt sich besser; will man aber Land und Leute kennenlernen, so geht man zumindest in Slowenien besser zu einer dörflichen Jagdfamilie, zu einer „lovska družina".

Nach exotischem Wild hatte ich eigentlich nie Verlangen, mit dem Rehbock aber stehe ich auf einem ganz anderen Fuße: Ihm würde ich überall nachfahren, um mit dem Gehörn die Landschaftserlebnisse und Stimmungen mit heimbringen zu können. Für Ludvig war es also nicht schwer, mich zu überzeugen, das in einem entrückten Winkel in der Nähe der alten, nach Aquileia führenden Römerstraße liegende bäuerliche Revier aufzusuchen.

Und nun pirschte ich mit meinem Begleiter unter dem Bachern-Bergstock auf den Bock. Das Bachern-Massiv ist eine der größten Forstdomänen Sloweniens, selbst in sich ein kleines Reich. Auf den Höhen leben Gams, Auer- und Birkwild und die gesamte alpine Fauna. Seine gegen Süden abdachenden und auslaufenden Hänge mit den vielen Waldgräben, Weinbergen, Wiesen und landwirtschaftlichen Kulturen, mit den vielen kleinen Weilern und Schlummerwinkeln beherbergen einen recht guten Rehwildbestand. Gegen Südwest streckt sich diese Landschaft zur adriatischen Wasserscheide hin, gegen Osten verliert sie sich in der flimmernden Ferne des pannonischen Tieflandes – und in meiner Büchse harrte die Kugel ihres Bockes, zunächst dessen in der Gegend von Hagau, slowenisch Oplotnica genannt.

Der Bock, wurde mir von Ludvig bedeutet, pflegte auf eine kleine, mit Obstbäumen bestandene Rodung auszutreten. Viele Plätzstellen und Gefege bestätigten seine Anwesenheit, und vom Rande des Bestandes blickte ich weit in die grabendurchzogene, verwinkelte Landschaft seiner Einstände hinein. Der Hochsitz, den wir bezogen, verdiente diesen Namen lediglich durch seine Höhe. Zuerst mußten wir eine ziemlich brüchige Leiter besteigen, dann folgte ein weit ausragender Ast mit einem Sitzbrett am Ende. Ein Geländer oder eine Latte zum Auflegen gab es hier nicht. Mein Begleiter verkroch sich mit einer bärenartigen Behendigkeit im Naturgeäst hinter meinem Rücken und atmete bald ganz tief in einem gelösten Schlaf. Vorerst aber schärfte er mir noch ein, wie der Platzbock aussehen würde, was er auf hätte und wie wenig Bedeutung man etwa durchziehenden anderen Böcken zu widmen hätte.

Da blickte ich also von forstender Höhe des Waldrandes aus, weilte in Gedanken in der Vergangenheit dieser mir eigentlich fremden und doch so wohlbekannten Landschaft, die alle Motive meiner Kindheit in Westungarn und meines Mannesalters in der Steiermark samt meiner Sehnsüchte nach der nahen Adria zu vereinigen schien – und da schreckte in der Nähe, böse und erregt, ein Reh. Mein halb verträumter Geist kehrte sofort zum Waldrand zurück. Im Rübenfeld gaben sich Hasen ein abendliches Stelldichein, ein Bussard strich heran, und auch der unvorsichtig mitteilsame Bock blieb nicht in Deckung. Er trat droben am Waldrand aus und sicherte vor dem Hintergrund der Buchen und Edelkastanien zu uns herüber.

Schon längst hatte ich mich versammelt, als die zischend geflüsterte Aufforderung von Ludvig mich erreichte: „Das ist er!" Ich konzentrierte mich noch mehr. Nur keine Blamage in einem fremden Revier, noch dazu als Ausländer! Ein bestätigender Blick auf das Gehörn, dann feuerte ich meinen guten alten Mauser scharfvisiert aus freier Hand ab. Mangels einer Brustlatte konnte ich nur meinen Ellbogen auf das rechte Knie aufstützen. Der Bock aber, der taumelte einige Schritte in die Wiese hinein und brach verendet zusammen.

Er trug kein besonders interessantes Sechsergehörn, ausgezeichnet nur durch die gute Auslage. Doch – welcher Bock gleicht schon dem anderen, wo gibt es in der Welt eine sich wiederholende Eintönigkeit des Geweihes? Dieser Bock, der nun gestreckt vor mir lag, hatte im Gehörn den weichen, breitausholenden Bogen seiner weinberghügeligen, sanften Heimat. „Guter Pock, was hab ich gsagt!" – meinte mein Begleiter in seinem warmkehligen Deutsch und holte mir den Bruch von der nächsten Eiche.

Am Heimweg erwischte uns dann ein ordentliches Sommergewitter. Ludvig, mit dem ich abwechselnd den Bock trug, meinte, wir sollten direkt zu seinem Anwesen gehen. Wir schoben uns mühsam den lehmigen Hangweg hinauf und kamen nach Durchqueren eines dichtfeuchten Waldes voller Dunstschwaden zum nächsten Graben. Alles rundum war schon dunkel, als wir endlich die paar Häuser des Kleinweilers und das Fensterlicht aus dem Heim des Jägers erblickten. Wir hängten den Rehbock in der Scheune auf und betraten die Keusche. Warmer Geruch von eichenbefeuertem Küchenherd, von frischem Brot aus Mais- und Weizenmehl, von Zwiebeln und einem Selchbraten empfing uns.

Um den Küchentisch in der Gluthitze spendenden Nähe des Sparherdes saßen die Familienmitglieder. Der Hausherr bot mir ein Glas etwas säuerlichen Rotweines zum Willkommenstrunk an. „Mein Eigenbau!" sagte er mit Stolz und füllte gleich wieder die Gläser nach. Ich blieb auch zum Abendessen. Nun kam die Salatschüssel auf den Tisch, sozusagen als Einleitung, wie sonst nur in Frankreich üblich. Doch was war das für ein Salat! Er war gewürzt mit dem feinsten Salatöl, mit dem grünbraunen Kürbiskernöl der südlichen Alpenvorlande, mit der aromatischsten Zutat, die es überhaupt gibt. Und immer wieder prostete mir der Hausherr zu: „Auf Rehpock!"

An diesem Abend erlebte ich wieder einmal, wie sehr der Bewohner unserer Region, gleich ob deutscher oder slawischer Zunge, an seiner von Landschaft und Vergangenheit geprägten Acker- und Dorfkultur festhält. Sie bestand und besteht noch heute darin, daß jeder noch so kleine Hof von allem stets etwas hat: Holz, Weizen, Mais, Rüben, Obst, Fleisch, Fett, Milch, Truthahn, Huhn, Gans, Wein und Schnaps. Dieses Wenig an verschiedenster Produktion bedeutete nicht nur einst, wenn es sorgfältig eingeteilt wurde, Selbstversorgung und Unabhängigkeit im hohen Maße, sondern war Grundstock für eine Küchenkultur, die aus kleinen Möglichkeiten kulinarische Höhepunkte zu schaffen wußte.

Anderen Morgens leuchtete wieder eine fröhlich stimmende Junisonne. Der zweite Bock, dem es galt, sollte im hochstämmigen Mischwald mit kleineren aufgeforsteten Fichtenkulturen ziehen. Es gab von hier einen herrlichen Ausblick auf die Berge. In diesem Revierteil erlebte ich die steil abfallenden dunklen Gräben und den alpin wirkenden Charakter des Landes.

„Benn's haß is, kommt der Pock gern in den Bald" – erklärte mir Ludvig in seinem windischen Dialekt, der gern aus jedem „W" ein „B" macht, um zur letzten, alles ausgleichenden Sentenz von „Bein is besser als Bosser" (Wein ist besser als Wasser) zu gelangen. Wir zogen also in den „Bald", wobei anzunehmen war, daß hier auf der Schattseite des Reviers, die Rehe erst später als anderswo austreten würden.

Mein Pirschführer kannte gewiß ausreichend jene deutschen Jagdausdrücke, die für einen Revierjäger nötig waren, um ausländische Gäste zu führen; dennoch tat es mir leid, mich nicht in seiner Sprache ausdrücken zu können. Bald nach Beginn unserer Morgenpirsch bekamen wir einen Bock in Anblick, über den man sich lange hätte unterhalten können. Doch geschossen mußte nicht um jeden Preis werden, so blieb die Büchse unberührt hängen.

Unterwegs überquerten wir die Trasse der alten Römerstraße, die einst von der Donau nach Aquileia führte. Die Hauptstadt der pannonischen Provinz ist meine Geburtsstadt. Die Römerstraße führte direkt am Haus meiner mütterlichen Großeltern vorbei. Als Kind war für mich diese mit Kirschbäumen, mit Nußbäumen und mit Pappeln gesäumte Chaussee eine Traumstraße. Denn schon als kleiner Bub wußte ich, daß sie nicht nur bis zu jenen ausgedehnten Grenzwäldern des Landes führte, wo Großvater seinen weitberühmten Lebenshirsch, Goldmedaille 1910 Wien, 1937 Berlin, erlegte. Ich wußte, daß sie viel, viel weiter reichte, daß sie später Tälern folgte und Pässe überquerte, daß sie Städte berührte, deren lateinische Namen noch heute vorhanden sind, wie Celeia (Cilli, Celje) oder Poetovio (Pettau, Ptuj) – und daß sie zuletzt in einer Pinienallee am Meer endete. Das Meer aber, das war meine tiefste Sehnsucht, mein Kindheitstraum. Und nun stand ich mitten in Slowenien auf dieser die ungarische mit der venezianischen Tiefebene verbindenden alten Straße, rückte meine Büchse zurecht und wechselte wieder in den Wald hinein.

Am Rande einer Waldwiese setzten wir uns in den Schatten. Es war ein wunderbarer Frühsommermorgen mit Vogellauten und dem süßen Duft der Robinienblüten. Nach einer Viertelstunde stieß mich mein Begleiter behutsam an und zeigte mit der Linken zu den Brombeerstauden.

„Bos hab i gsagt, da geht Pock!" Ja, dort stand tatsächlich flammenrot in den Strahlen der Morgensonne ein recht braver Bock und zwickte mit wählerischer Feinschmeckerkunst Blätter und Knospen vom Gesträuch. Es war ein im Wildpret beachtlich starker fünf- oder sechsjähriger Sechser, der ein ebenmäßiges, wenn auch nicht über dem hiesigen Durchschnitt starkes Gehörn trug, dessen helle Enden jedesmal aufleuchteten, wenn er das Haupt hochwarf. Vollkommen vertraut zog er heraus. Im Zeitlupentempo streckte ich mich auf den Bauch, schob den Rucksack des Jägers unter den Lauf und visierte den Bock an. Dieser zog direkt in das Visier hinein, wobei die Entfernung etwa hundertzwanzig Gänge betrug. Schon beim Abziehen spürte ich, daß etwas nicht in Ordnung ging. Statt zu stürzen oder zumindest zu zeichnen, sprang der Bock mit einigen Fluchten in den Bestand hinein. Mit einem gotteslästernden Südslawenfluch quittierte der Jäger das Ereignis. „Nix guter Schuß, Herr, Pock is weg!" Eine Viertelstunde später fanden wir Schweiß, einige tollkirschenrote Tröpfchen am Boden. Die Sonne aber schien immer noch, und der Wald, der den Bock verschluckt hatte, schien mich überlegen anzugrinsen.

Es war dann auch kein leichter Weg, den wir zur Behausung des Jägers zurücklegten. Wir brauchten den Hund. Ich wußte, daß der kranke Bock mit dem schlechten Schuß einen schwer erreichbaren Ort aufsuchen würde. Und nichts konnte ich mehr rückgängig machen, ich mußte den Fall bis zum bitteren Ende miterleben und miterleiden. Wir holten den Hund, einen der uralten istrianischen Bracke im Schlag nahestehenden „posavc" (sprich Posautz) namens „Lady". Dann standen wir an der Stelle des Anschusses. Die flinke zarte Hündin begann zu arbeiten. Sie zog ruhig an der langen Leine und verwies spärliche Schweißtropfen im Wald. Die Wundfährte führte ins dichteste Gebüsch hinein. „Such weiter, Lady!" Wir brachen und krochen durch das Hindernis. Wir kämpften gegen ein Heer von Zweigen. Der Jäger ließ die Leine schleifen, um ein Verstricken zu verhindern. Als wir zu einer Lichtung kamen, nahm er sie wieder auf. Jetzt führte uns der Hund durch dichten Mischwald. Einige Male zögerte er, doch dann ging's wieder weiter. „Brav mein Hund, such schön verwundt!" brummte ich ihm auf deutsch zu, in der Hoffnung, daß er aus meinem Tonfall die lobende Aufforderung verstehen würde. Dann mußten wir einen widerlichen, verwucherten Graben durchsteigen. Dahinter lag ein undurchsichtiger, struppiger Jungbestand, in den der Hund unbeirrt hineinzog.

Wir kämpften uns tiefer. Der Bestand schien uns um jeden Preis abwehren zu wollen. Der Hund wurde zunehmend eifriger, der Riemen hätte sich hier beinahe hoffnungslos verwickelt. Ich hielt rechts, der Jäger links, dem Hund nahmen wir Halsung und Riemen ab. Sicht hatten wir überhaupt keine.

Kurz danach stieß der Hund auf den angeschweißten Bock.

Wenn auch die Entfernung ganz gering war, sah ich beim schweren Vorbrechen nicht mehr als zwei wirbelnde rote Leiber, wobei kaum festzustellen war, welcher der beiden das Wild war. Ich hörte zuerst ein Keuchen und dann einen Laut, den ich nie vergessen werde. Er klang wie ein Ausruf, wie ein Protest gegen die Unerbittlichkeit des Lebens, nein, des Todes: das Klagen des bedrängten Bockes.

Jetzt ertönte wieder dieses fürchterliche, ins Mark gehende Klagen. Der Hund war dabei, den Bock niederzureißen. Und das Wild wehrte sich, es versuchte den Peiniger abzuschlagen. Ich sah nichts, ich hörte nur die Geräusche. Das war schlimmer, als den Kampf mitansehen zu müssen. Mehr als Umrisse konnte ich nicht erhaschen. Ich strebte verzweifelt vorwärts im Dickicht, ich mußte diesem Todeskampf mit dem herzzerreißenden Aufwirbeln, mit den fauchenden, röchelnden, knurrenden Lauten um jeden Preis mit einem Fangschuß ein Ende bereiten. Dazu kam ich aber nicht mehr. Als der Schuß noch einen Sinn gehabt hätte, konnte ich ihn wegen des Hundes nicht wagen. Als er dann möglich war, gab es nichts mehr zu schießen.

An diesem herrlichen Frühsommermorgen habe ich eine recht dunkle Stunde erlebt. Sie kommt mir jedesmal in den Sinn, wenn ich Wild im Fadenkreuz meiner Büchse habe.

Es war mir elend zumute, als ich den verendeten Bock untersuchte. Meine Kugel saß im rechten Vorderlauf, ziemlich hoch, doch ohne ein lebenswichtiges Organ zu berühren. Dann war noch die Wunde, die der Hund dem Bock zugefügt hatte, als er ihn an der Drossel hielt, um den Fehler des Schützen zu korrigieren. Ludvig, der nicht im geringsten so depressiv auf die Ereignisse reagierte wie ich, hatte er doch gewiß jährlich eine Unzahl von schwierigen Nachsuchen mit dem Hund zu absolvieren, lachte mich an und gab einen überraschenden Beweis seiner Deutschkenntnisse. „Diana is ajne Hurre!" meinte er kopfschüttelnd und strich liebevoll mit den schwieligen Fingern über den Kopf der Bracke.

Für keinen Augenblick überließ ich meinen Bock dem Jäger zum Tragen. Es war vielleicht eine sentimentale Geste der Abbitte meinerseits, auch mein bärenstarker Pirschführer schien sie als überflüssige Gefühlsregung zu beurteilen. Doch ich wollte es einfach so haben.

Vormittags saßen wir dann im schattigen kleinen Garten des Jägers und kochten auf offenem Feuer die beiden Rehgehörne aus. Die Hausfrau bereitete uns einen herrlich duftenden „türkischen" Kaffee, den „turska kava", der mit Zucker im Kupfergeschirr zubereitet und samt Satz unfiltriert serviert wird. Bienen surrten im Garten, wir rauchten und dösten, langsam plätscherte das Gespräch. Ludvig kam auf die Gastjagd und auf die Gastjäger zu sprechen. Seine Betrachtung war sowohl praktischer wie auch philosophischer Art, in ihr offenbarte sich seine Mentalität, die seiner Zugehörigkeit zum slowenischen Volk entsprang. Dieses kleine slawische Volk ähnelt in vielen seiner Wesenszüge dem Österreicher. Erst nach längerem Geplauder kam die Frage: „Bos kost' Rehpock in Österreich?" sondierte er fachmännisch. Als ich ihm sagte, daß jeder österreichische Revierinhaber per Saldo mehr Geld auf den Tisch legen muß als ihm die gleichen Böcke in Slowenien kosten würden, nickte er zustimmend und warf den Zigarrenstummel ins Feuer. „Borum kommen S' dann nit immer in die lovska družina hier Pock schießen? Jagd in Austrija lassen. Zimmer in gostione von Herrn Recetar nehmen, Familie Urlaub machen, Frau und Kinder spazieren. Bein is in Partovec gut, Essen gut, Pock is immer gut!"

Die verschmitzten Augen des Jägers lachten, er zog die Schultern hoch und machte mit den Händen jene unmißverständlich einladende und fragende Bewegung, die jeder „gelernte" Mitteleuropäer sofort versteht. Er schien auch zu wissen, daß er mit dieser Frage den Kern des Komplexes berührte, ob es besser sei, in heimischen Revieren der Jagd mit allen ihren Kosten, Verpflichtungen, mit ihrem Ärger, Neid und nachbarlichem „Wohlwollen" nachzugehen oder aber die gleiche, ohnehin für die Jagd bestimmte Summe als zahlender Gast im Ausland zu verbrauchen, sorgenfrei und unverbindlich zu „verschießen".

Ich trank den Kaffee aus und strich über mein unrasiertes Kinn. Es war für mich nicht leicht zu erklären, wie gerne zwar ich mit ihm, diesem grundgescheiten und erfahrenen Berufsjäger, in den Wald ging, doch um wie viel es schöner sei, ohne Begleitung und dann, wann ich will, im Revier umherstreifen zu dürfen! Selbst wenn ich keinen Anblick habe, wenn ich nichts schieße, wenn das mitgeführte Gewehr bloß der Illusion dient! Obwohl die heimatlichen Revierkosten, aufgeteilt auf die einzelnen Tage, die man im Revier verbringen kann, einiges mehr ausmachen als die Tagessätze des slowenischen Jagdverbandes für Gastjäger.

Warum man aber als zahlender Gast in ein ausländisches Revier geht? Weil man auch andere Landschaften, nicht nur „Abschüsse" erleben möchte, weil man als Jäger die Landschaft intensiver erlebt als andere. All dies in unserem deutsch-slowenischen „Jagdidiom" Ludvig zu erklären, war nicht einfach. Ich hoffe dennoch, es gelang.

Oben: Meine unvergeßliche kleine Spanielhündin Bessie
Unten: Mit Bessie und einem burgenländischen Rehbock

Frühling im Gebirge

Auf den Birkhahn in den Niederen Tauern

Es gibt gewisse Frühlingstage, ganz besonders im Gebirge, an denen nicht nur die Landschaft, sondern die ganze Welt in einem einzigen Glücksgefühl sich aufzulösen scheint. Warmer Föhnwind fegt Wolken und Schneefelder dahin, der Himmel wölbt sich in einer hellen Klarheit bis in die Endlosigkeit. An solchen Frühlingstagen regt sich der Mensch gleich der Natur aus Nöten und Schwernissen zum Aufbruch, er sucht neue Wege, neue Taten und Ansichten. Aus dem erstarrten Stillstand des Winters will er in eine Aktion, eine Bewegung übergehen, er strebt in die Ferne, es ergreift ihn eine Unruhe – er sucht, wie jedes andere Naturgeschöpf, das Licht des Frühlings in sein eigenes Ich einzufangen und den Regungen der Natur mit eigenen Aktionen zu folgen. –

Sanfte Tallandschaften, bewaldete Bergzüge und schroffer Fels, ruhiger Flußlauf der Enns mit sich ausweitenden und verengenden Seitentälern, Moore, Nadelwälder und Almweiden – Ennstal und Niedere Tauern, Schauplätze vieler meiner Gebirgserlebnisse, strahlten und glühten auch in diesem Frühjahr. Auf einen Birkhahn eingeladen, fand ich Gelegenheit genug, meine Unruhe und mein Fernweh zu stillen; um mit betrachtendem Auge und dem Frühling zugewandten Gemüt Land und Jagd hier neuerlich zu erleben.

Immer wieder gerne komme ich ins obere Ennstal. Nicht nur die Schönheit der Landschaft, auch die gewachsene bäuerliche Bausubstanz, besser Baukultur, zieht mich so stark an. Das organisch Gewachsene an

Heimlich zog er durch das Stangenholz

dem Gefüge zwischen Landschaft und Lebensform war hier noch bis vor kurzem so unversehrt und so eindrucksvoll, wie kaum irgendwo in der Steiermark.

Das gebaute Gesicht einer Landschaft ändert sich erst durch den Wechsel in der vorherrschenden Benützung. Dieser große – und auch grobe – Einschnitt kam hierher mit dem industrialisierten Fremdenverkehr. Man will und man muß auch nicht dem sogenannten „Alten" nachjammern, wenn man unzufrieden mit dem neuen baulichen Gesicht vieler unserer herrlichsten Landschaften ist. Ein fast hilfloses, ein resignierendes Bedauern übermannt oft den Besucher, wenn er die architektonische Einfalt vieler prangender Bauwerke erleidet. Auf jeden Fall aber spürt man, wie wenig heute Mensch und Natur gelten, wenn es um die Verwertung der Landschaft geht. Diese geistige und architektonische Verarmung inmitten einer nie dagewesenen baulichen Konjunktur, eines Goldregens aus dem Fremdenverkehr, läßt jeden vernünftigen Beobachter nachdenklich werden. –

Meine Stimmung an diesem Tag wollte ich freilich nicht ganz verderben. Dazu war die Welt um mich herum zu schön, zu strahlend. Und man konnte doch hie und da einfach wegschauen – obwohl doch jedes Werk, sei es von einem Komponisten, einem Schriftsteller oder bildendem Künstler, den Beobachter, Betrachter, Mitdenkenden, den „negativ" Mitschöpfenden braucht. Furchterregend in unserer Gegenwart ist das rücksichtslose Beiseiteschieben dieses Aspektes – und nun war ich an meinem Reiseziel angelangt.

Eine kräftige bäuerliche Figur stand im Eingang des Bauernhauses und hieß mich willkommen. Ich hob die Büchsflinte aus dem Wagen, schleppte mein Gepäck ins Haus. Hinter dem Bauernhof glühte in der Sonne der Bergzug, wo mein Birkhahn auf mich wartete. Der Frühling strömte in der Luft, und ich warf meine unerquicklichen Beobachtungen von mir wie einen Zigarettenstummel.

Auch ohne einen Blick auf das dürftig leuchtende Zifferblatt meiner Uhr zu werfen wußte ich, daß die Nacht bald zu Ende gehen würde; der Schneehahn meldete oben im Latschenhang. Aus dem Dunkel ertönte sein weiches, warmes „Arr . . . arr". Halb liegend und regungslos horchte ich in die Richtung. „Arr . . . arr", klang es jetzt wieder zu meinem Schirm herunter. Die zärtlichen Laute paßten wunderbar zur Stimmung der Berge, zur späten Stunde der Spätfrühlingsnacht – und auch zu diesem kleinen Vogel, der sein Leben in der kargen Umwelt von Felsen und Latschen, von

Schnee und Geröll verbringt. Ein letztes Mal meldete noch der Schneehahn, dann kehrte wieder Stille ein.

Auch gestern und vorgestern war es so gewesen. Es war mein dritter Balzmorgen in diesem Schirm. Jedesmal, wenn ich in tiefer, sternenklarer Nacht heraufgestiegen war, meldete nach einer kurzen Zeit der Schneehahn. Er spielte den Ansager zur Birkhahnbalz.

Der Mai und somit die Schußzeit waren ziemlich fortgeschritten. Mein Platz war gut. Im Schirm fühlte ich mich geborgen wie in einem Nest. Die Schneekälte des Bodens spürte ich kaum, dafür sorgten Fichtenzweige, eine Wolldecke und der Loden. Auf schattigen Stellen dieses Berges bleibt der Schnee oft das ganze Jahr liegen; diese Tatsache hatte ich schon öfters im Sommer erlebt, bei Gamspirsch und bei Murmeljagd. Die Umgebung des Schirmes war mir sogar im Dunkeln wohlbekannt. Jeden Morgen hatte ich bisher auch einen Anblick gehabt, zum Schuß auf den Kleinen Hahn war ich jedoch nicht gekommen. Es wollte einfach nicht klappen; doch das machte mir nicht viel aus. Behaglichkeit und Stille des Schirmes waren mir Anziehungskraft genug.

Stille – man spricht dieses Wort so leicht aus, dabei gibt es sie eigentlich gar nicht. Ein Gewebe von kleinen Geräuschen umgab mich in Wirklichkeit, selbst bei der bewegungslosen vollen Dunkelheit. Ich habe die Erkenntnis in der Jagd gewonnen, daß Stille nur die Bezeichnung eines Gemütszustandes ist, denn ohne die vielen kleinen Geräusche wäre der Bergmorgen stimmungslos, wenn nicht unheimlich. Stille ist die Ewigkeit der Naturlaute, Stille ist Atemhauch des Berges und Kreislauf des Wassers, Stille ist Zustand, Stille ist Abstand vom Störenden, Stille ist Einklang mit der Umwelt. –

Ein Zufall, die Erkrankung eines Jagdgastes, ermöglichte mir die Jagdtage in diesem Revier. Es waren eindrucksvolle, schöne Tage auf diesem Silberberg der Niederen Tauern. Der Weg war eigenartig, der mich zum Schirm heraufgeführt hatte. Er stieg ganz gleichmäßig bis über die Baumgrenze hinauf. Er ähnelte in keiner Weise den üblichen Bergpfaden und Karrenwegen. Er endete unter einem Felsen in der Nähe des Schirmes. Nur ein geübtes Auge kann heute noch feststellen, daß die Schutthalde dort oben nicht durch Naturkräfte entstanden ist. Der schmale, unmenschlich niedrige, naßtröpfelnde Einstieg zum Bergwerk liegt, teilweise durch Latschen verdeckt, am Fuße des Felshanges. Denn wie so viele Berge der Niederen Tauern, umschloß auch dieser „Zinken“ Silber und Kupfer in der Tiefe seines Gesteins. Der Weg herauf, den auch ich benützt hatte, war ein technisches Meisterwerk seiner Zeit und führte wohltrassiert zur Einfahrt der Grube.

Heutzutage benützen nur noch Jäger, Holzarbeiter und Bergwanderer diesen seit Jahrhunderten aufgelassenen Weg. In Talnähe ist er schon verwachsen, doch in höheren Lagen, wo der karge Fels nur wenig Vegetation aufkommen läßt, erkennt man noch überall das Werk von Schlägel und Meißel. In schweren schweinsledernen Ziehsäcken schleifte man einst das abgebaute Erz talab. Zugtier war der Mensch.

Schon seit Jahrhunderten wird in den Schladminger Tauern kein Erz mehr abgebaut. Der Bergbau hatte eine große Zeit in der stürmischen Epoche des Aufbruchs zwischen Spätmittelalter, Humanismus und Reformation. Die Spätgotik trieb damals ihre Blüten. Ihre Werke muß man kennen, um die Geschichte der Steiermark verstehen zu können. Wie in allen Ländern des Reiches, waren auch hier die Bergbaugebiete Zentren der sozialen und religiösen Erneuerung. Es gab damals wilde Zeiten; Knappenaufstände und Bauernkriege wüteten. Doch im Hintergrund lauerte schon das Ende: Der Indio des neueroberten Mexiko war noch billiger als der steirische Knappe, seine Bergwerke um das Vielfache ergiebiger als die in den Niederen Tauern.

Wilde Ausschweifungen und religiöse Bruderschaften bildeten den tief menschlichen Gegensatz der Gegend: Licht und Schatten spielten das ewige Wechselspiel.

Der Schnee bedeckte nur noch stellenweise den zum verfallenden Bergwerk führenden Weg. Er führte an meinem Schirm vorbei und war sogar im Dunkel leicht zu erkennen. Dort drüben, wo die einsame, knorrige Zirbe stand, hatte vielleicht einst der geheimnisvolle dunkelhaarige Fremde nach den Erzen gesucht, der in den Märchen der Tauern so häufig vorkommt. Wahrscheinlich waren es Venezianer, die damals in den Alpen nach abbauwürdigem Erz geschnüffelt haben.

Im Osten zeigte sich jetzt ein heller Streifen. Die Umrisse der Berge, die man bisher gerade noch gegen den Sternenhimmel erkennen konnte, hellten sich auf. Alles wurde grau, der Wald, der Fels, die Schneehalden und die Lawinenrinnen. Die aufgehende Sonne stand schon irgendwo hinter dem Rand der Bergzüge. Eine fahle Helligkeit kroch in der Ferne empor, und im Tal sah es aus, als ob die Nacht noch dunkler sei als zuvor. Kleine Wolkenfetzen wurden sichtbar, sie zogen im ersten Sonnenlicht über den Himmel, als hätte sie der Morgen vom Schneerücken oder vom Gletscher des Dachsteins losgebrochen.

Über das Tagwerden im Gebirge könnte man Bücher schreiben. Würde man jahrelang nichts anderes tun, als täglich den Sonnenaufgang zu erwarten, müßte man sich niemals langweilen. Denn täglich werden die steinernen Riesen der Bergwelt durch das Licht neu geboren. Seit Urzeiten bewundert und verherrlicht der Mensch den Schöpfer, wenn die ersten Sonnenstrahlen Nacht und Dunkel aus seinem Gesicht streichen, als würde er sich noch im Paradies befinden . . .

Meine Hand griff vorsichtig in die Rocktasche, um Zigarette und Zündholz hervorzuholen, da ertönte unter dem Schirm das Grugeln eines Hahnes, ich hatte ihn gar nicht wahrgenommen, als er eingefallen war. „Kulululuh!" – tönte es nun plötzlich.

„Tschschsch!" Behutsam zog ich die Fichtenzweige des Schirmes auseinander, um mein Blickfeld zu vergrößern.

„Tschuhuhuhui!" Tänzelnd, laufend balzte der Hahn. Im Hintergrund lösten sich inzwischen die Wogen der Berge aus dem Grau. Eine Unzahl von Spitzen, Zügen und Rücken, von steil abfallenden Felswänden kam rundum zum Vorschein. „Kulululuh!" Und dann, als kämen die Balzlaute aus einer ganz anderen Richtung: „Tschuhuhui!"

Es waren spannende Augenblicke. Ich musterte die Entfernung zum Hahn. Für einen Schrotschuß reichte sie nicht. Soll ich mit dem Kugellauf schießen? Irgend etwas hielt mich davon zurück. Der Hahn stand jetzt ruhig und sinnierend im Schnee. Alles war still. Aus dem Tal dröhnte plötzlich das Bachrauschen herauf, ein sanfter Windstoß ließ das ewige Murmeln unerwartet anschwellen. Dann verebbte das Dröhnen langsam. Das Ganze klang, als wäre eine Eisenbahn durch das enge Tal gefahren und bald darauf schnaubend im nächsten verschwunden. Soll ich mit dem Kugellauf schießen? Ich wartete noch und ließ das Gewehr sinken. Der Hahn ahnte nicht, was sich in mir abgespielt hatte. Plötzlich fing er wieder zu grugeln an. Sechzig Gänge vom Tod entfernt balzte er ahnungslos. Keiner von uns, weder Mensch noch Tier, weiß, wie nahe ihm der Tod ist. Ich legte das Gewehr weg.

Die Sonne kam über den Horizont, vor mir leuchteten Dachstein und Grimming, Wogen und Wellen von Bergrücken flossen in die Endlosigkeit hinweg. Der tiefblaue Frühlingshimmel strahlte allmählich Wärme aus. Unter mir lag friedlich das hellgrüne Ennstal. In diesen Minuten empfing ich wieder ein unauslöschliches Erlebnis dieser Gebirgslandschaft, so wie das erste Mal vor dreißig Jahren, als ich zur gleichen Jahreszeit aus meiner westungarischen Heimat kommend, den Treckwagen meiner Eltern kutschierte. Die beiden unvergeßlichen Braunen, Sári und Csinos, legten sich schon seit Wochen brav ins leichte Sielengeschirr und kämpften gegen die Schwierigkeiten der Gebirgsstraßen an, obwohl Csinos, die stangenseitig gehende Stute, schon hoch mit ihrem Fohlen ging. Ich blickte von meiner stillen Höhe hinunter auf die Straße. Ja, hier sind wir damals durchgefahren, hier erlebte ich als achtzehnjähriger Bursche das erste Mal das Ennstal. Und nicht weit von hier, am Wagrainer Paß, verloren wir dann Stute und Fohlen infolge der Überanstrengung.

„Tschuhuhuhuhui!" – Während ich meinen Erinnerungen nachhing, fiel ein zweiter Birkhahn vor meinem Schirm ein. Im Hintergrund erkannte ich auch zwei trippelnde Hennen, Sinnbilder der uralten weiblichen Neugierde. Dann gingen die beiden Hahnen aufeinander los, springend und sich duckend kämpften sie in der für den Birkhahn so typischen leidenschaftlichen Art. Die Bewegung brachte die beiden gefiederten schwarzen Recken immer näher zu mir. Der Gewehrlauf lugte vorsichtig aus dem Schirm heraus. Dann fiel der Schuß, mein Hahn schlug noch einigemal verendend im Schnee, und jetzt war alles wieder unheimlich still. Nun zündete ich mir doch die Morgenzigarette an.

Über der schwindelerregenden Tiefe des Taleinschnittes erschienen jetzt zwei schwarze Punkte. Sie hielten geradewegs auf mich zu und schienen von einer unsichtbaren Strömung getragen zu werden. Sie wurden größer und größer und nahmen im Fernglas Gestalt an. Es waren zwei Raben. Bald konnte ich das friedliche Rudern ihrer Schwingen erkennen, ihre klugen Köpfe beäugen. Erst auf Kugelschußentfernung drehten die Raben sachte ab, zwei schwarze Körper vor dem weißen Hintergrund der schneebedeckten Bergrücken.

Ich schlich aus meinem Schirm und holte den Hahn ein. Kaum zurückgekehrt, hörte ich schon wieder einen Hahn fauchen. Ich spitzte noch mehr die Ohren. Und jetzt rauschte etwas mit deutlich hörbaren Schwingenschlägen über mich hinweg. Der streichende Birkhahn fiel ganz in meiner Nähe ein, und bald darauf zischte er seine Kampfansage in den Morgen. Rundum rodelten mehrere Hahnen in den Latschen; es zischte und fauchte, als würde es eine geheimnisvolle Beziehung zwischen Frühlingsbalz, Erde und Wild geben. An diesem Morgen hätte ich leicht auch einen zweiten Hahn schießen können.

Die Sonnenbalz wartete ich noch ab. Erst bei steigender Wärme und nach Abklang der Balz verließ ich meinen Schirm. Auf meinem Pfad bergab stieß ich auf eine frische Marderspur. Es war also auch ein vierbeiniger Birkhahnjager im Revier unterwegs! Es gelang mir noch, mit dem Glas den goldkehligen Konkurrenten zu erwischen: Er tauchte für einen Augenblick wie ein fellüberzogener Pfahl unter einer Lärche auf.

Die Sonne wärmte. Im Westen segelten die letzten Wolken davon. Die warme Schönheit der Bergwelt war überwältigend; Frühlingswasser tröpfelte, Lärchentrieb grünte und immer wieder ertönte aus der Ferne das Rodeln eines Hahnes wie ein Ausdruck der sonnenseligen, gurrenden Glückseligkeit.

Durch ein schattiges, tiefes Schneefeld mußte ich jetzt waten. Es war eine der vielen Mulden auf diesem Berg, die sich fast nie aus dem Winterschlaf erheben und ihre weiße Schneedecke bis in die heißen Sommertage behalten. Ich kenne sie auch von den Augustpirschen auf Gams her, diese letzten Erbstücke der Eiszeit, die hier einst Berg und Leben formten und am Dachstein auch den Gletscher hinterließen.

Unten am Waldrand grugelte noch immer ein Hahn. Ich stieg bergab und überquerte zum letztenmal an diesem Tag den alten Erzweg. Einst herrschte auf diesem Berg das harte Gesetz des Schürfens und Suchens, einst vergrub man sich im Fels, um Silber hervorzuholen. Nicht so bei mir. Ich konnte an diesem Vormittag mit meinem Hahn vom Berg herunterkommen und den wunderbaren Blick genießen. Diese Erkenntnis stimmte mich froh und gab mir das Gefühl einer winzigen und für mich persönlich dennoch beeindruckenden Freiheit.

Als ich unten im Tal anlangte, erfrischte ich mich mit dem kalten Wasser des Forellenbaches. Zwischen Steinen schoß der Strahl in meine hohle Hand; weiter oben hörte ich den Wasserfall rauschen. Baumwurzeln zwangen den Bach zu häufigem Richtungswechsel, fette Huflattichblätter säumten sein Bett an den flachen Stellen der Wiesenränder. Ich ließ mich von der Sonne trocknen. Von der Holzbrücke bei der Straßengabelung blickte ich nochmals zum steilen Berghang hinauf. Sein Licht, seine Sicht, das Kullern und Fauchen, und nicht zuletzt der Hahn in meinem Rucksack gaben mir tiefe innere Freude.

Der Bock ist unsere Heimat

Erlebnisse und Gedanken aus unserem burgenländischen Revier

Wenn ich seit vielen, vielen Jahren, aus Graz kommend, das Wahrzeichen meiner jagdlichen Heimat, den Turm der Güssinger Burg, erblicke, dann scheint mir das wie ein Zeichen, wie Rückkehr ins Gelobte Land. Ein bedeutender und fast unausweichlicher Zufall, Glücksfall meines Lebens, brachte es mit sich, daß ich hier zum Jagdpächter wurde. Schon seit einem Jahrzehnt war ich damals fest mit der wunderschönen südburgenländischen Landschaft verbunden, doch kam es zur innigsten Vereinigung in jenem Augenblick, als ich im verrauchten Rüsthaus von Glasing den Zuschlag als Jagdpächter aus dem Munde des Ortsvorstehers erhielt. Das war, trotz der mit der Pacht verbundenen finanziellen „Grenzbelastung", wie die Verwirklichung eines Märchens aus der Kindheit für mich. Des Märchens von einer Insel des Glücks, die es irgendwo geben muß. Jedesmal, wenn ich von ihr träumte, stellte ich mir vor, hier müßte jeden Tag die Sonne scheinen und jeden Abend müßte der Tag fröhlich zu Ende gehen. An diesem Ort, an dem man sich festhält, zu dem die Schwierigkeiten des Alltags nicht hingelangen können, muß der Mensch noch individuell leben können, glücklich mit sich und mit seiner Welt sein. So ähnlich träumte ich – und so kam es auch. Meine beiden Freunde und Mitgesellschafter schienen die gleiche Empfindung gehabt zu haben. Sie stiegen ins gemeinsame Abenteuer ein und bestellten mich zum Leiter unserer Jagd.

Überall, wo das Rehwild im Revier die erste Rolle spielt und nicht mit anderem Schalenwild zusammen steht, kann es am schärfsten beobachtet werden. Unser Glasinger Revier ist ein ausgesprochenes und sogar typisches Rehwildrevier; so konnte ich hier, in meiner und des Rehwildes engsten Heimat, meine Kenntnisse vertiefen, meine Beobachtungen über das Rehwild verdichten. Und wie in so vielen Jägerschicksalen bewahrheitete sich auch in meinem Fall der alte Spruch: „Der Bock ist unsere Heimat."

Auf unseren an Kalk armen Lehmhügeln, in unseren Mischwäldern, Weinbergen und Auwiesen wächst und steht, wechselt und gedeiht ein recht bemerkenswerter Rehwildbestand. Echt „kapitale" Böcke sind dagegen selten, doch sehr gute gibt es etliche. Etwa achtzig bis neunzig Stück Rehwild gehört zu unserem Revier, das knapp über fünfhundert Hektar groß ist. Wenn man auch ein Drittel unserer Rehe als Wechselwild bezeichnet, bleibt immer noch eine Wilddichte, die eindeutig zu hoch liegt. Begünstigt durch stets milde Winter, durch den allgemein guten Gesundheitszustand unseres Wildes, durch die sorgende Pflege, steigert und verdichtet sich der Bestand noch von Jahr zu Jahr. Würde sich unser Rehwild örtlich und jahreszeitlich gleichmäßig auf das ganze wohlgeformte Revier verteilen, so könnte man den Fragen seiner Einschränkung noch aus dem Wege gehen. Nachdem dies aber nicht der Fall ist, muß in den Bestand eingegriffen werden, vor allem bei Geißen und Kitzen – „wie das Gesetz es befahl", doch freilich auch bei den Böcken, deren Geweihe noch durchaus in Ordnung sind, doch deren Wildpretgewichte eine eindeutig rückläufige Tendenz zeigen.

Auch über diese Jagden und ihre Erlebnisse ist freilich hinterher einiges zu erzählen, wobei nach erfülltem Abschuß auch das Wildpret als Lohn winkt. Das Beobachten des Rehwildes ist eine immerwährende Fundgrube der Erlebnisse. Unser sensibles Rehwild ist äußerst empfindlich, es reagiert auf seine Art auf Wetterlage, auf Änderungen in der Feldkultur, auf die Verschlechterung der Ruhemöglichkeiten, auf jegliche menschliche Störung und vor allem auf den Verkehr. Man macht auch hie und da Fehler im Abschuß und erlegt ein falsches Stück. Man müßte sehr, sehr lang leben, um keinen Fehler zu begehen und um alle Feinheiten der Hegemöglichkeiten erlernen zu können!

Es ist auch ganz ausgeschlossen, daß die Frage der Qualität unseres Rehwildes eine reine Ernährungsfrage wäre. Bei uns hat das Wild sehr gute Äsungsmöglichkeiten, abwechslungsreiche Feldkulturen und Waldbestände mit frischen Schlägen, Stauden und verwachsene Feldraine. Es gibt auch genug jahreszeitliche Ausweichmöglichkeiten zwischen Acker, Au und Wald, wobei freilich auch die Nachbarreviere miteinbezogen werden. Und dennoch haben wir immer wieder eine beachtliche Anzahl von Knopfspießern in unserem Revier. Nach meiner Meinung hängen die meisten Fragen der Rehwildhege, bei uns und auch anderswo, mit der Wilddichte zusammen. Es wäre freilich theoretisch möglich, durch einen radikalen Abschuß des gesamten schwachen Rehwildbestandes, gleich ob männlichen oder weiblichen Geschlechtes, neue Verhältnisse zu schaffen. Doch was würde diese Maßnahme auf fünfhundert Hektar Fläche bringen? Und wie würde man diesen Einschnitt als Pächter verkraften, beträgt doch die Pachtdauer nur sieben Jahre? Glänzende Theorie – graue Praxis!

Aber die Gelegenheit müßte stets dort gesucht werden, wo man seine Ansichten mit dem eigenen Gemüt in Einklang bringen kann, wo aus Beobachtung Erlebnis wird, wo aus der Landschaft der unerläßliche menschliche Hintergrund für den Jäger erwächst.

Die jahreszeitlichen Gewohnheiten des Rehwildes sind uns Jägern im allgemeinen ziemlich bekannt. Bei uns steht das Wild mit Ausnahme einiger harter Winterwochen in den Wäldern und den ihnen vorgelagerten Feldfluren. Bei uns gibt es erfreulicherweise noch keine Maismonokulturen, keine giftgrünen und durch Hilfe von chemischen Giften hochgezogene Kukuruzeinöden, in die sich das Wild für Wochen einstellen könnte. Unsere Hügelkuppen, unsere langgezogenen Rücken und sanften Täler gewähren noch Einblick in die Natur, schenken Anblick des Wildes und vermitteln dem beobachtenden Jäger das Gefühl einer gottlob noch funktionierenden Wildbahn. Man kann auch die Wechsel und Einstände unseres Rehwildes ziemlich gut beobachten oder auch erraten. Man könnte daher meinen, daß Pirschgänge und Ansitze bei uns mit schöner Regelmäßigkeit Anblick und auch Abschuß erbringen würden. Und dennoch ist es nicht so. Es gibt Tage oder gar Wochen, in denen man kaum einen Anblick hat, als wäre das Rehwild von der Bildfläche verschwunden. Und all dies bei der gewiß zu hohen Wilddichte des Reviers!

Die hohe Sensibilität des grazilen Rehwildes, vor allem Wetteränderungen gegenüber, mit menschlichen Sinnen und Reaktionen nachzuverfolgen, ist kaum möglich. Auch seine Äsungsgewohnheiten sind mit menschlicher Logik nicht immer zu erklären. Feinschmecker und wählerisch wie das Rehwild ist, sucht es keinesfalls die „besten“ und „fettesten“ Äsungsmöglichkeiten auf. Ein zwischen schweren Ackerfurchen frisch sprießendes karges Grün im Spätsommer ist ihm oft lieber als das satteste Kleefeld, ein Rankengebüsch im Schlag anziehender als das reifende Maisfeld, wo es sich ohne jede Anstrengung den Pansen vollschlagen könnte. Unterschiedlich auch sein Verhalten dem Menschen gegenüber. Nie werde ich etwa eine logische Erklärung für die Beobachtung finden, warum die Rehe den Jäger einmal tadellos „aushalten", das andere Mal bei gleichem Wind schon auf weite Distanz abspringen. Es gibt so gegen September, zumindest bei uns, Tage, an denen „hinter jedem Baumstamm ein Reh hervorlugt". Um Allerheiligen dagegen sieht man nicht einmal auf den „todsicheren" Ständen ein Reh. Warum? Ich weiß, ich weiß . . . nimmermüde Schlauköpfe und selbsternannte „Verhaltensexperten" wissen immer alles besser als die anderen. Und dann kommen wieder Tage, an denen es das Wild dem Jäger recht schwer macht, weil sonst alles zu leicht wäre: An solchen Tagen könnte man mitunter im Einzelgang den gesamten Rehwildabschuß des Reviers zum Großteil „erledigen". „Jagd is nix Mathematik!" – sagte mir einst ein grundgescheiter windischer Berufsjäger, der mich führte. Doch Glück, zufälliges, vom eigenen Gefühl diktiertes, urerlebtes, von Natur und Wetter vorbestimmtes Glück – das braucht man immer. Selbst wenn es als Zufall wirken würde, den es gar nicht gibt.

Besagtes Glück meldete sich einigemal schon in meinem Leben unter Umständen, die man kaum für möglich halten würde.

Eines schönen, schwülen, heißfeuchten Sommertages wurde ich vom Revierjäger Gregor, von diesem verläßlichen Heger echt burgenländischer Art, direkt „genötigt", in einem ganz gewissen, gottverlassenen Schlag mein Weidmannsheil zu versuchen. Ein „guiter, olter" Bock sollte dort gehen, ihn sollte ich heranfiepen. Dazu noch in der Mittagszeit! Meine Erfahrungen mit den Mücken waren bereits schmerzlich genug, auch auf ein Weidmannsheil bestand nicht viel Aussicht, so sträubte ich mich kurz gegen dieses Unternehmen. Als aber meine damals noch halbwüchsigen Kinder erfuhren, daß man noch in den Wald gehen könnte, wollten sie samt ihrem Freund Alex unbedingt mit von der Partie sein. Bis zum Mittagessen hatten wir noch eine gute Stunde, so stimmte ich zu, und zwar mehr aus pädagogischen Gründen: Kinder können nicht oft genug zur Pirsch mitgenommen werden; so lernen sie erst richtig die Natur kennen. Ich zog also mit meiner halbwüchsigen Schar in den Wald, in der Hoffnung, daß wir zumindest einige Pilze finden würden.

Ganz leise ging unsere Expedition freilich nicht in die Tiefe des Waldes. Es gab immer irgendeinen Grund zum Kichern, zum Lachen. Man sollte auch in solchen Fällen nicht allzu streng sein und sich als Vater in der Jagd abkapseln: Sommerfrische bleibt Sommerfrische.

Als wir den Hochsitz am Rande des Schlages erreichten, „legte" ich meine Jugend in der Deckung eines großen Holzstoßes ab und bestieg die

Leiter. Trotz aller meiner Ermahnungen gab es schon nach einigen Minuten ein aufgeregtes Geflüster und Gespräch unter meinem Sitz. Ich zischte manchmal mahnend hinunter und betätigte mitunter aus reiner Routine mein Blatt. Nichts rührte sich, dumpf, schwül und still lag der Schlag vor mir, merkwürdig dunkel standen die Föhren im Hintergrund; bald perlte ein Regen leise in die duftende Tiefe herunter. Leise „perlte" auch das Gespräch der Kinderschar unter dem Hochsitz, wo meine Begleiter im Schutz des Holzstoßes und des Baumstammes kauerten. Daß hier und zu dieser Zeit, unter diesen Umständen, ein Rehbock kommen würde, war ungefähr so wahrscheinlich wie das Erscheinen eines halbzentnerschweren Fisches im nahen Strembach.

Innerhalb einer halben Stunde erlegte ich dann den ältesten, schlauesten und vielleicht bestgeperlten Rehbock meines Lebens! Er kam nicht, er schlich sich heran wie ein Fuchs, er nützte jede noch so kleine Deckung aus, er schlug einen kleinen Bogen um meinen Hochsitz. Was er aufhatte, war kein Geweih, das war ein Raufinstrument, eine Mordwaffe, ein nadelspitzer Spieß von beachtlicher Länge. Seine Lauscher waren zerfranst und abgefetzt wie die Behänge eines alten Terriers; das Haupt, noch mehr der Träger, wiesen zahlreiche vernarbte Wundmale auf. Und während der Bock halbgedeckt hinter dem Stamm eines Überhälters gierig in jene Richtung äugte und windete, von woher die verlockenden Fieptöne kamen, plauderte die Kinderschar ungestört hinter der Blende des Holzstoßes! Es war wie ein Wunder der Akustik: Ich hörte oben jedes Wort, der Bock dagegen vernahm keines. Sonst hätte er längst schon das Weite gesucht, oder war er so selbstvergessen liebestoll, daß er nichts wahrnahm?

Nach meinem Schuß sprangen die Kinder hoch. „Auf was hast du denn geschossen?" Als ich hinunterrief, soeben einen Bock erlegt zu haben, meinte Alex, der angehende Jäger, daß er diesen Bock gerne auch sehen möchte. Er glaubte mir kein Wort. Für das Versprechen, den Bock heimzutragen, führte ich ihn zum Anschuß hin. Zwischen feuchten Goldruten, neben einem alten Eichenstock, lag der uralte Bock, den nicht einmal die Nähe junger Menschen von seinem letzten Abenteuer hatte abhalten können.

Glück und Eingabe haben immer mehr Bedeutung im Ablauf eines Jägerlebens als Überlegung, als selbstsichere, sture Konsequenz.

Was denn hätte mich sonst dazu getrieben, verleitet, meinen ersten Glasinger Bock dort zu suchen, wo noch niemand ein „gescheites" Stück

Wild im Revier gesehen hat? Wo die Erfahrung nicht zu groß ist, sagen das flüchtige Gefühl, der subjektive Schluß, die Ahnung mehr als die sorgfältig abwiegende Überlegung, durch die man sich bekanntlich festlegt auf Erfolg oder Fehlgriff. Wie so oft im Leben, bewahrheitete sich auch diesmal, daß man sich vor Denkklischees hüten sollte.

Die größte Rolle in meinem Entschluß hat gewiß die landschaftliche Schönheit des Ortes gespielt. Die Kanzel am Ende einer neuen Forststraße war neu, sie stand inmitten eines Laubwaldes von großer malerischer Schönheit. An diesem herrlichen hochsommerlichen Tag war die Umgebung der Kanzel voller Licht- und Schatteneffekte. Französische Maler des Impressionismus schufen im vorigen Jahrhundert solche Waldpartien mit bukolischen Szenen und mit farbigem Schattenspiel, vermutlich nicht ahnend, daß an solchen Stellen, wo der Altbestand, die malerische Hauptkomposition des Bildes, sich schützend über junges Stangenholz und schütteren Bodenwuchs wölbt und den Boden mit tiefem Laubstreu bedeckt, der Bock gerne geht, plätzt und treibt. Doch weniger diese Annahme als die arkadische Assoziation des Landschaftsbildes mit einem Ort der paradiesischen Schönheit brachte mich damals dorthin. Für mich war diese Stelle eben die „Insel" des Glücks, der Stille und der Schönheit, wo man selbst als Jäger nicht erfolglos sein konnte, soweit man ihre Stimmung begriff und verstand.

Was dann an diesem heißen Junitag in den Mittagsstunden geschah, war wieder nur Bestätigung der Eingebung, der Hoffnung, des Aberglaubens oder wie auch immer wir die innere Stimme nennen.

Gefiept habe ich bei diesem Ansitz erst, als ich die Stille und Ruhe des Waldes nach dem leisen Hinpirschen zur Kanzel für wieder ungestört hielt. Doch kein Bock kam, auch bei den darauffolgenden Versuchen nicht. Das mittägliche Glockengeläut der umliegenden Dörfer war längst verklungen, meine Frau sah mich einigemal schon fragend an, wie lange wir noch hier sitzen sollten – da wollte ich es nochmals mit dem Blatten versuchen. Und nicht in die Schattenseite, mitten gegen das Sonnenlicht richtete ich meinen suchenden Blick.

Der Fiepton war längst schon verklungen, da glänzte plötzlich die feuerrote Sommerdecke des aus dem Dickicht hervorschleichenden Bockes. Er tat einige suchende Schritte, verhielt für einen Augenblick, so daß ich die hohen, doch dünnen Stangen und das ganze Sechsergeweih wahrnehmen konnte, und verschwand dann mit einer einzigen weiten Flucht im gegenüberliegenden Gestrüpp. Ganz leise und kurz fiepte ich nochmals – ich roch die trockene Bruthitze um mich, den Duft der liegenden Baumrinde, der Erdbeeren, sah eine Eidechse im Sonnenlicht –, und jetzt, jetzt kam der Bock zurück, er trat auf die Schneise heraus und sicherte in unsere Richtung. Die Entfernung war nicht gering, doch hatte ich ein gutes Abkommen und zog durch. Nach einigen Fluchten brach der Bock im Grabengrund zusammen. Und wieder einmal siegte die Eingebung, die Annahme, der Spürsinn über Wissen und Überlegung.

In einem der kürzlich vergangenen, nein, verflogenen Bockjahre wollte es einfach nicht gelingen. Ich hatte zwar stets Anblick, doch nie auf das „passende" Stück. Jeder von uns Jägern kennt diesen „schwebenden" Zustand, in dem man auf alles und auch auf nichts gefaßt sein kann, wo nichts weitergeht, doch kein Grund zur Resignation gegeben ist. Schön waren die Tage und Wochen im Revier dennoch; ich stand nicht unter Zeitdruck, und die zwei, drei Böcke, die in unserem Revier jährlich auf mich entfallen, konnten doch fast als sicher angenommen werden. Die Insel der Glückseligkeit, das Revier, die Heimat, hielt mich in ihrer reifen Schönheit gefangen; geschossen mußte ja nicht um jeden Preis werden. Auch genug Beschäftigung hatte und habe ich stets in den Sommermonaten im und um das Revier. Mein Bauernhaus mit dem Garten liegt in der Nachbargemeinde, ebenso mein kleiner Wald, der ebenfalls stets Pflege braucht. Auch im Revier gibt es immer etwas zu tun, zu erledigen.

Eine ganz spezielle Sommerwoche in meinem Jahresablauf ist die zweite Juliwoche, während der ich seit einigen Jahren einer kleinen Gruppe von Künstlern und Landschaftsliebhabern die Gegend zeige. Mein Land ist so reich an verborgenen, stillen, malerischen Schönheiten, daß ich einfach versuchen mußte, diese einer kleinen Gruppe von Interessierten näherzubringen. So entstand meine „Güssinger Malerwoche" mit der so sympathischen Runde. Hier wird mit Hilfe von Stift und von Farbe das Festhalten der Landschaft geübt, mit allen ihren Bauten, Pflanzen und Stimmungen. Mir persönlich brachte meine Malerwoche eine besonders schöne und schöpferische Bereicherung der Sommertage, konnte ich doch in und um das Jagdrevier die Künstlerrunde zum Sehen und Darstellen der Bilder führen, wodurch meine intellektuelle Bindung zur Gegend noch intensiver wurde. Kommt dann das gewisse spätnachmittägliche Licht mit dem tiefschattigen, goldgrünen Strahleneinfall, so kann ich jederzeit Zeichenstift und Palette mit Fernglas und Büchse vertauschen. Ob man nun Wild sieht oder nicht, vertan ist keine Viertelstunde; ein wenig ausspannen, allein mit dem Wald zu sein, Eindrücke, Gedanken und Ideen reifen zu lassen und diese auch zu formulieren, sich über die Vielfalt der Landschaft zu freuen, ist immer eine Bereicherung.

In jenem Jahr hatte ich, wie schon erwähnt, recht wenig Glück mit meinen Ansitzen. Es tauchte zwar immer wieder ein ganz beachtlich guter alter Bock auf, doch war dieser Freund Walter zugedacht und daher an Schuß und Beute nicht zu denken. Nun wollte ich es einmal mit dem Pirschen versuchen, mit dieser klassischen Art der Jagd.

Mein Ausscheiden aus der Malerrunde in Richtung Revier blieb nicht unbemerkt. Eine der Teilnehmerinnen, eine recht attraktive blonde Dame, langjährige Bekannte unserer Familie, bat mich, sie mitzunehmen. Sie hatte ein hübsches Dirndl an und entsprechendes Schuhzeug; so stand dem Unternehmen nichts im Wege. Gegen eine nette Begleitung im Revier habe ich noch nie etwas einzuwenden gehabt und gehöre auch keinesfalls zur Gattung der Jagdfanatiker Marke „Saubart", die stets befürchten, daß der Duft einer hübschen Dame ihren jagdlichen Aussichten abträglich sein könnte.

Wir pirschten bald los. Es war schon ziemlich spät und auch zu befürchten, daß das Wild längst draußen stehen würde. Wir pirschten einen Hügelkamm zwischen Weingärten entlang, bogen dann auf eine abfallende Wiese hinunter, um den jungen Eichenwald zu umschlagen und zur Talsohle des versumpften kleinen Baches zu gelangen. Alles ging ausgezeichnet, meine charmante Begleiterin verhielt sich mustergültig und ging auch leichtfüßig-leise hinter mit her. Einen Anblick, außer vielleicht einer unerfahrenen, unvorsichtigen Schmalgeiß, habe ich mir kaum erwartet.

Unten am Bachboden angelangt, habe ich dann den eigenen Augen nicht trauen wollen. Zwischen jungen Weiden, Erlen, hüfthohen Grasbüscheln und Farnkraut schimmerte es rötlich heraus. Kaum auf fünfzig Gänge stand ein Reh vor uns, es zog geruhsam äsend halb in unsere Richtung, warf leider nur selten auf und sicherte einigemal mit einem ganz eigenartig tief gehaltenem Haupt zum Wald hin. Kein Kapitaler, doch ein in Gehörn und Bau recht anständiger etwa Vierjähriger. Er muß etwa gleichzeitig mit uns auf die sumpfige Wiese gewechselt sein.

Mich „juckte" es stark. Der falsche Bock war es keinesfalls, der vor mir stand. Auch als „Held" des Abends gefeiert zu werden, schien mir nicht unsympathisch zu sein. Vor einer hübschen Begleiterin als Schütze von Klasse aufzutreten, war ebenfalls keine schlechte Gelegenheit. Nur etwas fehlte mir: die Möglichkeit zum Gewehrauflegen! Kurz entschlossen bat ich meine Begleiterin, mir vorübergehend ihre Schulter zur Verfügung zu stellen. Die Idee erwies sich als vorzüglich, auch paßten die beiden Körpergrößen wunderbar zusammen. Ich hatte ein ausgezeichnetes Abkommen in dieser zugegeben recht seltenen Schußposition.

Im Knall gab es ein hohes, heftiges Zeichen, dann brach der Bock leblos hinter einem Grasbüschel zusammen. Meine bedauernswerte Begleiterin aber hielt nach dem betäubenden, harten Donnerknall verzweifelt die Hand zum linken Ohr und stammelte: „Ich höre gar nichts, um Gottes willen, was ist da passiert!“ Allmählich erst beruhigte sie sich. Wir zündeten uns Zigaretten an und warteten. Die Grashalme drüben bewegten sich nicht mehr.

Nach etwa zehn Minuten gingen wir dann zum Anschuß, wo der verendete Bock liegen mußte. Drei, höchstens vier Schritte waren wir heran, als er hoch wurde und mit einigen fast gesunden Fluchten links im bürstendicken Gebüsch verschwand. Doch etwas sah ich: eine schwere, schweißrote Schußwunde, etwas hinter dem Blatt – und dann gab es einen dumpfen, kaum hörbaren Rumpler im Gewirr. Und am Anschuß Schweiß, viel Schweiß, tödliches Wundbett. Zu früh hingegangen, den ältesten Fehler gemacht, unvorsichtig, übereilt, hastig gewesen, durch das leichtverdiente Weidmannsheil zum Stümper geworden, leichtsinnig gehandelt! Ich hätte mich ohrfeigen können.

Jetzt mußte man eben warten. Als eine weitere Viertelstunde verstrichen war, nahm ich die Nachsuche auf. Es ließ sich aber nichts machen. Das Dickicht war so verflochten, daß ich nicht vorwärtskam. Gesehen habe ich überhaupt nichts. Ich mußte dann wegen der Dunkelheit aufgeben, obwohl mir unentwegt schien, besser gesagt ich witterte, daß der verendete Bock knapp vor mir liegen müßte. Man bekommt mit der Zeit eine Witterung für Wund- oder Todesbett, selbst als „nasenmäßig“ untalentierter Mensch. Ich wollte dann nicht mehr weiter blindlings im Wildwuchs um meinen vermeintlich verendeten Bock umhertrampeln. Ein Gewitter nahte, man hörte aufkommendes Donnergrollen aus der Ferne der Abendseite; dunkel war es auch schon. Ich mußte meine charmante Begleiterin, gehörgeschädigtes, vorübergehendes Opfer meiner Jagdleidenschaft, vor dem Gewitter in Sicherheit bringen. Ich kroch unverrichteter Dinge aus dem Dickicht heraus. Als wir den Wagen erreichten, regnete es schon in großen Tropfen.

Doch da war ja der Hund, dem Regen und Gewitter nichts ausmachen konnten! Kaum daß ich meine Helferin in ihrem Quartier abgeliefert hatte, holte ich den Kurzhaar Ali samt seinem Führer. Eine halbe Stunde später waren wir wieder am „Tatort". Es war eine eigenartige, fast gespenstische Nachsuche. Es blitzte und donnerte unentwegt, doch regnete es kaum. Jeden Nerv angespannt, lauschten wir, als der Hund in die Dickung eindrang. Einige Minuten später hörten wir zwischen Donnergroll und Blitzschlag den Hund Hals geben, genau auf der gleichen Höhe, wo ich vorher den Bock gesucht hatte. Mit Hilfe einer Stablampe kämpften wir uns durch. Da lag der Gestreckte in einer winzigen Bodenmulde unter dem Gewirr von Ästen, Stauden und Ranken. Wäre er nur zwei, drei Schritte weiter verendet, hätte ich vorher schon über ihn stolpern müssen!

Der Bock war kaum versorgt, da ging ein Wolkenbruch nieder. Zwischen Blitzschlag und Donnergroll trugen wir das Wild auf die Wiese. Der Hund schmiegte sich an die Stiefel seines Führers. Die Wiese klatschte feucht unter unseren Schuhen. Innerhalb von Sekunden waren wir bis zur Haut naß. Schwer arbeiteten wir uns bis zum Wagen durch. Hätte ich am Dämmerabend nur einige Minuten länger gewartet, bevor ich zum Anschuß gegangen bin, hätte ich mir, besser uns, die ganze Bescherung ersparen können. Hier fehlte eben das Gefühl – und auch die nüchterne Überlegung.

In unserem kleinen, für uns drei Jäger leicht überblickbaren und bis in seine letzten Winkel bekannten Revier sollte es kaum noch Überraschungen geben – meint man. Mit Ausnahme in der Brunftzeit umherbummelnder Böcke, plötzlich auftauchender Unbekannter, ist man oft der Meinung, sein Rehwild ziemlich zu kennen. Es gehört auch fast schon zum guten jagdlichen Ton, selbst von entfernteren Nachbarn erbeutete Krickel bei zufälliger Gelgenheit oder spätestens bei der Trophäenschau als „alte Bekannte" zu bezeichnen. Besonders dann, wenn man diese gerne selber erbeutet hätte. Solche Fastlügen oder eher Einbildungen gehören scheinbar zum inneren Gleichgewicht des Jägers unserer Zeit, zum Niederkämpfen des Neides und zum Herausstellen des eigenen maßvollen Verzichtes. In Wirklichkeit aber sieht man meistens zu wenig vom Wild, von der Landschaft, von der Schönheit, zu viel aber die Fehler anderer und die eigenen Verdienste.

Böcke, die man fast nie kennt und deren es dennoch oft überraschend viele gibt, gehören einer ganz besonderen Gattung an: Es sind dies die ruhmlosen, in vielen Jagdgesetzen bis vor kurzem noch fast vogelfreien Knopfspießer, die im Revier und im Wildbestand unerwünscht sind und dennoch von Jahr zu Jahr zuzunehmen scheinen.

Und da das für unser südburgenländisches Revier gültige Jagdgesetz bis vor kurzem noch dieser „speziellen“ Erscheinungsform des Rehwildes im Abschußplan Rechnung trug und das Erlegen des „Knöpflers“ sogar mit Prämien von zusätzlichen Abschußgenehmigungen bedachte, war man bemüht, sich, seine Pachtgenossen und auch den Revierjäger in Bewegung zu setzen, um in den Bestand der unerwünschten Spezies Knopfspießer möglichst rasch und erfolgreich einzugreifen. Doch es war ganz seltsam: Wochenlang blieben die Pirschgänge und Ansitze erfolglos, fiel das Ergebnis ungünstig aus; zumindest in diesem Jahr.

Von unserem Aufsichtsjäger und auch vom Faktotum der Gemeinde, dem Ortsvorsteher, kamen immer Meldungen, wonach man wohl Knopfspießer sehe, doch nie auf richtige Schußentfernung! Hier mußte das für gewöhnlich gute Beobachtungsvermögen unserer Leute versagt haben, und die „Knöpfler“ hielten unbehelligt Stand und Bett. Was mir aber keine Ruhe ließ, war die Überlegung, daß man einen Rehbock dieser minderen und unerwünschten Gattung außerhalb der Kugelschußentfernung kaum ansprechen kann! Einen Knöpfler außerhalb der Schußdistanz gesehen zu haben, kann einiges bedeuten, vor allem, daß man außergewöhnlich gute Augen hat. Es kann aber auch sein, daß man die Schußdistanz äußerst sparsam ansetzt – eine bei unseren bäuerlichen Helfern verständliche Einstellung –, noch eher aber, daß man sich die „Knöpfe“ oft nur eingebildet hat.

Ob so oder getrieben durch den Ehrgeiz, die Knopfspießer zu bestätigen und möglichst auch zu erlegen, wollte ich nun mit dem persönlichen Beispiel vorangehen. Vorerst gelang freilich auch mir nichts. Mein Ehrgeiz, unsere ortsansässigen Helfer zu überrunden, brachte anfänglich keinen Erfolg. Aber das Wesentlichste, das Eigentlichste, die kennende Nutzung des Reviers, der verfeinerte Sport, das Bemühen, sein Glück auf ganz gewisse Stücke zu versuchen, machte trotz der vorerst kalt gebliebenen Waffe viel Freude. Und bei jeder Pirsch begegnete ich der stillverhaltenen Schönheit dieser Landschaft ebenso wie der machtvollen Silhouette der Güssinger Burg, dem Wahrzeichen der Gegend.

Es war mir vollkommen klar, daß das Ergebnis deshalb so ungünstig ausfiel, weil ich weder die richtige Stunde noch den richtigen Platz zum Ansitzen erraten hatte. Doch wer weiß schon alles über die Auswirkungen der raschen Wetteränderungen, über die Lebensgewohnheiten des Wildes? Wer hat schon jenes Beobachtungsvermögen, das nie versagt, auch nicht beim Ansprechen des Wildes?

Es war Mitte Juli, das Getreide stand noch am Halm, als ich abends auf der kleinen Leiter am Waldrand unter dem Wölferberg saß. Welchem Ereignis oder welcher Familie der sonnenbeglänzte Hügel seinen Namen verdankte, konnte ich nie feststellen. Von diesem Kogel, der etwa so hoch wie der Güssinger Burgberg ist, hat man eine herzerwärmende Aussicht in alle Richtungen. Seine sanfte Südlehne trägt Ackerparzellen, alte Obstgärten und Wiesen. An den Waldrändern rundum tritt gerne das Rehwild aus, wechselt zum gegenüberliegenden Hang hinüber – oder hält sich überhaupt in der Feldfrucht auf. Das Wetter war warm, schwer und bewegungslos lag die Sommerluft über dem Land. Faul döste der Nachmittag vor sich hin.

Von meiner Leiter beobachtete ich die Gegend, den nach meinem Dorf führenden Schotterweg, der gelegentlich mit aufgewirbeltem Staub überzogen wurde, wenn ein Wagen vorbeifuhr, die Hasen im Kleefeld, die kreisenden Bussarde, die blutrot sinkende Abendsonne – und auch die Geiß, die im gelben Getreidefeld vor mir saß. Sie zwickte genüßlich einige Male an einem Halm, streckte Haupt und Träger in die Höhe, um die Äsung zu erreichen, dann verschwanden wieder die dunkelbraunen Umrisse im gelben Meer der Ähren. Es war ein durchaus gewohntes und hundertfach erlebtes Bild sommerlicher Pirschabende am Feldrand. Hier und dort, weiter von mir entfernt, tauchten ebenfalls vertraute V-förmige Formationen im Feld auf, Lauscher dort sitzender Rehe. Fast choreographisch würde ich dieses Auftauchen und Untertauchen der Häupter des Rehwildes bezeichnen, das gelegentliche Verhoffen, das periskopartige Hinauslugen in die vielleicht gefährliche Umwelt aus der dösenden, faulen Tiefe des Ackers. Mitunter gurrten die Wildtauben aus dem Föhrenwald, ein Hase hoppelte vorbei, aus dem nahen Dorfe hörte man die Abendglocke: Heimat, immer wiederkehrende Glückseligkeit und Stimmung verklingender Sommerabende.

Die Geiß vor mir streckte nun das Haupt im Profil in die Höhe, sie zwickte genießerisch, fast lutschend an einem Halm, da schien mir, als hätte ihr Haupt irgendeine Wölbung, eine merkwürdige Bildung, die vielleicht sogar eine winzige helle Endung besaß! Und da es nirgends so viele Möglichkeiten der Einbildung wie in der Jagd gibt, dauerte es bei mir mehr als eine Viertelstunde, bis ich endgültig Gewißheit hatte, daß die „Geiß" in Wirklichkeit ein Knopfspießer war!

Hoch geworden ist der Knöpfler auch im weiteren Verlauf des Abends nicht. Bloß sein Haupt tauchte in regelmäßigen Abständen aus dem

Getreide auf. Als die Sonne hinter dem Burgberg versank, versuchte ich mein Weidmannsheil. Haupt oder Träger, so hieß die Möglichkeit. Auf etwa vierzig Gänge war der Schuß zu riskieren; traf er nicht das einige Zentimeter breite Leben, so mußte die Kugel irgendwo im Acker ihren Lauf – besser ihre Flugbahn – enden. „Nicht geschossen ist auch gefehlt" – ich visierte den Träger an und zog durch. Zehn Minuten später trug ich den ersten Knopfspießer des Jahres auf den Feldrain hinaus.

Der Teinichgraben ist die Herzkammer unseres Reviers. Von Erlen, Weißbuchen und Föhren beschattet, schlängelt sich dort ein kleiner Bach durch die Talmulde. Gespeist wird er von ganz unerwartet hervorsprudelnden Quellen, die auch an heißen Sommertagen nicht versiegen. Man kann diese kleinen, bukolischen Brünnlein leicht erkennen, da sie stets von Sträuchern eingefaßt werden.

Dieses Bachtal, grüntiefer Grund sommerlicher Träume, unzähliger Ansitze, verlöschender Sonnenuntergänge, beliebter Wechsel von Reh und Fuchs, zieht mich immer wieder an. Früher war die nach Osten abfallende Seite des sanften, so undefinierbar „pannonischen" Grabens mit Weingärten bestockt. Die unedle Rebsorte, in dieser Gegend „Uhudler" genannt, stirbt allmählich aus und wird nun durch sogenannte Edelsorten ersetzt. Ein edler Tropfen ist freilich der Wein, der in diesen Rieden wächst, nicht. Er wird es vermutlich auch nie werden, weil der Boden kaum für einen Weinbau hoher Ansprüche geeignet ist. Doch als Landwein, als Haustrunk, bewährt sich auch der hier gekelterte Tropfen.

Das Rehwild ist allerdings mit jeder Form des Weinbaues einverstanden, am meisten mit aufgelassenen verwilderten Rebparzellen. Hier gibt es stets gute Deckung, aufkommendes Brombeerdickicht, Äsung, Schutz im Winter und leichte Möglichkeiten zum raschen Hinauswechseln auf die umliegenden Äcker und Wiesen.

Durch diesen Teinichgraben pirschte ich also eines frühen Septembernachmittags. Das Bild der Weinhügel begleitete mich mit den Kellerhäusern. Unsere Landschaft ist – im tieferen Sinne des Wortes – eine echte Baulandschaft, da sie keine unberührte Naturlandschaft mehr ist. Zu dieser Baulandschaft gehört eigentlich alles, was der Mensch baut oder anbaut. Zu ihr zählt in meinen Augen der Weingarten ebenso wie die Kelterhütte, die Ackerfurche wie der Feldweg, das Kornmandl wie der Stadl, das Wegkreuz wie der Rübenacker, der Bildstock wie der Obstbaum, der Zaun wie der Hochsitz, das Dorf wie der Wald. Das menschliche Wirken und Sorgen erstreckt sich vom Haus bis zur Natur. Es ist daher auch nicht schwer, die Sprache dieser Landschaft zu verstehen. Bei jedem Pirschgang freue ich mich, wie klar sie zu mir spricht, weil ich mich eben als einen Teil dieser Landschaft empfinde.

Gedanken und Empfindungen sind gute Begleiter beim Pirschgang, nur dürfen sie nicht die Wahrnehmung beeinträchtigen. Das Rehwild zieht bei uns stets sehr früh aus den Einständen und steht auf den Stoppelfeldern zwischen den schmalen Streifen der Maisäcker. Die kleinbäuerliche Struktur der Gegend ist zwar der agrarischen Produktivität nicht allzu förderlich, doch für die Vielfalt der Landschaft und für das Wild recht vorteilhaft.

Es war ein heißer Nachmittag. Der staubtrockene Feldweg verschluckte jeden Schritt, und die Sonne glühte aus einem roten Umfeld vom diesigen Himmel herunter. Zwischen den giftgrünen, mannshohen Maisstengeln entdeckte ich jetzt ein Reh, schon bevor ich den Feldrain erreicht hatte. Leise schob ich mich vor. Im Stoppelfeld stand ein sehr schwaches, zurückgebliebenes Stück. Da es hier nichts zum Auflegen gab, legte ich mich ins staubige Gras. Durchgeladen und gesichert lag die Büchse neben mir auf dem eingerollten Loden. Es gab überhaupt keinen Wind.

Das Wild äste behutsam, warf manchmal auf, sicherte zum nahen Waldrand. Bussarde kreisten über uns und riefen einander unentwegt neue Nachrichten zu. Angestrengt beobachtete ich das Wild. Im ersten Augenblick hätte man es für eine schwache Schmalgeiß halten können, doch irgendeine Ahnung riet zur weiteren Aufmerksamkeit. Zeit zum Beobachten hatte ich genug, wenn auch die liegende Position im Staub des Feldweges nicht besonders angenehm war. Die Geduld lohnte sich aber. Das Reh zog allmählich näher, und als es einmal mit seitlich wegsicherndem Haupt eine scharfe Silhouette zeigte, sah ich zwei winzige, helle Spieße aus der verdächtig auswölbenden Stirn hervorragen. Es war also ein Knopfspießer! Jetzt vertauschte ich blitzschnell Fernglas mit Büchse und brachte aus der liegenden Schußposition meine Kugel an. Das Reh stürzte und blieb im staubigen Stoppelfeld liegen. Es war bereits das zweite in diesem Sommer erlegte Exemplar jener unerwünschten „Abart“, die von unserem Revierjäger stets bestätigt, doch nie zur Strecke gebracht wurde. Und immer unerklärlicher wurde für mich die Frage, wieso ich, eigentlich ein Stadtmensch, besser die Knopfspießer ansprechen und erlegen konnte als unser in seinen heimatlichen Jagdbahnen umherziehender Helfer.

Nicht ahnen konnte ich allerdings, daß es im gleichen Sommer noch eine Fortsetzung geben sollte. Nach wie vor ging ich im Revier umher, beobachtete das Wild und beteiligte mich am Alltag des Betriebes.

Bevor meine Ferien –„faire rien“, sagt der Franzose in einem wunderbaren Gleichklang des Wortinhaltes – vorbei sein würden, wollte ich noch ein, zwei Rehe erlegen. Geiß und Kitz waren schon frei, doch reizte mich die Möglichkeit, irgendwo noch eines Knopfspießers habhaft zu werden. Zeitgenossen, denen die Liebhaberei, einen ganzen Tag oder mehrere im Gras umherzusitzen, am Waldrand zu spekulieren, in den Gräben zu pirschen, fremd ist, ziehen diesem Zeitvertreib eher ein Bad oder ein Wirtshaus vor. Zeit zu haben für irgend etwas von nicht materieller Bedeutung, ist vielleicht das einzige Vermögen unserer Tage – und diesen Schatz wollte ich genügend auskosten. Viele Leute vertragen das Warten nicht, weil es für sie Langeweile bedeutet. Langeweile: Sehnsucht nach der Sehnsucht, Leerlauf der Reflexe – wie leicht wird man auch ungeduldig, wenn man nichts vom Warten versteht. Doch auch das Warten ist Jagen, Nichtstun, Wohlbefinden, das dann urplötzlich in zitternde Spannung umschlagen kann, wenn man Anblick hat.

Gegen Mitte September ist das Rehwild merkwürdig faul, das wissen wir alle. Die Böcke wechseln nur wenig, und die Geißen haben kaum Sorge um ihren Nachwuchs. Das reife, reiche Äsung bietende Land gibt genügend Deckung. Oft hat man überhaupt keinen Anblick, als wäre das Rehwild von der Bildfläche verschwunden.

Ich pirschte also an einem frühen Herbsttag zur Sumetendorfer Seite. Von meinem Sitz hatte ich einen herrlichen Rundblick auf die Auwiesen des Strembaches. Vor mir lag der Hügel mit dem Mischwald, mit den eingestreuten Edelkastanienbäumen und jenseits des Kleeackers der Waldzipf, ein schattiger Fleck, überdeckt von jungem Wuchs und überwölbt von einer alten Buche.

Dort stand auch bald Wild. Im Gestrüpp regte sich der so oft erlebte Farbschimmer, das lebende Rätsel, das so häufig herbeigesehnte Wunder – das Wild. Nur ein rötlicher Fleck, sonst war nichts zu sehen. Die Sekunden tröpfelten zähflüssig. Das Reh rührte sich nicht. Ich wußte nur eines: Dort drüben, wo der Waldrand auf die offene Welt der Felder zeigte, wo sich für das Wild die Änderung, der Austritt öffnete, wo Deckung und freies Land Fragen und Zweifel erzeugten, wo die eine Welt in die andere überging und einen Entschluß verlangte, dort stand ein Reh. Es schien zu wittern, zu lauschen. Wunsch und Glück, Ahnung und Bestätigung, in keinem Moment sind sie so nahe beieinander wie in dem des Anblicks.

Die Welt schrumpfte für mich zum winzigen Blickfeld des Glases zusammen. Der rote Wildkörper berührte streifend die Blätter und zog behutsam weiter. Welch ein Unterschied war dies zum leidenschaftlichen Brechen, Bersten und Treiben der Brunftzeit! Jetzt sah ich für einen Moment ein undefinierbares Haupt, einen dunklen Äser mit Muffelfleck. Die Heimlichkeit des Wildes tat mir innerlich gut, sie paßte wunderbar zur Jahreszeit. Die Geduldsprobe verlängerte sich und verschönte die jagdliche Handlung. Mein Atem ging unruhig, das Glas nahm ich nicht von den Augen.

Fast schleichend, fast unbemerkt, mit unsagbar leisen und ruhigen Bewegungen durchquerte das Wild jetzt die Stauden des Waldrandes. Hätte ich es nicht schon vorher bemerkt gehabt, es wäre für mich „aus dem Nichts" aufgetaucht. Es war wieder ein Knopfspießer! Nach dem Schuß hörte ich nur ein leises, verendendes Brechen hinter dem Waldspitz. Ich malte mir das Bild des liegenden Wildkörpers derart lebhaft aus, daß ich meines „Knöpflers", des dritten in einem einzigen Jahr, kaum gewahr wurde, als er dann einige Schritte hinter dem Waldsaum tatsächlich vor mir lag.

Das war mein Jahr der ruhmlosen Knopfspießer, mit drei erlegten Exemplaren der Unerwünschten! Es war für mich vorerst eine Bestätigung meiner Funktion als Jagdleiter. Weder meine beiden Mitpächter noch der Aufsichtsjäger erwischten in jenem Jahr nur ein einziges Stück dieser Gattung. Ich hatte also eindeutig Glück. Wieso ich aber den Jäger, unseren bewährten Helfer, den Ortsansässigen „überrunden" konnte? Erst allmählich verstand ich: Er gehörte bereits zu jener Gattung in unserer grünen Gilde, die nach jahrzehntelanger Erfahrung nicht mehr schießen will, die sich von der letzten Szene, dem Schuß nichts mehr verspricht. Auch solche Jäger gibt es nämlich, besonders unter den alterfahrenen Berufsjägern.

Ein Geburtstagsgeschenk

Gamsjagd in den Haller Mauern

Zur Schnepfenzeit saßen wir in der Nähe des Reviers im südlichen Burgenland in einer kleinen Gesellschaft. Ich hatte Geburtstag an diesem Tag. Diese Tatsache blieb nicht geheim. Freund Herbert überreichte mir beim Kaffee sein improvisiertes Geschenk. Es war ein Blatt Papier, worauf ein mit viel Mühe gezeichnetes, doch undefinierbares Tier mit hörnerartigem Gebilde auf dem Haupt zu sehen war. Der „Künstler" schien selber berechtigte Zweifel an der Aussagekraft seines „Werkes" gehegt zu haben, da er auch eine Erörterung dazuschrieb: „Ein Gams."

Einzulösen war dieser „jagdliche Gutschein" in einem der prächtigsten Reviere der Obersteiermark, in der Försterei Hall des Stiftes Admont, wo mein Freund damals als Jagdpächter fungierte. In dieser wegen ihrer landschaftlichen Schönheit und ihres Wildreichtums berühmten Jagd auf den Gams zu weidwerken, ist gewiß kein alltägliches Vergnügen, eher eine seltene Ehre oder ein Fall für „Geburtstagskinder".

Jedesmal, wenn ich ins Ennstal, in dieses nordwestliche Kerngebiet der Steiermark komme, fasziniert mich die Schönheit der Gebirgslandschaft. Das breite Flußtal, die steilen Seitentäler, die großen Wälder, die stillen Almen ziehen mich an, als wäre ich der erste Besucher, der den ästhetischen Reiz dieser Gegend entdeckt hätte, wie einst die Maler des Biedermeier dies taten. Zwischen Schladming und dem Gesäuse liegt für mich die schönste Gebirgslandschaft der Steiermark, abgerundet durch das Ausseer Land, dessen historische Feinstruktur so passend das Bauernland um die Enns ergänzt.

Bevor die Enns zum grandiosen Gebirgsdurchbruch durch das Gesäuse strömt, bildet der Fluß bei Admont ein Talbecken, in dessen Mittelpunkt das neunhundertjährige Benediktinerstift mit der weltberühmten Barockbibliothek steht: Stift Admont. Es ist nach Mariazell das zweitwichtigste Heiligtum der Steiermark und liegt im geographisch gegebenen und architektonisch komponierten Mittelpunkt einer prachtvollen Gebirgslandschaft. Das Stift hatte seit dem 11. Jahrhundert bedeutende kulturelle und wirtschaftliche Aufgaben zu erfüllen und ist noch heute einer der größten Forstbesitzer des Landes. Zum Stift gehören auch das umliegende Gebirge und etliche über die Landesgrenze hinaus berühmte Jagdreviere. Eines davon ist das Revier Hall mit den bekannten Haller Mauern unter dem Pyhrgas.

Der Name „Hall“ weist auf alten Salzbergbau hin. Schon seit Gründung des Stiftes 1074 besaß es hier Salzpfannen, die ältesten des Landes, die später dem landesherrschaftlichen Monopol weichen mußten. Heute gibt es hier nur Landschaft und Natur: Die Gegend um Admont ist ein Paradies für Jäger, Bergsteiger und Paddler. Spricht man über Alpinismus, so sollte die Tatsache nie vergessen werden, daß die ersten Bergsteiger der Alpen die Jäger waren.

Es war ein prachtvoller Augusttag, als ich in Begleitung meines neunjährigen Sohnes und des achtzehnjährigen Sohnes meines Freundes in Admont eingetroffen bin. Empfangen wurden wir von Oberförster Nagel, von diesem im ganzen Ennstal bekannten Bergjäger, der in seiner Art und Erscheinung für mich stets als Prototyp des Gebirgssteirers gilt. Gleich am ersten Abend unternahmen wir mit Herberts Jeep eine Erkundungsfahrt im Revier. Es war eine wunderschöne Fahrt, doch noch schöner war es, dem Gefährt zuletzt unversehrt entsteigen zu dürfen, denn gewisse „Extras“, wie Lenkung und Bremse, befanden sich nicht auf dem neuesten Stand der Technik. Bergauf ging's noch halbwegs, doch während der Fahrt hinunter lernte ich das Fürchten. Mein Söhnlein genoß ungetrübt und mit fröhlichen Jauchzern die Fahrt, die hellen Augen des „kutschierenden“ Oberförsters leuchteten vor Freude im wetterbraunen Gesicht. Ich begann zu ahnen, welche Art der „Wahlverwandtschaft“ zwischen ihm und meinem hier als Jagdpächter fungierenden Freund Herbert bestand.

Unzählige Sterne leuchteten zur späten Nachtstunde, als wir aus dem Forsthaus traten. Minuten später blies uns der kalte Fahrtwind um die Ohren. Dann stellten wir den Jeep im Wald ab. Der Pfad führte vorerst durch Wälder. Das Tal lag unten in einer unsichtbaren Tiefe. Die Stille um uns wäre fast vollständig gewesen, hätte man nicht hie und da eine kleine Wasserader plätschern gehört, hätte nicht manchmal der Wind gerauscht. Ohne diese zarten Töne wäre die späte Bergnacht vielleicht unheimlich, ihre Stille niederdrückend gewesen. So aber hatte sie einen vertrauten Zug.

Hinter den Bergen wuchs inzwischen die Dämmerung. Die Rücken, die man bisher nur an ihren dunklen, in den Sternenhimmel ragenden Umrissen erkennen konnte, hellten sich langsam auf. Fahlgrau war alles, der Fels, die Rinnen, die Halden, doch das goldene Morgenlicht brandete schon irgendwo gegen den Rand der Berge. Und als das Licht aufstieg, begann jenes unbeschreiblich schöne, geheimnisvolle Spiel von Licht und Schatten, von Sinnestäuschung und Sinneswahrnehmung, das jede Morgenpirsch verzaubert.

Nun waren wir an einer alten Zirbe angelangt, wir verhielten am Rand einer Mulde. Vorher mußten wir ein kleines Schuttkar überqueren, mit vorsichtigen kleinen Sprüngen gingen wir über wackelnde Steine. Ich blickte wieder einmal zu meinem Söhnlein zurück – ihn hätte man ebensowenig für die Dauer dieser Morgenpirsch im Forsthaus „ablegen" können wie seinen großen Freund Alex –, doch er ging frisch und fröhlich mit, ohne Müdigkeit zu zeigen.

Den ersten Gams entdeckten wir noch im Halbdunkel. Er stand hinter einem Latschenstreifen, trat dann vor, er verhielt nun höher im Hang und äugte mit schiefgehaltenem Haupt zu uns herüber. Im Osten wurde es immer heller, und am Himmel schwammen kleine Wolkenfetzen. Dann stieg die Sonne über die Gebirgskante. Man konnte das Schwinden des Bergschattens über dem Latschenfeld beobachten. Streichelnd fiel der Wind talab. So weit das Auge blickte, sah man nun Bergrücken hinter Bergrücken, ein Meer von Gipfeln am Horizont. Über diese Welt wölbte sich ein tiefblauer Augusthimmel, der bereits die zu erwartende Sommerhitze des Tages ahnen ließ.

Pfeifenpause. „Von hier ist es nur mehr eine kurze Viertelstunde", brummte unser Pirschführer. „Ihre Viertelstunden kenne ich schon gut", lachte Alex, „die werden ja immer zu vollen Stunden!" Bisher waren wir noch im Schatten gestiegen, jetzt aber im freien Geröll brannte die Sonne heiß herunter und stürzte sich mit tausend Strahlen auf Gesicht, Nacken und Arme. Dafür entschädigte uns ein großartiger Anblick. Auf den Grasmatten des sonnseitigen Bergkammes stand überall Gamswild, wir zählten über fünfzig Stück! Erst als die Sonne allmählich zu stark wurde, zogen die Gams in die schattige Nordseite ein und entschwanden unserem Blick. Mein Sohn Andreas war vom Spektiv nicht wegzukriegen, er zählte und zählte und flüsterte leise mit unserem Pirschführer.

Wenn auch die Gamsjagd zur Brunftzeit am spannendsten ist, ist die Schönheit des Anblicks vom Gamswild auch zur Sommerszeit durchaus gegeben, zumindest für mich. Zu dieser Jahreszeit erscheint das Gebirge am schönsten – diese Tatsache wurde mir auch an unserem Pirschtag bestätigt. Eine helle, verspielte Stimmung lag über Berg und Wild, es gab keine Kontraste.

Braungrau wie Fels und Dörrgras wirkten die Gams, wie aus dem Almboden gewachsene zierliche Geschöpfe. Es fehlte ihnen noch die zottige Wucht des Winterkleides, das herausfordernde Schwarz der Schneemonate. Zu keiner Jahreszeit ist der Himmel über den Alpen so durchlässig tief, so wolkenlos fröhlich, der Fernblick so endlos weit wie im Spätsommer und im Frühherbst. Zu dieser Jahreszeit duftet auch die Pflanzenwelt der Berge so unvergleichlich warm und würzig, als würden die Blüten und Kräuter ihr Bestes hergeben wollen. Für mich, der im Flachland aufgewachsen ist und von Geburt aus mit einer empfindlichen Nase bedacht wurde, ist der Duft der Berge im Spätsommer immer wieder ein Erlebnis, fast eine Entdeckung schon.

Einen Gams haben wir an diesem Morgen und auch während der pirschenden Vormittagsstunden nicht erlegt. Sonnenverbrannt, verschwitzt, hungrig und durstig kehrten wir ins Tal zurück. Dort warteten schon die kühlen Räume der Försterei Hall auf uns.

Dieser einstöckige Bau mit den edlen, das übliche ländliche Forsthaus weit übertreffenden Proportionen verkörpert eine geschliffene Architektur und viel Kultur. Er ist das Gutshaus vergangener Zeiten par excellence, wie man es in Österreich beileibe nicht nur bei sogenannten „Herrschaften", sondern auch bei großbäuerlichen Besitzungen findet. Doch architektonisch „geadelt" wurde das Forsthaus Hall durch das bestechend gut geformte Wirtschaftsgebäude, dessen künstlerischer Wert weit über die zweckgebundene Schönheit ähnlicher alpenländischer Bauten hinausgeht. Welche bauliche Qualität sich einst die Menschen „auf dem Lande" geben konnten, erlebt man heutzutage immer mehr mit einem schmerzlich-sehnsüchtigen Gefühl des Verlustes. Traditionsreiche Mönchsorden, wie in Admont die Benediktiner, wußten immer schon Landschaft und Baukunst zu vereinigen, miteinander in Einklang zu bringen, ästhetisch und materiell zu verflechten. Sie wußten schon vor Jahrhunderten, daß die Baukunst nicht nur über sich selbst, sondern auch über ihr Verhältnis zur Umwelt viel auszusagen hat. Diese Bestrebung brachte Beispiel und Blick für Qualitäten „von oben her" für die übrige Bevölkerung; ein Prozeß, der zu den schönsten Traditionen österreichischer Kunstgesinnung und Lebenseinstellung gehört.

Lange und nachdenklich betrachtete ich die beiden Bauten, ihren in Sonnenglut gleißenden Hintergrund des Gebirgszuges mit den steil abfallenden Haller Mauern. Nicht schwer zu erkennen war, wie sehr es hier in Landschaft und Bauten seit Jahrhunderten um die Jagd ging. Architektur ist mehr als nur Bauen – Jagen ist mehr als nur ein Wild zu erlegen. Dieser Einklang und die Einsicht waren nicht schwer zu erkennen: An den Außenmauern und Innenwänden hingen überall Trophäen; sie gestalteten das Jagdhaus zu einem kleinen Tempel der Jagdleidenschaft und wirkten wie alte mythische Zeichen der Jagdgötter auf den Besucher.

Es war ein befreiendes, angenehmes Gefühl, in dieses Haus zu treten. Wie fast alle ähnlichen Bauten in unserem Lande, hatte es eine schwer definierbare urösterreichische Atmosphäre. Nicht im Sinne der Modeklischees, nicht als „Austrian look" und auch nicht als „alpenländische Bauweise", sondern nur durch die Behaglichkeit und die unaufdringliche Eleganz, durch die spürbare Bodenständigkeit. In ihnen lag eine Stimmung wie eine Melodie, die beim Betrachten mitklang, denn es gibt etwas Österreichisches jenseits des Jodler- und Heurigenbildes, das wie Tabakduft diese Räume durchzog, dem man eine stille Liebeserklärung schuldet, seinen Reichtum an Überlieferung, an Kultur und an Schönheit.

Abends saßen wir dann im behaglichen Wohnzimmer des Gästetraktes. Das Feuer brannte im Kamin. Unser Hausherr, der liebenswerte, bei der Pirsch eher wortkarge Oberförster, sprühte jetzt vor Witz und Geist.

Bevor ich schlafen ging, trat ich nochmals ins Freie hinaus. Ich schaute gegen Norden, wo im Mondlicht die Steilwand des Pyhrgas glänzte. Der Nachtwind ging leise. Was wohl jetzt „mein" Gamsbock oben im Fels machte? Stand er vielleicht an einer vorspringenden Stelle und spähte wie ich in die helle Nacht hinaus, in die Tiefe, in die Ferne? Horchte er ebenso auf den Wind wie ich? Oder war er schon bei Dämmerung eingezogen, um sich zur Nachtruhe zu begeben? Der unsichtbare Faden meiner Gedanken und Wünsche verband uns beide über die Entfernung hinweg. Und doch lag in meiner Jagdtasche die Kugel, die ich ihm am kommenden Tag antragen wollte. Dunkle Tiefen der Jagd . . . dieser plötzliche Gedanke an Ende und Tod ließ mich erschauern, mehr als der kühle Nachtwind. Doch lauert nicht auch auf uns überall der Tod, während wir unseren Gedanken und Sehnsüchten nachgehen?

„Ein ausgedehntes Hochdruckgebiet liegt über den Alpen", sagte der

Rundfunk vorher. Morgen, morgen also, müßte es passen! Ich ging in mein Zimmer. Der jüngste Teilnehmer dieser Bergfahrt lag schon tief im Schlaf, sein Blondschopf verschwand fast unter der Decke. Ich nahm mein Buch zur Hand, ohne das ich nie einschlafen kann. Das Mondlicht glitzerte durch das Fenster. Ja, auch einfache Berghütten sind schön, wo man auf Stroh, womöglich gleich neben seinem oder seines Pirschführers Hund schläft. Doch nichts geht für mich über ein bequemes Bett und ein hübsch eingerichtetes Jagdzimmer in altehrwürdigen Jagdhäusern. Ich löschte das Licht aus. Morgen, ja morgen . . .

Dieser Morgen war noch schöner als der vorhergegangene. Als wir die Felsen unter der Wand erreichten, brannte bereits eine unbarmherzige Sonne auf uns herunter. Die Gegend der Haller Mauern ist ein Paradies für Jäger, Kletterer und Bergwanderer, doch kann es dort im Sommer schon zur frühen Tagesstunde sehr heiß sein. Die Sonne prallt gegen die kalkhelle Südwand und auf die darunterliegenden klüftigen Mulden. Der pirschende Jäger hat hier zu dieser Jahreszeit nicht nur mit dem Gelände, sondern auch mit dem quälenden Durst zu kämpfen. Leuten, die im Gebirge aufgewachsen sind und jede Biegung des Jagdsteiges aus jahrezehntelanger Erfahrung kennen, wie mein Oberförster, machen solche Nebensächlichkeiten freilich nichts aus. Ich dagegen schwitzte gehörig und versuchte, „leichtfüßig“ zwischen den Steinbrocken umherzusteigen, obwohl mir weder Training noch Kondition fehlten. Manchmal sah ich mich nach meinem Sprößling und nach Alex, dem vierten unserer Mannschaft, um. Die beiden zogen bergauf, als hätte es hier nicht die geringste Schwierigkeit im Gelände gegeben.

Unterhalb der großen Südwand lag eine sanft abfallende Mulde. Hier gab es noch, trotz der Sommerhitze, mehrere Schneefelder. Sie apern manchmal weg, erzählte unser Pirschführer, doch geschieht dies eigentlich recht selten.

Nun kam die letzte Steilstrecke. Wir mußten einen Felsriegel überwinden, um aus erhöhter Lage in die Mulde blicken zu können. Die Jugend wurde bei einem Aussichtspunkt zurückgelassen, der Oberförster und ich stiegen von hier weiter. Immer mehr spürte ich die Hitze, Luft und Fels erwärmten sich zunehmend. Büchse und Rucksack drückten manchmal zentnerschwer auf die Schultern. Vorsichtig kletterten wir über die letzte Barriere, über die kleine Felskante, von wo man den Großteil der Mulde einsehen konnte. Ganz langsam setzte ich einen Fuß nach dem anderen. Nur ja nicht rumpeln, mit der Schuhspitze abrutschen! Fernglas, Gewehrkolben, Bergstock durften ebenfalls nirgends anschlagen. Der Schweiß rann mir übers Gesicht, doch auch meinem berggewohnten Begleiter ging es nicht anders. Als er sich einmal zurückdrehte, um mir etwas zuzuflüstern, leuchteten seine hellblauen Augen ganz ungewöhnlich kontrastierend aus dem erröteten, schweißbeperlten Gesicht. Dann lagen wir oben in der Deckung. An den Fels geduckt, blickten wir uns vorsichtig um.

Gams! Ja, mehrere Gams standen in der arenaförmigen, großen Mulde. Eine führende Geiß zog eben zum unteren Schneefeld hin, tat sich im harschigen Weiß nieder, um Abkühlung zu finden. Weiter oben standen andere Geißen mit Kitzen, und dort rechts, mein Herz schlug ganz schnell, ja, dort stand der Bock! Nun folgte langes Studieren und Spekulieren. Der Bock schien zu passen. Im Zeitlupentempo griff ich nach der Büchse. Da spürte ich einen leisen Druck auf meiner Schulter, ich folgte gleich der Kopfbewegung meines Pirschführers: Ja, dort rechts, da trat soeben ein zweiter Gamsbock aus der schattigen Deckung der Felsen aus, ein noch besserer!

Also Büchse zurück, Glas und Spektiv wieder vor. „Der ist viel besser, schiaßn S' den da!" – ein gut gehakelter, recht braver, vielleicht acht bis neun Jahre alter Bock stand uns zu, er zog jetzt seitlich zur oberen, harschigen Schneelinse. Der Anblick war überwältigend schön. Die steile Südwand gloste im Sonnenlicht, das Schneefeld glitzerte, der Wind ging gut. Über uns wölbte sich der wolkenlose Sommerhimmel – doch die Schußentfernung, die hatte es an sich, sie lag im äußersten Bereich des weidmännisch noch Vertretbaren.

„Lassen S' sich Zeit mit dem Schuß!" raunte mir der ebenfalls vom Gamsfieber gepackte Oberförster zu. Ich legte mich flach, stopfte den Loden unter den Gewehrlauf, spannte Schuhspitze, Knie und Ellbogen an fixierbare Punkte, dann visierte ich das Wild an. Verflucht klein war der Gams im Zielfernrohr! Ich atmete einigemal tief durch. Dann stach ich ein und zog ab. Stein spritzte unter dem Gamsbock, zu tief! Der gefehlte Gams machte ein Haberl, sicherte unschlüssig umher, während das Scharlwild auseinanderstob – und blieb wieder stehen! Ich repetierte.

Jagdgeschichten, gleich ob mündlich oder gedruckt erzählt, sollten möglichst auch wahr sein. Auch wenn die Wahrheit nicht eben schmeichelhaft für den Erzähler, Akteur, Schriftsteller, also für die Hauptperson ist. Nicht weniger zerknirscht, als ich damals war, muß ich also hier gestehen, daß ich meinen Gamsbock anschließend noch zweimal fehlte! Ich habe jeweils zu kurz geschossen! Scheinbar unterschätzte ich in der dünnen Luft die Entfernung; auch war meine Büchse, eine brave alte, achtmalsiebenundfünfziger Mauser, zu „langsam“ für diese Entfernung. Gefehlt aber habe ich, nicht das Gewehr! Obwohl es mein vierter Gams zuletzt wurde, den ich an diesem Vormittag erlegt hatte.

Man braucht manchmal den Rückschlag, den Fehlschuß. Nichts schwächt mehr als das ununterbrochene Gelingen, erst im Mißerfolg, in der Schwierigkeit, in der Blamage, lernt man echte Konzentration. Und auch ein Mordsglück muß man haben, so eines, wie ich an diesem heißen Augusttag hatte. Mein Gamsbock nämlich, der machte nach jedem Schuß ein Sprüngerl, doch er sprang nicht endgültig ab. Er zog nur einige Schritte vor und verhielt dann wieder. Im Gebirge, wo Steinschlag, Blitz, Donner oder Lawine nicht geringeren Krach als ein Büchsenschuß machen, kommt es auf so einen Knall gar nicht so sehr an. Viel wichtiger ist – und dies lehrte mich die Erfahrung jenes Tages –, daß der Wind richtig geht.

Ich richtete mich also zum vierten Schuß. Höher als bisher visierte ich den unschlüssig-langsam umherziehenden Gamsbock an, der nunmehr ein viel schwierigeres Ziel als bei den vorherigen Fehlschüssen bot. Das Fadenkreuz stand ruhig, Zorn und Beschämung waren wie verflogen, da nur Fehl-, doch keine Schandschüsse bisher angebracht wurden – dann brach der Schuß.

Mein Gamsbock knickte ein, rutschte leblos bergab und blieb dann hinter einem Stein in der Schneemulde liegen. „Endlich ein Blattschuß – Weidmannsheil!“ –, die Stimme meines Pirschführers schien aus einer unendlichen Ferne zu kommen. Ich wischte die Stirne ab. War das ein Pech und ein Glück zugleich! Die Fehlschüsse bedrückten mich erst jetzt, nachträglich, wobei ich, wie ich Minuten später feststellen konnte, meinen Gamsbock mit einem abgezirkelten Blattschuß erlegt hatte. Das Wild hatte dicht verpechte Krucken mit starken Schläuchen, tadellos verhakelt. Das sah ich sogleich, als wir bei dem erlegten Gamsbock standen. Ich griff in die Krucken und hob das Haupt meines Bockes. Schon kam die Jugend nachgestürmt. „Vati, was waren denn die vier Schüsse?!“ klang die helle Bubenstimme meines Sohnes, und „Onkel Willy, hast du ein ganzes Gamsrudel erlegt?!“ konterte Alex.

Fasanhahn im Weingarten

Andreas ließ es sich dann auch nicht nehmen, den Gamsbock vom Berg herunterzuschleppen. Er legte sich kräftig ins Zeug, doch war die schattenspendende Latschenregion weiter als gedacht. Wir halfen ihm danach.

Als wir den Gamsbock in einen schattigen, ruhigen Einstand der beginnenden Waldregion betteten, tranken wir den letzten Tee aus den Thermosflaschen. Die Zeit schien stehengeblieben zu sein, der Pfeifenrauch stieg in die Höhe. Das Bergmassiv gloste im Sonnenschein. Mein Bub fragte mich neuerlich an diesem Tage, wann er endlich sein Luftdruckgewehr bekäme.

Gams im dunklen Winterkleid

Im „Drillingland“

Bäuerliche Treibjagd im steirischen Mittelgebirge

Daß es auf keiner Karte der Welt ein Land gibt, das nach einer Gewehrkonstruktion benannt worden wäre, ist auch mir bekannt. Und dennoch nenne ich das von der Gleinalm und der Stubalpe zur Mur abfallende, tief zerfurchte Bergland so. Weil ich in diesem alten Bauernland im Mittelgebirge mehr Drillinge als anderswo in der Welt gesehen habe. Hahndrillinge meine ich selbstverständlich, Gewehre, die bereits mehreren Generationen gedient haben, die irgendwann um die Jahrhundertwende gebaut wurden. Diese oft recht altmodisch wirkenden Waffen sah ich meist in Händen älterer Bauern. Sie wirkten auf mich stets wie natürliche Bestandteile der steirischen Bauerntracht, die doch mit dem „Jagagwand“ identisch ist. Oft schnüffelte ich auch bei Grazer Büchsenmachern herum, um so einen Hahndrilling zu erwerben. Gelungen ist es mir nie. „Schauen Sie“, bekam ich stets zu hören, „solche Waffen werden uns praktisch nie zum Weiterverkauf angeboten. Stirbt einmal der Besitzer, so vererbt er das Gewehr dem Sohn, dem Neffen, oder die Waffe bekommt der beste Freund, ein alter Jagdkamerad. In den Waffenhandel gelangen diese Familienstücke eigentlich nie.“

Als ich vor langer Zeit das erste Mal in jene Gegend zu einer herbstlichen Treibjagd kam, fielen mir nicht nur die Drillinge auf. Ich sah auch, daß diese Waffen die geeignetesten waren, nämlich für jene etwas rauhe, doch ungemein bodenständige Art des Jagens, die dort seit jeher noch unverändert ausgeübt wird. Die großen Treibjagden auf Rehe und Hasen meine ich, die den jagdlichen Höhepunkt des Jahres bilden. Die Bauern des „Drillinglandes“ jagen nicht erst seit den Zeiten der Hochkonjunktur und der neuen ländlichen Mode, wie in einigen anderen Teilen der Steiermark. Nein, diese nicht protzig-reichen, doch seit jeher wohlhabenden Besitzer haben die Jagd schon vor Generationen in die Hände genommen und verwalten mit einer patriarchalischen Ruhe ihre genossenschaftlichen Reviere. Der Drilling, diese nach Konstruktion und nach Verbreitung vielleicht typischeste deutsche Waffe, erfüllt in dieser Gegend alle seine Aufgaben hervorragend, da der Bauer mit einem einzigen Gewehr stets sein Auskommen fand. In früheren Zeiten, als selbst größere Besitzer nur über relativ wenig Bargeld verfügten, gab es nur den Drilling für alle jagdlichen Eventualitäten des Jahres.

„Geschossen wird auf alles, was das Gesetz erlaubt. Daß jeder von euch mit dem Schuß recht vorsichtig sein soll, brauch i nit extra zu sagen. Abends sind wir dann alle beim Kirchenwirt beinander. Ansonsten wünsche ich allen Jagdkameraden an guaten Anblick und Weidmannsheil!"

Der Jagdleiter lüftete nach dieser kurzen Ansprache den gamsbartgeschmückten grünen Filzhut, die im Halbkreis aufgestellten Schützen, fünfzig an der Zahl, taten dasselbe. Ein „Weidmannsheil" lief durch ihre Reihen, dann setzten die beiden Jagdhornbläser ihre Instrumente an. Die helle Melodie lief jubelnd durch die herbstliche Gegend, sie rief zum fröhlichen Jagen und berührte das sehnsuchtserfüllte Herz eines Drahthaars derart, daß er sich mit jaulendem Hals am Konzert beteiligte. Zwei, drei Bracken schlossen sich eifersüchtig an – beim Gebell ging es wirklich um ihre ureigenste Aufgabe und Betätigung, da konnten sie einfach nicht stumm zuhören. Ein junger Jäger, der Führer des Drahthaars, riß erbost am Riemen, als der Rüde mit leisem Winseln wieder beginnen wollte. Kaum war der letzte Ton aus den Hörnern verklungen, hieß es schon: „Treiber und Hunde vorwärts!"

Aus dem Haufen der Versammelten löste sich die Treiberschar unter dem Befehl des Revierjägers und zog waldwärts. Die „Meute" war eigentlich ein bunter und wilder Haufen von Vierbeinern. Einem zünftigen Kynologen hätten angesichts der einfallsreichen Mischrassen die Haare zu Berge stehen müssen. Reinrassig waren nur ein paar Vorstehhunde, die beim Stöbern mittun sollten. Die Mehrzahl bestand dagegen aus verschiedenen Bracken- und Langhaarkreuzungen, auch einige Dachsbracken und Schweißhunde bekam ich zu Gesicht. Den kynologischen Höhepunkt aber bildete ein ganz verschlagen und grimmig blickender Foxterriermischling, der zünftig „Fuchs" gerufen wurde. Er hatte vollkommen zerrissene Behänge, die Nase trug eine mächtige Wundnarbe. Man sah auf den ersten Blick, daß der Kerl mehr Füchse zur Strecke gebracht haben mochte als mancher unter den anwesenden Jägern.

Auch diesmal blieb freilich der obligate Hundekrach nicht aus. Mit wütendem Knurren und Keifen verbissen sich zwei Rüden, daß der Geifer nur so flog. „Nehmts doch eure Viecher an die Leine", brummte ein älterer Bauer, „die machen noch alle narrisch." Dann waren Treiber, Hundeführer und Hunde weg. Sie zogen bergauf zum Kogel und verschwanden bald im Wald.

Nach einem halbstündigen Marsch begann dann das Aufstellen der Schützen, das vertraute Zeremoniell der Waldtriebe. Der Leiter meiner Gruppe blieb von nun an alle achtzig bis hundert Meter stehen, streifte mit einem Blick die ihm folgenden Jäger und wählte jeweils einen aus. „Nach dem Trieb sollst du nachziehen" – oder, wenn einer aus der Stadt kam, sagte er: „Sie sehen die anderen eh' vorbeigehen, schließen S' Ihnen nur an." Und jedem wünschte er freundlich einen guten Anblick.

Das Schönste an so einer Waldjagd ist vielleicht die Spannung vor Beginn. Die Bergjagd hat durch das unübersichtliche Gelände einen eigenen Reiz, man erlebt die Triebe zum größten Teil als Zuhörer und nicht als Zuseher. Ich lehnte meine Büchsflinte an einen Baumstamm und zündete mir eine Zigarette an. Daß es diese Hauptjagd in sich haben wird, das ahnte ich bereits, vor allem, wenn ich an den abendlichen Abschluß dachte, der hier stets ein kleines Volksfest zu sein pflegt, meist dauert er nämlich bis zum nächsten Morgen. Es gibt freilich auch feinere, elegantere Jagden, bei denen Einladungen ausgeschickt werden und der Veranstalter nicht nur per „Buschtrommel" die Nachricht über die Jagd in der Stadt auf die Runde schickt. Aber hier kümmerte sich kein Mensch um Etikettfragen, hier wurde gejagt, wie kaum noch wo in unserem alten Europa.

Weit, irgendwo hinter dem Wald, krachte jetzt der Hebschuß. Wie ein Donner rollte der Knall durch die Gegend und hallte am Gegenhang wider. Während ich gespannt auf die ersten Geräusche der anhebenden Jagd wartete, ertönte in der Ferne voller Sehnsucht und Wehmut der Klang der Jagdhörner. So etwas Stimmungsvolles habe ich selten bei einem Waldtrieb erlebt. Die beiden Bläser wurden außerhalb des Triebes auf einem Kogel aufgestellt, zweistimmig bliesen sie Ländler, Jagd- und Steirerlieder. Der helle Klang erfüllte den ganzen herbstlichen Wald und nahm ihm die dunkle Ahnung, die Spannung vor dem einsetzenden Trieb. Er versilberte die blutrote Landschaft und begleitete treu das Jagen, als schon die ersten Schüsse knallten. Wenn die Hunde plötzlich alle Hals gaben, die Treiber schrien und die Gewehre knallten, dann hörte man nur das wilde Jagen – doch in der darauffolgenden Stille kehrte die Melodie sofort wieder zurück, sanft und klangvoll.

Immer näher hörte ich die Schüsse und das Gejaffe der Hunde. Jetzt flüchtete weit hinten ein Sprung Rehe vorbei. Unten knallte ein Büchsenlauf, da wurde es wieder still. Die allgemeine Aufregung ausnützend, schlich ein Fuchs durch den Wald. Er kam schnurgerade auf meinen bewegungslos halb hinter einem Baumstamm verhaltenden Nachbar zu und blieb dort im Feuer liegen. Der Lärm der Treiber tönte jetzt schon ganz in der Nähe: „Aussi, Haas, aussi!"

Ich sah nun die Treiber und Hunde im Wald vorbeiziehen. Der Obertreiber feuerte seine Leute, der Revierjäger die Hunde an. Ein Langhaar lief direkt auf mich zu, trat knapp neben mir aus dem Wald, witterte mit gehobenem Fang und grimmigem Gesicht in die Wiese hinaus – vor einiger Zeit mag hier ein Reh ausgetreten sein –, dann drehte sich der Hund pflichtbewußt um und suchte mit tiefer Nase und mit keuchendem Hecheln in den Wald hinein. Kaum daß die Treiber meine Höhe passiert hatten, ertönte aus der Tiefe des Waldes: „Haas – Haas – nach hinten!"

Im selben Augenblick gaben mehrere Hunde Hals, und schon knallte der Drilling von Georg, dem Revierjäger. Ein Treiberjunge lief die paar Schritte zurück, drückte den Hasen aus und trug ihn fort. Das Klopfen und Rufen der Treiber bewegte sich erst tiefer unten im Graben. Dann rasselte es wieder, nein, das konnte keine Täuschung sein, wenn es nicht nur einer der nachsuchenden Hunde war, das leise Geräusch näherte sich. Ein Reh konnte es nicht sein, das knackt ganz anders in Stein und Laub. Vielleicht war es ein Waldhase, der stutzt und kegelt, bevor er vorsichtig weiterhoppelt, ein erfahrener alter Rammler, der die Hunde abgehängt hat. Es konnte freilich auch ein Fuchs sein, der rechtzeitig die am Berghang aufziehende Gefahr erkannte und dem Teufelskreis entkommen wollte.

Tatsächlich erschien am kleinen Gegenhang ein Fuchs, fast am selben Paß wie jener, der vor einer Viertelstunde meinem Standnachbarn zugestanden war. Es war ein heller Falbenfuchs, er fuhr mit dem Fang witternd am Boden umher, warf sich nach rechts und links, fast wie ein suchender Dackel. Ich erstarrte für einen Augenblick: Am Ende war es vielleicht doch ein etwas kurzbeinig geratenes Exemplar unserer Bastarde. Bei dieser bäuerlichen Treibjagd so einen Vierbeiner zu erlegen, hieße, die weitere Umgebung für Jahre mit guten Witzen zu versorgen, gar nicht zu reden von jener biblischen Weinmenge, die man abends zu zahlen hätte – aber nein, es schnürte tatsächlich ein Fuchs heran. Er stand für einige Augenblicke in der Verlängerung des Gewehrlaufes, witterte um die Wurzeln eines Baumstockes. Im Schuß ein Aufwirbeln des Laubes, eine blitzschnelle Bewegung zur Seite, bei der man den Fuchs von Fallaub und Fels nicht unterschneiden konnte. Dann wieder Stille und Rätselraten. Etwas später wurde der Trieb abgeblasen, jetzt erst ging ich zum Anschuß und fand einige Schritte weiter meinen verendeten Fuchsrüden. Ich nahm ihn auf und zog zum Waldrand, um mich den bergauf ziehenden Schützen anzuschließen.

Hier, im freien Gelände, leuchtete eine wunderschöne Herbstsonne auf uns herunter, ein mildes Strahlenmeer aus dem hellblauen Himmel. Unter uns lag der Wald mit tausend Farbtönen von Gelb, Rot, Braun und Grün. Von hier oben hatten wir in der klaren Luft einen freien, weiten Blick, eine herrliche Sicht auf die schon schneebedeckten Bergkämme. Minutenlang konnte ich den Blick nicht von diesem Bild abwenden.

Nacheinander trafen die Schützen ein, die ersten von der Talgruppe waren ebenfalls schon da. Nur wenige brachten einen Hasen, es gab etliche Füchse und noch mehr Rehe. An Stangen und Bergstöcken baumelten sie mit geschränkten Läufen. Die meisten wurden sofort an Ort und Stelle aufgebrochen, einige Jäger stellten sich gleich zur provisorischen Strecke und begutachteten die Schüsse. „Schon wieder ein Reach mit abgeschossenen Läufen“, brummte einer von den Älteren. Der Jagdleiter war eben beim Aufbrechen einer Geiß und rief: „Geh Sepp, zünd mir eine Zigarette an“, während er die schweißgeröteten Hände im Gras abstreifte. Eine Schnapsflasche machte die Runde und das Frühstück begann. Zuletzt kamen noch einige Treiber von ganz unten aus dem Graben an, sie brachten gleich drei Rehe mit, legten diese zur Strecke und sanken dann müde ins Gras. Georg, der Revierjäger, brachte ihnen höchstpersönlich die Schnapsflasche als Stärkung. Plaudernd saß die ganze Gesellschaft auf Baumstämmen, Rucksäcken und Lodenmänteln. Apfelmost, Birnenmost und Zwetschkenschnaps wurden herumgereicht und zum „Gselchten“ konsumiert, doch eigentlich nur in mäßigen Mengen. Die Stimmung war fröhlich, aber nicht ausgelassen, die natürliche Würde der älteren Bauern ließ keinen Unfug aufkommen. Dazu kam noch, daß jeder Teilnehmer wußte, daß er an diesem Abend auch bei der Unterhaltung seinen Mann wird stellen müssen. Jagdgäste, die sich abends rasch empfehlen oder auf irgendeine unaufschiebbare Verpflichtung ausreden, haben in diesen Revieren das letzte Mal mitgejagt.

Zur Abwechslung rauften jetzt wieder zwei Hunde, ein Riemen klatschte am Hinterteil des eifrigeren; der Köter quittierte aufheulend die Zurechtweisung und verkroch sich beleidigt hinter dem Rucksack seines gestrengen Herrn, während der Rivale voll Schadenfreude zusah. Vom Graben her tuckerte jetzt ein Traktor mit Anhänger herauf, um das Wild abzuholen. Beim Verladen gab es dann noch einen Hundekrawall, ein Drahthaar fletschte wie verrückt die Zähne, als man die von seinem Herrn geschossene Geiß angreifen wollte. „He, wem g'hört der Hund, der will die Goaß nit hergeben!" Eine Weile meldete sich niemand, dann kam der Eigentümer des allzu getreuen Hundes aus dem Wald herbei. Er war dort gewiß nur Mensch und nicht Jäger, jetzt rief er den Hund von dem Stück ab. Der Traktor konnte somit abfahren.

Der nächste Trieb dauerte wesentlich länger als der erste, wir nahmen jetzt die steile, nördliche Seite des Kogels. Hier war das Gelände recht schwierig, so dauerte das Anstellen auch länger. Meine Uhr zeigte genau zwölf, als der Hebschuß durch den Wald hallte und der Trieb angeblasen wurde. Unsere beiden Jagdhornbläser traten wieder in Aktion, wir bekamen unter anderem auch das Lied vom steirischen Prinzen zu hören. Ein Häher strich vor mir vorsichtig von Baum zu Baum und verriet sich zeitweise durch ein aufgeregtes Tschaken. Der Weitschuß gelang mir, ich holte ihn von einer Fichte herunter.

Nach einer halben Stunde kam der Trieb an mir vorbei. Die Treiber hatten diesmal noch schwerer als sonst zu schaffen; der Hang war nicht nur lang und steil, sondern auch bürstendick bewachsen. Aus diesem Dickicht die Rehe hinauszudrücken, wäre ohne die Hunde unmöglich gewesen! Hie und da tauchte weit unter mir eine Gestalt auf, auch die Hunde sind leiser geworden. Und da, im stillen Verharren meines Standes kam aus dem Graben ein Schnepf, ein verspäteter Wanderer des Herbstes, angestrichen. Der Schuß war zehn Hasen wert, federleicht und weich schlug der kleine Vogelkörper auf dem Waldboden auf.

Nicht viel später flüchtete eine angeschweißte Geiß bergauf, hinter ihr hetzte ein Brackenmischling her. Das Wild stolperte einmal und stürzte, schon war der Hund darüber her und wollte es abfangen. Mühsam und klagend erhob sich die Geiß nochmals und versuchte weiterzuflüchten. Der uralte Bauernhahndrilling meines Nachbarn, ein wahres Museumsstück, krachte mit einem eigentümlich dumpfen Rollen. Es war ein Prachtschuß, genau in jenem Augenblick abgefeuert, als der Hund nicht in der Schußlinie stand! Bald schon arbeitete sich ein Treiber herauf, nahm den Hund an die Leine und das Wild auf den Rücken.

Jeder, der die jagdlichen Verhältnisse des steirischen Mittelgebirges nicht kennt, wird jetzt mit Recht fragen, ob es in diesen Revieren, wo man mit dem Hund auf Rehwild jagt, überhaupt noch Rehwild gibt. Ich kann versichern, es gibt dort noch Wild und gar nicht wenig. Denn diese zahllosen Gräben, dichten gemischten Bauernwälder nur durch Pirsch abzujagen, wäre fast unmöglich. Hier muß auch auf Rehwild getrieben werden. Die paar Waldhasen und seltenen Fasanen beleben nur die Jagd und bewahren sie vor Eintönigkeit. Das Hauptziel aber ist der Geiß- und Kitzabschuß. Gamswild und manchmal Hochwild sind Höhepunkte, mit denen man aber nicht rechnen darf. Im späteren Herbst, wenn das Rehwild längst schon das Winterkleid trägt, wenn die Kitze schon gut entwickelt und daher von den schwächeren leicht zu unterscheiden sind, wird eben getrieben, und zwar so lange, bis der Abschuß erfüllt ist. Daß bei diesen Trieben keine Schäden und Störungen entstehen, dafür garantieren die Geländeverhältnisse und die Reviergröße. Denn wenn einmal ein Revier im Mittelgebirge mehrere tausend Hektar umfaßt, so kann man auch an mehreren Tagen nur einen Bruchteil dieser Fläche durchjagen. Typisch ist noch, daß man in diesen Revieren den ganzen Tag geht und kaum vom Fleck kommt. Die ganze Jagd spielt sich mehr in der Vertikalen als in der Horizontalen ab. Außerdem dauert es immer mehrere Jahre, bis derselbe Revierteil wieder drankommt.

Unten verstärkte sich das Klopfen und Rufen. Zuerst erblickte ich die Hunde, wie sie umherhuschten, mit wedelnden Ruten und tiefen Nasen. Einheitlich oder vornehm waren sie nicht, doch man konnte sich ziemlich auf sie und ihre Führer verlassen. Schön waren sie freilich auch nicht, diese Hunde. Sie waren eben zweckmäßig, wie alles, was der Bauer hält. Und bei Jagdhunden setzt die Leistung nicht unbedingt Schönheit voraus. Das waren Hunde, die kaum eine Müdigkeit kannten; das waren oft gräßliche Biester, daheim angekettete, bissige, schneidige Kerle, bei denen man mitunter auf der Hut sein mußte, daß sie kein Wild anschneiden; das waren aber auch hervorragende Jagdgehilfen, unermüdliche Sucher mit Bauerninstinkt und Armeleuteverstand, mit eisernen Pfoten, mit hechelnd gierigen und untäuschbaren Nasen.

Dieser Trieb wurde zum Ereignis, da auf meiner Seite gleich drei Füchse gefallen sind. Einer der Nachbarn erlegte sogar allein zwei der Rotbälge. Kurz danach wurde der Trieb abgeblasen. Wir zogen weiter, während sich unter uns die Treiber und die Treiberschützen neu formierten.

Auch beim nächsten Trieb kam ich zu den Bergschützen. Je höher wir aus dem Graben stiegen, um so großartiger wurde die Aussicht. Rechts sah ich die Nordseite vom Schöckel, links glänzten die sonnenbestrahlten Schneefelder der Gleinalpe. Mit einem einzigen Rundblick konnte man das mittelsteirische Bergland umfassen. In dieser leuchtenden Welt genoß man auch innerlich die frohe Stimmung der Jagd. Nach mehr als einstündigem Marsch kamen wir auf eine Hochfläche. Mein Vordermann schob das Gewehr zurecht und sah sich um. Dann begann er, die Schützen anzustellen.

Unter einer alten, einsamen Lärche, unweit eines dichtbewachsenen Hanges, wurde ich angestellt. Meine beiden Nachbarschützen waren durch Bodenwellen verdeckt, so konnte ich auch seitlich schießen. Die Sonne näherte sich allmählich dem Kamm der Gleinalm und warf immer tiefere Schatten, als aus dem Hauptgraben das Echo des Hebschusses heraufrollte. Dann war wieder alles still; durch den Wald strich ein leiser Windhauch herauf. Wenn man so steht und schaut, vermischen sich Gedanken und Selbstgespräche, Raum und Zeit. Da ist man dem herbstlichen Wald, dem klaren Himmel, der kreisenden Krähe, den Föhnwölkchen, der Nachmittagssonne und auch seinem eigenen Ich unendlich nahe. Dies alles zusammen ist schon ein Erlebnis, fern von Selbstbetrug oder gekünstelter Stimmung.

Der Trieb kam näher. Im dichten, jeden fragenden Blick verschluckenden Jungholz des Hanges sah ich eigentlich gar nichts, doch die Geräusche wurden immer stärker. Waldtriebe erlebt man in dieser Gegend eben mehr mit dem Gehör als mit dem Blick. Unter mir krachten jetzt in rascher Folge zwei Büchsenschüsse, dann vernahm ich das rasche, flüchtige Brechen von mehreren Stücken Wild. Zwischen mir und dem rechten Nachbarschützen brach ein Sprung Rehe durch. Gegen die tiefstehende Sonne leuchteten die Umrisse der Wildkörper, als der Sprung für einen Augenblick auf freier Fläche verhielt. Die Leitgeiß stutzte, sie äugte in die Richtung meines Nachbarn, den hellen Spiegel drehte sie mir zu. Dann ging plötzlich die Flucht weiter. Das letzte Stück, eine schwache Geiß, verhielt für einen Augenblick und bekam meine Kugel, während die übrigen Rehe eben über einen Weidezaun setzten.

Der letzte Trieb ging dann heimwärts. Wir nahmen den unteren Waldrand, die Obstgärten am Hang und die Felder darunter. Alle Schützen waren schon müde, die feste Formation löste sich immer mehr auf, Treiber und Hunde waren am Ende ihrer Kräfte angelangt. Und dennoch hörten wir nicht auf, da wir zum Abschluß des Tages die Dunkelheit brauchten, um unsere Fackeln zu voller Wirkung kommen zu lassen. Bald brach die Dämmerung herein.

Wir entluden und zogen den anderen nach.

An einer Wegkreuzung versammelte sich die ganze Gesellschaft. Jeder bekam aus einem Korb eine Fackel. Nacheinander leuchteten die kleinen Flammen auf. Ein breiter Strom tänzelnder Lichter flackerte beim aufkommenden Wind, als wir zu Reihen formiert loszogen. Wilde, zerrissene Schatten begleiteten uns zum Friedhof, zu den Gräbern der im letzten Jahr verstorbenen Jagdkameraden. Das Licht zuckte unruhig zwischen den hellen Grabsteinen, die ernsten Gesichter der Umstehenden sahen während des gemurmelten Vaterunsers sonderbar feierlich aus, ob nun das Fackellicht ein zerfurchtes, altes oder ein frisches, junges Gesicht traf.

Der Strom der kleinen Fackellichter zog jetzt zur Bergkirche, zu diesem wuchtigem Bau aus dem späten Mittelalter hinunter. Auf Reisig und Fichtenzweige gebettet, lag dort die Strecke des heutigen Tages. Es waren mehr Rehe als anderes Wild in unseren Trieben gefallen, nämlich zweiundzwanzig Geißen und Kitze! Nicht oft in meinem Leben habe ich so eine Strecke gesehen, durchwegs durch saubere Kugeln erlegt! Und ich freute mich, daß ich dabei sein konnte, daß auch ich an der Strecke beteiligt war. Denn selten kommt man dazu, an so ursprünglichen und so anstrengenden Treibjagden teilzunehmen, außer im „Drillingland"!

Mit einem fröhlichen Signal beendeten unsere beiden Jagdhornbläser ihr heutiges Werk; beim Kirchenwirt wartete schon die Blaskapelle auf uns.

Der große Festsaal wurde bereits am Vortag kunstvoll mit Fichtenzweigen geschmückt, die Tische waren hübsch gedeckt, die Musik schmetterte einen zügigen Marsch zur Begrüßung der einziehenden Jäger. Jeder Schütze bekam eine Riesenportion Rehgulasch und dazu Bier. Die Stimmung stieg und erreichte den ersten Höhepunkt, als die Weiblichkeit der Umgebung zum Tanz eintraf. Polka, Walzer, Polka, Walzer, so ging's nachher fast ununterbrochen. In den kurzen Pausen ging der Jagdleiter von Tisch zu Tisch und hielt seinen Hut für den Treiberlohn hin. Münzen klirrten, Banknoten raschelten; kein Ende nahm die Kolonne der zum Tisch der Fleißigen geschickten Literflaschen. Nach einiger Zeit wurde die Hitze fast unerträglich.

Was aber so ein Bauer aushalten kann, ist wahrlich bewunderungswürdig! Auch die älteren tanzten die ganze Nacht ohne Pause, höchstens, daß sie sich „erfrischten". Als ich mich, weit nach Mitternacht, in Begleitung eines Freundes davongeschlichen habe, steuerte das Fest erst seinem Höhepunkt zu. Im „Drillingland“ wird nicht jede Woche gefeiert, wenn man aber einmal dabei ist, so geschieht es bis zum Umfallen; so wie bei den Trieben in Dickicht und auf schweren Leiten. Und die Musik muß laut sein, wenn sie Lob ernten will, auch dies merkte ich mir fürs nächste Jahr.

In den Lagunen von Grado

Winterliche Entenjagd an der Adria

Aus der tiefliegenden Wolkendecke, die über den Alpen hing, flockte unentwegt weicher Schnee herunter. Die Fahrt über die Pack war ein winterliches Erlebnis, in Klagenfurt mußten wir Ketten montieren, und im Kanaltal kamen wir nur schrittweise vorwärts. Doch hinter Carnia, wo noch die vielen Trümmer des Erdbebens liegen, öffnete sich nicht nur die Landschaft zur Ebene hinaus, auch die Wolken blieben an den Bergkämmen hängen. Wir fuhren in die von winterlicher Sonne bestrahlte Ebene hinein, zum Meer hinunter, zu den Lagunen von Grado. Zu den Wildenten, die es dort, gutes Jagdwetter vorausgesetzt, meist in großer Menge gibt. Wie gesagt, wenn nur das Wetter paßt!

Es ist kein alltägliches Erlebnis, Grado, dieses reizende kleine Seebad, mein Lieblingsplätzchen an der nördlichen Adria, im winterlich-melancholischen Halbschlaf zu erleben, die feuchtfrische Seeluft einzuatmen und den Ort ohne Touristen zu genießen. Die Gradeser sind ein alteingesessenes, kleinstädtisch-kleinbürgerliches Völkchen mit von der sommerlichen Fremdeninvasion kaum berührten Lebensformen und Gewohnheiten. Grado ist auch das letzte Stückchen Altösterreich an der Flachküste gegen Venedig hin. So blieb bei diesem Völkchen trotz seiner im Zusammenbruch von 1918 erfolgten „Heimkehr" ins Reich der savoyischen Könige ein Abglanz der schwarzgelben Vergangenheit zurück: in der Mentalität, im Lebensrhythmus, in der Gastfreundschaft und im Lokalpatriotismus. So wie das einst überall in Mitteleuropa der Fall war, einst, damals in der Monarchie, als man die Sommervillen noch überall mit einer schönbrunngelben Fassadenfarbe zierte.

Daß Grado freilich auch mehr als nur ein netter Sommerfrischenort mit altösterreichischer Tradition ist, wissen nicht alle seiner Besucher. Grado ist ein Stück vergessene mittelalterliche Geschichte, Grado und Aquileia, das ist Ruhm und Ruinenspuk, das ist Architektur und Mosaikkunst mit ältester Tradition – und auch eine ungewöhnlich interessante amphibische Landschaft voller Naturschönheiten. Die Vogelwelt der Lagunen ist ebenso reich wie ihre Fischgründe es sind. Hier zu fischen, Muscheln suchen, ornithologische Beobachtungen machen oder gar das Wasserwild zu jagen, ist für jeden Auswärtigen ein seltenes, kostbares Erlebnis. Das zu erleben ist, zumindest was die Jagd betrifft, nicht ganz einfach, doch auch nicht unmöglich. Wie überall auf der Welt, braucht man eben Freunde. Freunde, die eine Einladung aussprechen, und andere, die die Lizenz besorgen.

Ein kleinwüchsiger, hagerer Mann, braune Flachmütze über dem scharfgeschnittenen Profil, helläugig unter den blonden Brauen, windzerfurcht und sonnengedörrt, mit kantigem Kinn, mit der ewig brennenden Zigarette im Mund, in seiner Erscheinung viel eher den Typus eines irländischen Jockeys als den eines Gradeser Fischers, Jägers und Bootsführers verkörpernd, erwartete uns mit seinem unvermeidlichen Grappa als Willkommenstrunk. So wie zwischen Karst, friaulischem Flachland, görzischer Grenze und Meer die vielfältigsten geologischen Formen, reiche und seltene Flora und Tierwelt sowie die verschiedenartigsten menschlichen Physiognomien, Namen und Herkünfte anzutreffen sind, die alle auf weitverzweigte Verbindungen, Einflüsse und Mischformen hinweisen, verhält es sich auch mit Art und Erscheinung meines Gastgebers, Signore Rodolfo Z. Obwohl, oder vielleicht gerade weil so typisch gradesisch, vereinigt mein Freund und Jagdherr Eigenschaften in sich, die beim Binnenitaliener weniger häufig sind. Vor allem denke ich dabei an seine weidmännische Auffassung und Art, die nicht im geringsten von der besten mitteleuropäischen Schule abweichen. Er, Rodolfo, ist die Schlüsselfigur meiner jagdlichen Erlebnisse in der Laguna, weil er der einladende Freund, der Jagdherr ist.

Hier muß auch gleich eingeflochten werden, daß man in der Provinz Görz, zu der auch Grado gehört, nicht frei umherjagen kann wie in vielen Teilen Italiens. Das gesamte italienische Jagdwesen bewegt sich langsam, aber beständig in die Richtung des Reviersystems. Im Görzischen gibt es als altösterreichische Erbschaft noch ausschließlich das exakt begrenzte Revier, gleich ob jagdgesellschaftlich oder als Eigenjagd benützt. Die Lagunen von Grado erstrecken sich westlich und nordwestlich der Stadt viele, viele Quadratkilometer weit und bestehen aus versumpften kleinen

Seen und Tümpeln, verbunden mit unzähligen schmalen, teils natürlichen, teils künstlichen Kanälen und offenen Wasserflächen. Diese oft als unendlich groß erscheinenden Lagunen sind Privatbesitz. Ein derartiger Besitz wird „valle" genannt. Auf einer der vielen Inseln einer solchen Valle steht dann das Fischerhaus, wo der betreffende „propretario" Wohnräume und Geräteschaft hat. Zum Bilde der jagdrechtlichen Situation gehört, daß der Lagunabesitzer unter gewissen Voraussetzungen ab fünfzig Hektar Eigenbesitz die Eigenjagd beanspruchen kann, doch darf er dann nicht gleichzeitig Mitglied der Gemeinde-Jagdgesellschaft sein.

Mein Gastgeber, obwohl Eigner einer über achtzig Hektar großen „valle", verzichtete auf die Eigenjagd, um bei den Gemeindejägern dabeisein zu können, die auch die „campagna", das Festland um Aquileia herum, bejagen. Daß die Zahl der ortsansässigen Jäger in dieser Gesellschaft von Jahr zu Jahr wächst, ist eine Erscheinung, die auch uns hergereisten Gastjägern nicht fremd ist, tröstete ich den Gastgeber nach seiner Ausführung. Obwohl wir auf dem Besitz von Rodolfo auf die Entenjagd gingen, mußte noch die Lizenz vom „direttore di riserva di caccia" besorgt werden, was von Freund Mauro mit einer lächelnd-eleganten Geste der Gastfreundschaft erledigt wurde. Darauf dann schnell noch eine Runde Grappa, eine zweite als Revanche, eine dritte gegen die gar nicht existente Kälte, eine vierte in der Hoffnung auf ein gutes Gelingen, und so zogen wir dann aperitifbeladen zu Rodolfos Heim, wo uns die Hüterin des heimisches Herdes mit einem wundervollen Rindfleisch und mit den nicht nur in Italien üblichen Blicken wegen verspäteten Eintreffens empfing.

Dann aber saßen wir im großen, bequemen Motorboot des Gastgebers. Wir hatten Platz genug für die Gewehre, Rucksäcke, Lodenmäntel, für den Hund und für die vielen Vorräte, die ebenfalls mit uns zur Laguna fuhren. Ich blickte über das prickelnd-klare, grünblaue Meereswasser in die durchsichtige föhnhelle Ferne; kaum daß wir das Becken des alten Hafens verließen, bot sich uns ein Panorama, wie nur selten im Jahr zu sehen! Der Blick war überwältigend. Gegen Nordwest sah man bis zu den Zacken der Dolomiten um Belluno, gegen Norden stiegen die Karnischen Alpen wie eine geschlossene Mauer aus dem reichen friaulischen Tiefland empor. Zum Greifen nahe lagen die glücklichen Weinberghügel des Görzischen Landes, hinter ihnen blinkte im Sonnenlicht der Firn der Julischen Alpen. Ohne Fernglas konnte man den Triglav ausmachen. Wanderte dann das Auge weiter gegen Osten, sah man den Nanos, die Bergkette, die den Isonzo begleitet, zuletzt streckte sich dann der Doberdo wie ein Schildkrötenrücken vor die Einfahrt zu Triest hin. Wer die hinter dem Isonzo liegende Trennlinie zwischen den pannonischen und norditalienischen Tiefländern nicht kennt, kann kaum einen Begriff über Geschichte und Geographie unseres alten Mitteleuropas haben. Dann ging mein Blick weiter zur Bucht von Triest und hinunter zur istrischen Küste. Es war ein Blick, den man im Leben nur selten genießt. Wir sprachen kaum. Der Motor der „barca“ brummte, die Bugwelle lief leise rauschend am Bootskörper entlang, und Tausende kleiner Wassertropfen glitzerten hinter dem Heck.

Wir fuhren an den vielen kleinen Inseln der Laguna vorbei und betrachteten die winterlich-unbewohnten Hütten. Ihre einfache Schilfbauweise ist das architektonische Wahrzeichen der Laguna. Einst waren sie alle ganzjährig von Fischern bewohnt, erzählte während der Fahrt mein Gastgeber, Jagdherr und Bootsführer, doch heutzutage sind kaum mehr ein halbes Dutzend Familien hier ansässig. Die meisten sind in die Stadt gezogen und fahren gelegentlich nur heraus. Weil die Verdienstmöglichkeiten zu gering sind, weil die Jungen mehr Komfort und Unterhaltungsmöglichkeit haben wollen – ich hätte seine Aufzählung glaubhaft fortsetzen können, indem ich an Stelle der Laguna das Hochgebirge oder das Grenzland eingesetzt hätte, indem ich vom fehlenden Licht, von der Einschicht gesprochen hätte. Ich war auch keinesfalls überrascht, als ich erfuhr, daß diese reizenden Fischerhütten auf den meist baumlosen Inseln nacheinander von Städtern aus Udine, aus Venedig und Mailand, ja sogar aus Rom aufgekauft werden. Von Industriellen, von Schriftstellern und Filmregisseuren, aber auch von „einfachen“ Naturnarren, die dann die Häuser pflegen und erneuern, die für sie sorgen, mit und ohne Protz, je nach persönlichem Geschmack und nach Repräsentationsbedürfnis. So wie dies auch bei uns etwa im Waldviertel, im Hochgebirge und im Grenzland üblich ist. Die Welt ist klein, hört man heutzutage fast in jedem Satz. Ecco!

Es war Ebbezeit, und die vielen Sand- und Schlammbänke waren voller Möwen und Zwergreiher. Die weißen Vögel ließen unsere barca ganz nahe heran, sie wußten sich in voller Sicherheit. Unentwegt strich auch verschiedenes Wasserwild umher, darunter auch Enten. Und dann sahen wir ganz weit von der Fahrtrinne Wildgänse einfallen, sie kamen auf eine kleine

Der Autor bei einem winterlichen Hochwildriegler bei Admont

Bank inmitten der offenen Wasserfläche herunter. „Oga – Gans!" – zeigte Rodolfo erfreut auf die großen, grauen Vögel in der Ferne.

Wie im Hochgebirge gibt es auch in den Lagunen ausgefahrene Wege, Routen und Verbindungen, die entsprechend markiert sind. Entlang unseres teils natürlichen, teils ausgebaggerten „Pfades" gab es sogar Wegweiser an den schweren Holzpfählen befestigt: Die gegen Osten weisenden trugen die Aufschrift „Trieste", jene nach Westen „Venezia".

Bei einer der Inseln vor Portobuso drosselte unser Bootsführer die Fahrt der geräumigen und halbdecks mit Plane überdachten großen „barca" und fuhr sie mit einem elegant-engen Bogen zum Landesteg hin. Wir waren angekommen in seinem Reich, in der „valle". Kaum daß er das Boot vertaut hat, griff schon seine Hand nach dem Gepäck, um beim Aussteigen zu helfen. Das war eine unmißverständliche Geste des „padrone". Die Fischerhütte, ein einfaches Haus mit einigen Geräteschuppen und einem kleinen Garten, stand unmittelbar neben dem Landeplatz. Und nun folgte das uralte Ritual aller winterlichen Jagdausflüge: Rodolfo machte flink Feuer im Sparherd und holte dann die Grappaflasche aus der Kredenz, um den Willkommenstrunk anzubieten.

Zum abendlichen Entenstrich gingen wir in die valle hinaus. Das Wetter war leider zu schön, um jagdlich auch gut zu sein. Es war ein stiller Abend, wir stakten in hohen Watstiefeln zu den Ständen im halbharten Schlick. Ich hörte unentwegtes Vogelgezwitscher, und alle Augenblicke plätscherte es im großen offenen Wasser, wenn Fische hochgesprungen waren. Mein Stand lag an einer kleinen Böschung des Dammes, von einigen zwergwüchsigen Weiden gedeckt. Die Vegetation der Laguna ist recht armselig, am meisten überraschte mich, wie wenig Schilf man eigentlich sah. Es ist eine ernste, vielleicht auch eintönige Landschaft, die hier zwischen fernem Festland und nahem offenem Meer liegt; sie bietet kaum hübsche Ausblicke, und dennoch wirkte sie auf mich an diesem Abend ganz besonders anziehend. Die fast melancholische Stille, die Weltabgeschiedenheit und vor allem der Geruch von verwesendem Schilf und Riedgras, von warmem Schlick, von Schlamm und von Brackwasser gaben dem Abend eine eigenartige Stimmung, wie man sie nur in großen Mooren oder in der Endlosigkeit einer Heide erlebt. Für einen Binnenlän-

Oben: Ein braver Muffelwidder aus der Walster
Unten: Flachlandwald im Winter

der vielleicht beängstigend, wie sehr hier alles vom Meer, vom Wasser beherrscht wird: In der Laguna gibt es wenige und nur kurze, scheinbar ziellose Pfade, Gehwege, und auch diese muß man kennen, den Verlauf und das Ziel der kleinen Dämme im Kopf haben, will man sich nicht in ihnen verlaufen. Der leichte Fischerkahn, das im fast überall seichten Wasser bewegliche kleine Boot, ist das einzige verläßliche Verkehrs- und Transportmittel. Daß einst die Bevölkerung des Festlandes in höchster Not in die Lagunen flüchtete, daß sie hier Schutz und Versteck fand, ist mehr als eine Geschichtsbuchwahrheit – und jetzt strich ein kleiner Schof von nur vier Enten von Süden heran, ich hörte plötzlich das Schwingenrauschen, duckte mich instinktiv tiefer und schoß eine herunter.

Das Abendlicht leuchtete schon in einer fernwehroten Abschiedsfarbe, die Dämmerung brütete über den Schlick- und Schilffeldern, vom offenen Meer her hörte ich die leise Brandung und das nie aufhörende Geschrei der vielen Möwen, als eine einzelne Ente mir zugeflogen kam. Als sie die Bewegung des Flintenlaufes bemerkte, versuchte sie in die Höhe zu steigen, doch war es zum Manöver zu spät. Die Ente klatschte auf dem Wasser auf; jetzt erst merkte ich den Schof, der ganz tief herangeflogen kam und nach meinem Schuß in den rotgrauen Abendhimmel hinaufjagte. Meine beiden nachgeworfenen Schüsse gingen daneben. Auch der nächste Schuß faßte nur Meeresluft und Abendhimmel, als wieder eine einzelne Ente mir zugestrichen kam. Danach sah ich zwar noch etliche Enten, doch kam ich nicht mehr zu Schuß. Es wurde dunkel.

Kaum hörbar ruderte jetzt Rodolfo heran. Ich harrte auf meinem Stand aus, so lange, bis er zu mir gekommen war. In der harmlos-seichten Laguna nach geschossenen Enten herumzusteigen, sei bei dieser Jahreszeit ein unsinniges Unterfangen, schärfte er mir schon vor dem Abendstrich ein; es gebe überall Tiefen, Löcher und Gruben, wo man bis über den Kopf im Brackwasser versinken kann, und wer badet schon gerne im Spätwinter mit Watstiefeln beschwert in der Laguna di Marano! So wartete ich auf Rodolfos Eintreffen. Er kam vom rückwärtigen Parallelkanal, ich sah ihn im Abenddunst „heranschweben", dann hoben wir mit vereinten Kräften das Boot über die kleine Erdzunge des Dammes in die große Wasserfläche der valle herüber und holten die beiden gefallenen Enten. Der dünne Mond leuchtete, die Nebelschwaden flossen dahin, leise plätscherten die Ruder, die Zigarette in Rodolfos Gesicht glühte nach jedem Zug auf, der Kanal schien in die Endlosigkeit der Nacht zu führen – und plötzlich waren wir bei der Hütte angelangt.

Es wird gewiß keine historische Übertreibung sein, wenn nun hier behauptet wird, daß meine beim Abstreifen der Hüftstiefeln zum Vorschein gekommene Lederhose mit den grünen Stutzen eine Premiere für die Laguna Rodolfos war. Sie wurde auch dementsprechend bewundert, von ihm, von der „siora" und von Schwager Dino, dessen Fähigkeiten als Koch kaum zu übertreffen waren. Denn so wie in einer Almjagdhütte wird in der „valle" die Hauswirtschaft von den Männern besorgt, hier kocht keine Frau, nicht einmal den Kaffee. Dino, der zwei Jahrzehnte mit Hochseefrachtern in allen Erdteilen als Mechaniker herumgeschippert war, entwickelte während dieser Zeit eine beachtliche Kochkunst, die ihn an diesem Abend zu einem Prestige-Kulminationspunkt trieb. Dementsprechend war auch die Speisenfolge des Abends. Als Vorspeise kamen Austern „natur" mit Zitrone – „von denen könnt Ihr ‚sior' ohne Bedenken essen soviel Ihr nur wollt, die sind gesund und werden bis nach Paris exportiert. Dann gab es gekochte kleine Muscheln mit einem herrlichen Saft zum Weißbrot und zum herben Rotwein der „collio". Das darauffolgende Risotto war mehr als eine winterliche Reise wert, und der volle Weißwein, der „pinot grigio", erinnerte mich unwiderstehlich an jenen meines unvergeßlichen heimatlichen Badacsonyerberges, wo die nach dem grauen Mönch benannte Auvergne-Traube wächst. Dann kamen noch Obst, Käse und Kaffee und selbstverständlich immer wieder ein Gläschen Wein und zuletzt noch ein Grappa.

Daß ich nach diesem üppigen Mahl sehr gut geschlafen hätte, wäre eine unwahre Behauptung. Noch dazu schien mir der Mond durch den dünnen Vorhang direkt ins Gesicht. Ich drehte mich im Bett nach rechts, nach links, und bald schon läutete der Wecker. „Aufstehen, vier Uhr!" Ich schlüpfte in die Kleider und trank den teuflisch starken Espresso aus. Es war noch stockdunkel, als wir die Lockenten, Gewehre, Patronen, Proviant und Mäntel zum Boot brachten. Dann begann die Ruderfahrt in der nächtlichen Laguna.

Die Gradeser Fischer haben eine eigentümlich-altmodische Art beim Rudern. Sie verwenden zwei ungleich lange Ruder, die in ziemlich hohen Holzgabeln stecken. Gerudert wird stehend, in die Fahrtrichtung blickend. Rodolfo beherrscht meisterlich diese an sich schon schwierige Fortbewegung des Bootes mit den vor der Brust zusammenkreuzenden Rudergriffen. So wie der Gondoliere in Venedig enge Kanäle durchfahren muß, muß auch der Fischer und Jäger der Laguna sehr sorgfältig rudern und steuern, daher die gleiche Haltung der beiden. Unsere Fortbewegung war so lautlos, daß sie ganz unwahrscheinlich wirkte. Nicht ein einziges Mal plätscherte das Ruderblatt beim Eintauchen, auch nicht, als Rodolfo einigemal bei Untiefen das Ruder zum Staken verwenden mußte. Es war ein eigenartiges Dahingleiten im nächtlichen Dunst, wobei ich keine Ahnung von der Fahrtrichtung hatte. Der Drahthaar meines Führers stand bewegungslos im Bug und schnupperte in die Nacht hinaus, als hätte er irgendwo Enten wahrgenommen. Die milde Nachtluft, der Geruch von Meer und von Schlick, die absolute Stille der Natur gaben dieser spätnächtlichen Kahnfahrt eine ganz eigenartige Stimmung. Feiner Nebel floß entlang der Dämme, die Sterne blinkten müde herunter. Vor unserem Boot öffnete sich jetzt eine große offene Wasserfläche. Rodolfo steuerte ihre Mitte an.

Erst als wir unmittelbar davor angekommen waren, merkte ich, daß sich dort ein winziges Inselchen, kaum zweimal zwei Meter klein, befand. Hier lag meine „botta", mein Stand. Rodolfo stieg aus und hieß mich zu warten. Ich hörte, wie er das eingelaufene Meereswasser aus dem Schacht der „botta" schöpfte. Dann watete ich mit meinen Sachen nach. Ich turnte mich in das viereckige Eichenfaß hinunter, klappte das Sitzbrett waagrecht und verstaute Gewehr, Patronen und Proviant. Rodolfo legte inzwischen die hölzernen Lockenten aus, selbstfabrizierte und liebevoll bemalte Attrappen, die nun rund um meinen Stand die Dunkelheit belebten. Ein geflüsterter Gruß noch, dann verschwanden die barca und ihre Ruderer in Dunst und Dunkel.

So, da war ich also allein in der nächtlichen Laguna in einer „botta". Ich richtete mich und meine Siebensachen für ein längeres Verweilen. Mein Stand, der niedrigste in meinem bisherigen Leben, da meine Augen in etwa dreißig Zentimeter Seehöhe lagen, war nicht eben bequem und auch nicht trocken. Es war meine erste Begegnung mit dieser historischen Art des Entenjagens an der nordadriatischen Flachküste. Seit Jahrhunderten, seit der Einführung brauchbarer Flinten, wird hier nach dem gleichen Prinzip gejagt.

Es gibt eine Reihe von Kupferstichen, die die Entenjagd der Venezianer zur Zeit der Dogen schildern. Der Schütze sitzt stets in seinem Eichenfaß, eben in der „botta", und lauert von dort auf die Enten. Sind gleichzeitig viele „posto" mit Schützen besetzt, so fährt ein Boot die Laguna entlang und versucht die Enten hochzubringen. Diese streichen dann, von den Lockenten verleitet, zu den Ständen hin, der Rest spielt sich wie in heimischen Gefilden ab. An diesem Morgen waren wir nur zwei

Schützen in der „valle“, so entsprach unsere Erwartung einem normalen Morgenstrich.

Ich machte es mir in meiner „botta“ bequem, soweit dies ging. Ich war ziemlich gut getarnt und konnte auch in alle Richtungen schießen. Allmählich dämmerte es. Rund um mich lag die große seichte Wasserfläche, die gut überschaubar war, doch in der Länge verlor sie sich noch im Morgennebel. Mit bloßem Auge konnte ich in der Ferne einen Flug Gänse sehen. Vor dem Schilf des Ufers schaukelte eine Anzahl dunkler Punkte auf dem Wasser, die sich dann im Blickfeld meines Glases als Enten entpuppten. Ein leiser Morgenwind ging, und vom offenen Meer her rauschte die Brandung gegen den Strand. Das Möwengeschrei verstärkte sich, Brachvogel und Regenpfeifer meldeten, gazza, die Elster, strich zum Weidenbaum, und vor dem roten Sonnenball ruderten mit langsamen Schwingen zwei Reiher durch. Nun hörte ich das erste Entengeschnatter, ich zog den Kopf ein und horchte. Zu hoch, zu weit. Ich steckte den Kopf wieder über die Bretterkante und beobachtete die im zarten Wind kräuselnde Wasseroberfläche, die kaum unter Augenhöhe lag, bis ich dann nach einer Zeit das Gefühl hatte, mit den Wellchen mitzureisen. Ich ertappte mich, daß es mir schwindlig wurde. Das war dann auch meine Ausrede, als ich die streichende Ente kurz danach glatt fehlte. Der nächste Schuß ging schon besser, der Erpel kam in ziemlicher Höhe und klatschte leblos herunter. Nun folgte eine längere Pause, in der nur die Möwen und das ferne Grollen der Brandung zu hören waren. Unentwegt sprangen auch Fische hoch, diese „valle“ war der reichste Fischgrund, den ich am Meer erlebt habe.

Der Morgen war viel zu schön, warm und windstill. Die Enten kamen viel zu hoch, sie hatten eine erstklassige Sicht. Eine holte ich geflügelt herunter, sie verschwand im hohen Riedgras des Ufers. Die Stunden vergingen. Doch selbst, wenn ich keine einzige Ente gesehen hätte, wäre mir dieser Morgen unvergeßlich geblieben, so prachtvoll war die Natur rundum.

Ich nahm die Thermosflasche mit dem Kaffee und aß mein Frühstücksbrot: In diesem Moment kam eine Ente von hinten, in ziemlich niedrigem Flug, der Schuß wäre kinderleicht gewesen, hätte ich nur die Flinte anstelle von Brot und Käse in der Hand gehabt.

Es war so friedlich um mich herum, daß man sich kaum vorstellen konnte, daß hier manchmal Stürme und Flut vorkommen. Mein Gastgeber erzählte mir, daß die Lagunen gegen vieles, aber nicht gegen die

Überflutung Schutz bieten. Wenn stürmische Winterwinde das Wasser der nördlichen Adria aufstauen und gegen die seichten Lagunen treiben, dann laufen die „valle", Kanäle und Inseln unter Wasser. Nur die Dächer der Hütten ragen dann aus der kalten, salzigen Wasserwüste heraus. Die unregelmäßig wiederkehrenden Sturmfluten sind auch der Grund, warum es kaum Bäume und Gärten auf den Dämmen und Inseln gibt. Die Sonne schien jetzt schon warm herunter, ich sah außer Schußweite zwei Bekassinen streichen und einen Reiher bewegungslos im seichten Wasser stehen. Gegen neun Uhr gelang es mir noch, eine Ente herunterzuholen, dann sah ich keine „anitre" mehr. Immer mehr übermannte mich die Schläfrigkeit. Am späten Vormittag holte mich das Boot erst ab. Ich war schon froh, meine etwas unbequeme „botta" verlassen zu können. Wir sammelten die magere Strecke ein und fuhren zur Hütte zurück.

Dino war schon voll damit beschäftigt, ein üppiges Mittagsmahl zu bereiten. Auf offenem Holzkohlenfeuer grillte er herrliche „branzino" und „volpino", die er aus dem Kalter des Kanals holte. Als Vorspeise wurden Aale zubereitet. Die zarte Polenta mundete herrlich zum Fisch. Immer wieder ergriff mich die einfache, doch würdige Art meines Gastgebers, wie er Speise und Trank anbot.

Es war später Nachmittag, als uns die „barca" wieder nach Grado zurückbrachte. Der Himmel und das Meer hatten wunderbare, zarte Pastellfarben, auf den Bänken stocherten allerhand Vögel, und Möwen umkreisten unser Boot. Rodolfo zündete sich eine neue Zigarette an und zeigte auf die fernen Berge hin. „Domani, morgen, da kommt Nordwind, die Bora", sagte er und fuhr langsam in den nach Fischen und nach Tang duftenden alten Hafen hinter dem Torpedomolo hinein.

Zwischen Nacht und Tag

Auerhahnbalz im steirischen Gebirge

Auf den Urhahn zu jagen, kann das schwerste oder auch das leichteste jagdliche Unternehmen sein, je nach Ablauf, jagdlichem Glück, korrekt Weidmannsheil genannt, oder je nach Revier, Wetter, Führung oder Fügung. Erlebt habe ich die Hahnjagd in der Balz in den verschiedensten und herrlichsten Formen. Hätte ich diese aber nicht alle erlebt, so müßte ich heute entweder sagen, die Hahnbalz sei ein streckenloses Vergnügen und nur ein Naturerlebnis; oder aber, daß den Urhahn zu erlegen, leicht wie Kinderspiel wäre! Ich hätte bei beiden Behauptungen recht, weil es so viele Möglichkeiten und auch Unmöglichkeiten der Auerhahnjagd gibt. Weil ein Auerhahn eben kein Fasan ist. Weil die Hahnjagd so unendlich viele Überraschungen für den Jäger bereithält. Weil der Auerhahn ein Erlebnis bietet, wie kaum ein anderes Wild unserer Länder. Und weil es mit der Jagd auf ihn allmählich zu Ende geht.

Seit meiner Kindheit träumte ich davon, einen, nur einen einzigen Großen Hahn zu erlegen. Mein Wunsch ging in Erfüllung. Ich glaube nicht, daß ich die selbstauferlegte Enthaltsamkeit in der Zukunft aufgeben werde. Viele Jahre der zeitlichen Distanz, ein Verblassen der erlebten Stimmung und noch manches andere müßten kommen, um mich dazu zu bewegen.

Den einen Schuß, mit dem ich meinen Hahn streckte, werde ich nie bereuen. Für diesen einzigen Urhahn will ich mein Leben lang dankbar sein. Durch ihn wurde mein Heimatrecht in der Bergjagd nicht nur gefühlsmäßig, sondern auch greifbar besiegelt. Das genügt mir. Was blieb, ist eine Sammlung von unvergeßlichen Erinnerungen und ein in Balzstellung präparierter Hahn in meinem Jagdhaus. Es dauerte zwei Jahre, bis ich meinen Hahn hatte. Wie fast jedes von mir erlegte Wild, verlangte auch mein Hahn eine Unmenge Geduld. Das Schicksal, mein Weidmannsheil, zögerte eben.

Man kommt auch immer mehr zur Einsicht, daß ein einziger Auerhahn als Strecke für ein ganzes Jägerleben reichen kann, ja, reichen muß! Weil es mit der Hahnjagd allmählich „vorbei" ist, weil es immerhin noch Tausende von Jägern gibt, die nie einen Hahn erlegt haben und auch nie mehr einen erlegen werden können! Weil der Große Hahn zu einer Rarität der mitteleuropäischen Wildbahnen geworden ist, zu einem fast mythischen Recken, dessen Zukunft für die Jäger und Naturschützer nur noch Aufgaben und nicht jagdliche Streckenerfolge bereithält.

Zwischen sterbendem Winter und aufkommendem Frühling, zwischen Nacht und Tag, wiederholt sich alljährlich ein ergreifendes Wunder: Im Bergwald balzt der Urhahn. Aus der Tiefe der Erdengeschichte, aus der Ferne der ersten Schöpfungstage ertönt sein Lied mit den in ihrer Schlichtheit wundervoll steigenden Strophen, eine geflüsterte Liebeserklärung an das Leben, an die Berge und an die Wälder. Bei steigendem oder sinkendem Licht, halb in der Nacht, zwischen dunklen Fichten und weißen Schneeflächen, in den Zweigen hellgrüner Lärchen meldet das sehnsuchtsbeladene Geschöpf. Vielleicht ist seine Art insgeheim schon zum Tode verurteilt; das Einzelwesen weiß aber nichts davon und singt die einfachen Strophen voller Lebensfreude und Liebeswillen.

Es gibt jetzt kein zwanzigstes Jahrhundert im Wald, nur Frühling und Sehnsucht. Der Große Hahn balzt. Er kennt kein überschwenglich buntes Lied, keine Arie der raschen Einfälle, nur einige leise perlenden Laute, stets wiederkehrende Strophen, Kompositionen höchster Schlichtheit. Morgenschimmer, verblassender Sternenhimmel, dunkel in die Dämmerung ragende Nadelzweige, Rauschen von Wasser und Wind, seufzend kühles Einatmen, dazu das Lied aus der unsichtbaren Tiefe des Frühlingswaldes, jagende Herzschläge: Der Urhahn balzt. Das ist die Abstraktion des Lebens, der Liebe und der Jahreszeit, reduziert auf ureinfache, wiederkehrende Strophen.

Stimmen, Stimmungen und Bilder von eigenartigem Reiz, in keiner Jahreszeit so wie im Frühling erlebt, selbstvergessene Sinneskraft, dionysische Ekstase in den scharfen Konturen des Föhnfrühlings gezeichnet, ein schwebendes, träumerisch verdämmerndes Lied; in nur wenigen Farben entsteht ein Bild höchster Vollendung, die überschäumende Freude am geliebten Leben: Der Urhahn balzt. Wie viele, besser gesagt wie wenige von uns erleben, erlebten noch dieses Naturwunder?

Zwischen Winter und Frühling, zwischen Nacht und Tag spielt sich alljährlich ein Schauspiel ab, ergreifend in der Einsamkeit der Szene, fast anachronistisch durch die Lebensgewohnheiten des Akteurs inmitten der Aufschließung des Bergwaldes zur Wirtschaftslandschaft. Würde er eine Vergangenheit verkörpern, die nicht mehr zurückzuholen ist, so könnte mancher ihn belächeln, so könnten andere mit einem Achselzucken über das Schicksal seiner Art zur Tagesordnung übergehen. Doch was wäre der Bergwald ohne den großen, dunklen Vogel, der im Licht der sinkenden oder erwachenden Sonne den Frühling begrüßt? Was wäre die Bergjagd ohne die brennende, tiefe Sehnsucht des Jägers nach dem geheimnisvollen Sänger?

Neue Ansichten und Absichten der Nutzung durchdringen den Bergwald. Im Tal dehnen sich die bebauten Flächen immer mehr aus; sie stoßen Tag für Tag tiefer in die Abgeschlossenheit der Gebirgswelt vor. Aus der Naturlandschaft entsteht schrittweise die Kulturlandschaft, und dennoch balzt der Urhahn – jetzt noch.

Mein herzbester Freund, Pate beim Sohn, Beistand der ersten niedergeschriebenen Erlebnisse, Hüter und Wahrer der Weidgerechtigkeit, sinnierender Dichter unserer wunderbaren jagdlichen Welt, fragte mich einmal, ob ich einen Großen Hahn erlegen möchte. In einer in der Nähe seines Reviers liegenden Jagd wäre ein Hahn frei, lautete die Nachricht, ich könnte sofort kommen.

„Tagwache! Aufstehen!“ – eine völlig fremde Stimme brummte in meinem Zimmer. Eine rätselhafte Figur macht Licht; es dauerte einige Minuten, bis ich die in der langen Unterhose umhergeisternde Gestalt als den Oberförster Bacher und den eigenen Standort als das Bett im Gästezimmer des Forsthauses der Malteser auf der Hebalm identifizierte.

„Zwei Uhr vorbei, wir müssen uns beeilen“, brummte die verrauchte Stimme. Der wuchtige Mann polterte im Zimmer umher. Nicht um die Welt, ich bin doch erst vor einigen Minuten eingeschlafen! – haderte der eigene schläfrige Geist. Es gibt wahrlich keinen Berufsjäger auf dieser Erde, für den man früh genug aufstehen könnte. Eben wollte ich mich wieder zur Wand drehen und die Augen schließen, da fiel mir der Hahn ein – und schon war ich draußen aus dem Bett. Ich richtete mich zur ersten Pirsch auf den Großen Hahn. Das Zimmer war ungeheizt, ich fröstelte vor dem Waschtisch. Gähnend schlüpfte ich in die Kleider, suchte lange nach dem rechten Wollstutzen. Das Gesicht bekam ein kaltes, der Magen in der Küche ein heißes Wasser, mit Teeblättern, Zucker und etwas Obstbrand angereichert. Dann verteilte ich vier Patronen auf verschiedene Rocktaschen, hängte die Flinte um und schwenkte den Loden darüber.

„Gemma!" Die Dachsbracke begleitete uns bis zur Gartentür, dann traten wir aus dem Lichtkegel der Lampe hinaus in die Nacht. Die Sterne blinkten zwischen den dunklen Spitzen des Nadelwaldes. Von Süden wehte ein warmer, milder Nachtwind, der „Jauk". Kleine Geräusche begleiteten uns, unsichtbare Frühlingsregungen und rinnende Schneeschmelze. Wir gingen bergauf. Einige Baumstämme knisterten im Wind. Überall murmelte Wasser, das machte es schwierig, den Hahn zu verhören. Die Lärchen trieben schon grün, doch schattseitig lag noch überall hoher Schnee.

Der Tag ruhte noch in der Ferne hinter den Bergen, als wir den bereits am Vorabend erkundeten Balzplatz erreichten. Die letzten Schritte dämpfte ein weicher Nadel- und Moosteppich. Den Loden legte ich auf einen Baumstock, ließ mich darauf nieder, lehnte die Flinte an das Knie und steckte die Hände in die Rocktasche. Der Förster rauchte neben mir eine gräßliche „Austria 3".

Das erste Dämmerlicht kam. Aus der Tiefe der Nacht stieg ein Grau am Osthimmel auf, dann folgte ein helles Glühen, später liefen Lichtstrahlen über den Himmel. Die milde Morgenluft war prickelnd. Bis zum Sonnenaufgang blieb der Hochwald eine dunkle Wand. Die Bäume bildeten nur Silhouetten, zweidimensionale Erscheinungen ohne Tiefe, sie wirkten wie Kulissen aus Pappmaché. Mit wachsender Helligkeit erwachten dann die bisher verborgen gebliebenen Farben meiner Umwelt, und aus der Baumkulisse entstand allmählich das bekannte Bild des Waldes. Rötlich leuchteten die Stämme im ersten Morgenlicht auf, einige Zapfen strahlten wie Kerzen. Der Boden war naß und weich, im Westen erlosch der letzte Stern. Es lag etwas unendlich Traumhaftes in dieser ersten Stunde des Tages.

Wir beide konzentrierten uns besonders auf die Laute dieses Morgens. Mit geschlossenen Augen hört man besser, man riecht, atmet und spürt das Land ganz anders als mit offenen. Auch mein Begleiter saß regungslos wie eine Statue, nur zeitweise drehte er den Kopf in eine andere Richtung, um besser horchen zu können. Von Minute zu Minute wurde es im Wald lebhafter, kleine Sänger zwitscherten, der Kuckuck rief den Morgen aus, und ringsum tröpfelte, plätscherte und gluckste das Schmelzwasser.

Meine Kehle war ganz ausgetrocknet. Manchmal mußte ich schlucken, und selbst dieser kleine Laut störte mich jetzt. Alles in mir war nur ein

Kogel, bis zum südlichen Burgenland, bis in die Windischen Büheln hinunter.

Zur Abendpirsch war ich dann wieder im Revier auf der Hebalm. Wir verhörten die Hahnen ohne viel Erfolg. Morgens waren wir, der Förster und ich, wieder draußen, wir warteten und spitzten die Ohren. Mein Begleiter saß im Dunkeln neben mir, die Spielhahnfeder an seinem Hut bildete einen komischen Kontrast zu der unter der Hutkrempe herausragenden kräftigen Hakennase; eine Komposition von konvexen und konkaven Linien: Nase, Hutkrempe und Hahnsichel. Er schien sogar mit dem wohlentwickelten Riechorgan zu lauschen, wobei sich die mir wohlbekannten Gesichtszüge im Dunkel völlig veränderten.

Langsam kam der Morgen über dem Hochwald herauf. Das erste pastellzarte Licht erschien am Himmel. In diesem schwebenden Augenblick zwischen Nacht und Tag ertönte leise, im Abstand mehrerer dröhnender Menschenherzschläge aneinandergereiht, die knappe Ouvertüre. Der Hahn glöckelte. Bedächtig tropften die ersten Töne des Balzliedes. Dann gab es wieder Stille. Erstarrt und verzaubert empfing ich die Zeichen.

Stille.

Der Wind spielte leise im Nadelwald. Jetzt meldete der Hahn wieder, das Knappen wurde immer schneller, deutlich hörte ich den Hauptschlag. In immer rascherer Folge ertönten die Balzstrophen. Schon glaubte ich, meines Hahnes in den nächsten Minuten habhaft zu werden. Doch es kam anders. Der Hahn ritt ab, bevor ich ihn anspringen hätte können. Verhext! Und auch die nächsten Tage ging es mir bei der Hahnjagd nicht besser. Ich erlebte die Balz in ihren schönsten Formen, doch zu Schuß war ich nicht gekommen. Ich hatte dabei Zeit genug. Vom Namenstag des Hl. Georg an bis Ende Mai ging ich meinem Hahn auf der Hebalm nach. Ich lebte schon mehr im Revier als daheim. Nichts half. Die Hahnbalz erlebte ich zwar intensiver als jemals gedacht, doch nicht ein einziges Mal konnte ich meine Flinte auf den dunklen Recken richten. Es kam einfach nicht dazu.

Einen Großen Hahn zu erlegen, ist die schwerste Geduldsprobe der gesamten jagdlichen Breite, war mein abschließendes Resümee über den vergangenen Frühling. Es stiegen in mir auch starke Zweifel an den Berichten anderer auf, die erzählt oder geschrieben, wie sie nach ein, zwei Pirschgängen ihren Hahn angesprungen und erbeutet hatten. Leute, die einen Großen Hahn erlegten, gehörten in meinen Augen nunmehr zu besonders begünstigten und glückvollen Jägern. Daß ich nie einer von ihnen war, das wußte ich schon lange vorher. Bei mir dauerte jeder jagdliche Erfolg stets eine Ewigkeit; nicht nur beim Auerhahn. Mit Bewunderung gedachte ich meines mütterlichen Großvaters, der dem preußischen Schlesien entstammte, in meinem Geburtsland Ungarn sein Leben verbrachte und von dort aus jagdliche Reisen – stets mit Erfolg! – auf den Großen Hahn unternahm. Die von ihm erlegten Hahnen standen in Balzstellung präpariert in der Diele des großelterlichen Hauses in meiner unvergessenen Heimatstadt. Als kleiner Bursche bewunderte ich sie und beneidete meinen glücklichen Großvater jedesmal, wenn ich bei den alten Herrschaften zum Mittagessen war! Würde ich jemals zu einer solchen Trophäe kommen? Es schien, als hätte die Zeit für mich keinen Großen Hahn mehr übrig gehabt!

Ein Jahr verging nach dem Hebalm-Frühling. Oft dachte ich daran, ob ich wohl nochmals Gelegenheit zur Jagd auf den Großen Hahn erhalten würde. Meine Chancen beurteilte ich recht pessimistisch. Es kam aber anders. Kaum, daß es wieder Frühling war, sprach mich ein alter Freund und Weidkamerad an. Er bot mir die Vermittlung zu einer Jagd in der Gegend von Mariazell an. Ich nahm mit Freude an. Von einem raschen Jagderfolg wagte ich nicht einmal zu träumen. Meine Frau begleitete mich, und wir nahmen auch unsere beiden kleineren Kinder mit unter dem Motto, daß es hier viel Zeit für Wandern und Besichtigen geben würde.

Wir kamen spätabends im Hotel an. Dort erwartete mich bereits die Nachricht, daß der Aufsichtsjäger des Reviers mich morgens um drei Uhr abholen würde.

Es gelang mir dann in der Früh, so lautlos hinauszuschleichen, daß meine Frau gar nicht geweckt wurde. Der mich erwartende Jäger war ein sympathischer, jüngerer Mann; wir waren bald draußen im Revier. „Gestern auf d' Nacht hab' i an Hahn verhört, den kriagn ma heut!" meinte der Jäger voller Überzeugung. Ich aber dachte meinen Teil.

Es dämmerte leise, als wir den ersten Glöckler wahrgenommen haben. Nun folgten immer rascher die Balztöne. Wir sprangen los. Es war ein großartiger Anblick, als ich den Hahn entdeckte. Er stand in einer hellgrünen Lärche. Das aufsteigende Morgenlicht schimmerte durch den dünnen Vorhang der weichen Nadeln und vergrößerte noch den Körper des dunklen, wuchtigen Urvogels. Ich deutete meinem Begleiter an, daß ich den Hahn allein anspringen wolle. Er hob wortlos den Hut. Beim nächsten Schleifen sprang ich los. Knappen: Atemloses Stehen, erstarrtes Warten mit suchendem Blick. Hauptschlag: Anspannen des Körpers. Schleifen: zwei, drei rasche Schritte. Dann wiederholte sich das Spiel mit der strengen jagdlichen Choreographie im Rhythmus des Balzliedes, zehnmal, zwanzigmal, wer zählt die Strophen und Schritte, wenn er den Hahn vor sich hat, wenn er, wie von einer Urgewalt angezogen, in die Richtung der Balztöne strebt?

Wieder gab es eine Pause.

Ist der Hahn vielleicht mißtrauisch geworden? Spürte er die heranschleichende Gefahr? Hat er mich am Ende eräugt? Ich versteckte mein Gesicht hinter einem Baumstamm, damit es nicht zum Hahn hinaufleuchtete. Mein Atem fuhr dabei schwer in Rinde und Moos, ich roch Waldluft und Harzduft. Die nächste Strophe erlöste mich; nach dem Hauptschlag glitt ich weiter.

Jetzt sang der Hahn wieder, der Zweig erzitterte unter ihm wie von Leidenschaft berührt. Und wieder kam ich näher an ihn heran. Ich traute mich nicht, den großen Vogel mit sehnsuchtsvollen Augen anzustarren. Jetzt kam wieder das Schleifen, abermals kam ich näher. Nun mußte ich zu ihm hinaufblicken, zu dem dunkelgrünen Schild. Der Hahn stand tiefdunkel im Geäst, zeigte seine ganze Breite. Der helle Schnabel öffnete sich weit im Jubel des Liedes, die gesträubten Kehlbartfedern bewegten sich wie die grünen Lärchentriebe.

Beim nächsten Hauptschlag hob ich langsam die Flinte. Das letzte Schleifen ging im Schuß unter.

Schwer stürzte der Hahn durch die Äste zu Boden, im Fallen streifte er die Nadeln und schlug dann weich in der kleinen Schneemulde auf. Einige Male zuckte er noch, nachfallende Federn segelten lautlos herunter und legten sich zu ihm. Dann war es still, nur das Schmelzwasser murmelte und der Morgenwind betete leise.

Ich stand neben meinem erlegten Hahn. Ich spürte, daß ich vor einigen Sekunden aus der Unendlichkeit der Welt ein Stück herausgerissen hatte, dessen Gewicht meine Seele eben noch ertragen konnte. Ich spürte hier in der knisternden Windbrandung, daß ich den Frühling und den Hahn als ein einziges Wunder in mein Leben eingeschlossen hatte. Andacht, leidenschaftliche Freude der Erfüllung, Dankbarkeit und Mitleid hielten mich fest, hefteten meinen Blick abwechselnd auf Hahn und Himmel.

Selten nur „Sau" gehabt

Erlebnisse mit burgenländischem Schwarzwild

Der eintönige Froschgesang des Abends hat nicht enden wollen. Es war ein schwüler Sommernachmittag, im Wald trieben die Parasolpilze – tausend kleinen Regenschirmen gleich – aus dem Boden, es roch nach Blätterfäulnis. Gegen Abend verstärkte sich das Fröschequaken zu einer alles überdeckenden Melodie. Der Hochsitz stand in der Nähe einer Suhle im Kreuzungspunkt zweier Alleen, wie in flachländischen Waldrevieren meist üblich. Wie gerne das Schwarzwild die Suhle vor uns besuchte, verrieten die bis Schulterhöhe mit Schlamm beschmierten, verkrusteten Baumstämme, an denen das Wild gerieben hatte.

Ich saß also wieder einmal auf Schwarzwild an; dazu noch in einem Revier, zu dem ich ganz besondere persönliche Bindungen habe. In diesem Wald, in diesem stillen flachländischen Grenzforst der Eichen, Föhren und Weißbuchen, in diesem feuchten Mückenparadies der hochsommerlichen Jahreszeit, habe ich meinen ersten österreichischen Rehbock, ja, meinen ersten Bock überhaupt, erlegt. Und auch den zweiten und den dritten. Eine tiefere seelische Bindung kann es für einen Jäger kaum noch geben. Und aus noch einem andern Grund ist mir das Bildeiner Revier so ans Herz gewachsen: Es liegt zum Greifen nahe bei jenem Ort hinter der Grenze, in dem ich das Licht der Welt erblickt habe. Bloß fünfzehn Kilometer trennen mich hier von meinem Geburtsort, und sobald ich dieses Revier betrete, meine ich heimzukehren.

Es liegt auch wahrlich eine eigenartige, melancholische Stimmung in den Revieren dieser Gegend, des südlichen Burgenlandes. Flachländische Wälder wirken immer größer und auch geheimnisvoller als ihre Artsverwandten im Gebirge. Man taucht in ihnen seelisch und auch optisch ein, man hat keinen Ausblick von irgendeiner Leite oder Lehne auf die gegenüberliegende Seite, man wird hier schneller als anderswo von der Eigenart der Landschaft gefangen, man ist auf die oft kleinste Entfernung optisch allein.

Der Froschgesang wurde plötzlich durch herannahendes Wild unterbrochen. Halblinks hinter der Kanzel vernahm ich ein ganz eigenartiges raschelndes Brechen: Tritte, die sich ungleich und zögernd anhörten, dann eine schleppende Bewegung. Plötzlich herrschte Stille, doch einige Sekunden später war wieder dieses eigenartige Geräusch da. Es waren Sekunden voll Spannung, bis ich das Stück Schwarzwild erblickte. Und wie es im Halbdunkel des Abends über die Allee zog, wußte ich, warum seine Schritte so eigenartig klangen. Es schonte den Hinterlauf, es trug ihn verrenkt hochgezogen und machte daraus hinkende, schleppende, vom Rhythmus eines Vierbeiners abweichende Bewegungen. All das aber war eher Ahnung als Beobachtung, denn der Abend war vorgeschritten und die Sicht nur noch schemenhaft. Ich hoffte nur, daß das Wild aus dem Dickicht zur Suhle käme, in die Querschneise, die vor der Kanzel lag. Es war ungemein spannend: Halblinks vor mir, auf keine bedeutende Entfernung, stand im undurchsichtigen Dickicht des Jungwuchses ein starkes Stück Schwarzwild. Ich hörte es gelegentlich brechen. Kommt es noch vor dem letzten Dämmerlicht zur Suhle, das war die entscheidende Frage.

Während ich innerlich um jede Minute Schußlicht betete, trat das Wild zur Suhle. Es verhoffte unter dem Schatten einer alten Randeiche. Wie es so dunkel und bewegungslos dastand, vom Baumstamm kaum mit den Umrissen abstechend, in die Dämmerung hineinhorchend, verschmolz die kräftige Figur des Keilers mit seiner Umwelt. Hier stand das Wild in seinem ureigensten Lebensraum, in diesem feuchten Eichenwald, in seiner Hochburg, in den die Natur gewiß schon seit Jahrhunderten Schwarzwild zum Wechseln schickte. Langsam visierte ich den Keiler an, der rechte Daumen schob die Sicherung vor. Dieses winzige Geräusch genügte, um das Wild einige hastige Schritte voreilen zu lassen. Jetzt verhoffte der Keiler neuerlich. Ich konnte noch die obere und die untere Kante des Wildkörpers im Zielfernrohr wahrnehmen, hielt auf das untere Drittel der Kammer, stach ein und berührte den Abzug.

Schußknall, Feuerstrahl, Blendung, flüchtiges Wegbrechen des Wildes. Es flüchtete in Halbkreis um die Kanzel, raschelte im Laub und verschwand mit einer Behendigkeit, als hätte es nicht nur drei, sondern gar sechs gesunde, stämmige, schwarzbehaarte Läufe gehabt! Dann verhallten die Laute im weichen Boden einer Fichtenschonung.

Der Abend war sternenklar. Wir holten den Kurzhaar, legten ihn am Anschuß zur Fährte. Vorerst zeigte er wenig Interesse, doch dann, nach etwa hundert Gängen, zog der Hund am langen Riemen plötzlich kräftig an. Ich lud durch. Doch das war nur noch eine Routinesache. Im Schein der Stablampe lag ein dunkler Klumpen von beachtlichem Ausmaß auf dem Boden. Und jetzt rupfte schon der Hund den verendeten Keiler kräftig und knurrte wild dazu.

Nach der Totenwacht untersuchten wir das erlegte Wild. Es hatte einen verheilten Laufschuß, der es zum Invaliden machte. Seine Waffen konnten sich sehen lassen, sie liegen knapp unter 18 cm Länge! Das Gewicht betrug aufgebrochen einen Tag später 104 kg. Danach wurde ich mit meinem „Schwein" fotografiert. Nicht in Siegerpose und auch nicht mit der Büchse. Letzthin sollte sich auch meine sogenannte späte Nachkommenschaft beim Anblick des „Stammvaters" mit dem erlegten Keiler ihre Gedanken darüber machen dürfen, auf welche Art dieses urige Wild vom „Held des Tages" erbeutet wurde!

So schön – und sagen wir ehrlich auch einfach – verlief keine meiner bisherigen Begegnungen mit dem Schwarzwild. Reich an Enttäuschungen und auch an Fehlschüssen, gab es bis zu meinem bisher einzigen „Paradekeiler" eine Serie von Schwarzwilderlebnissen. Selbst im Bildeiner Revier, wo ich den Kräftigen streckte, schoß ich einige Zeit davor zwei Sauen daneben, daß der Schnee nur so stob! Der Weg zum Erfolg war dornenreich, die Hiebe meiner Freunde auf meinen Hosenboden bedeuteten dagegen eine Erlösung, als der Keiler endlich dagelegen war.

Auf Schwarzwild eingeladen war ich auch vorher oft genug. Als burgenländischer Jäger streife ich seit Jahrzehnten in Revieren umher, wo es Schwarzwild als Standwild gibt. Es war eine Pechserie ohnegleichen, die aus meinen Begegnungen mit diesem kräftigen Wild entstand! Es wollte und wollte nicht sein, daß ich einen guten Keiler erlege!

Der spätherbstliche Laubwald war still, er duftete nach Fallaub, nach Feuchtigkeit und Baumrinde. Zusammen mit nur einigen Schützen war ich zu einem kleinen Riegler auf Hochwild eingeladen, wobei der den Riegler lancierende Heger auch Schwarzwild in Aussicht gestellt hatte. Meine kleine schwarzrote Spanielhündin Bessy war ebenfalls mit von der Partie. Zurückblickend kann nur festgestellt werden, daß die Anwesenheit meines Hundes bei diesem Riegler recht negative Folgen, vor allem für mein eigenes Weidmannsheil, hatte.

Vor Aufstellen der Schützen übergab ich meinen Hund einem Freund, der mit den paar Treibern, besser gesagt Abwehrern, ging. Dann bezog ich meinen Stand im Kreuzungspunkt zweier Alleen, etwa auf der halben Höhe eines sanften, bewaldeten Hanges. Es war meine erste Begegnung mit diesem ausgedehnten, in vielen seiner Teile fast melancholisch wirkenden, stillen Revier, dessen landschaftliche Schönheit mich sogleich tief beeindruckt hat. Mit durchgeladenem Gewehr stand ich, so gut es ging, am Schneisenrand in Deckung, ohne die Übersicht in die möglichen Schußrichtungen aufzugeben. Längst waren schon die anderen Schützen mit dem sie einweisenden Heger im Waldgrund verschwunden. Ich träumte vor mich hin, horchte und blickte zum Bachgrund hinunter. Es war ein besonders schöner, abschiednehmender Herbsttag, von den Bäumen fielen Blätter, und unentwegt hörte ich das leise Klopfen der zu Boden fallenden Eicheln und kleinen Zweige. Alles rundum war fast unglaublich still – und dann ertönte plötzlich aufgeregtes Rufen, ein Hund gab in den allerhöchsten Tonlagen Hals, bald danach krachten weit unten etliche Schüsse. Und unentwegt jaulte und japste ein kleiner Hund quer durch den tiefen herbstlichen Laubwald. Es war nicht zu verkennen, daß diese durch den Wald klingenden Laute von meinem eigenen Hund kamen. Jetzt krachten wieder zwei Büchsen in kurzer Reihenfolge. Noch aufgeregter als vorher meldete mein Hund. Allmählich verebbte dann der Lärm; doch es kam noch besser.

Etwa eine Viertelstunde später hörte ich leises Brechen. Kam der lancierende Heger oder näherte sich Wild? Die Schritte, besser Tritte, näherten sich so behutsam, daß ich keinen Zweifel mehr hatte, Wild vor mir zu haben. Ich entsicherte. Ein schweres Wesen, Hirsch oder Sau, zog da behutsam den Waldhang hinauf. Erst als es etwa fünfzig Gänge vor mir die Schneise überfiel, sah ich, daß es ein Hirsch war, ein ganz beachtlicher Zehner. Ansprechen und blitzschnelles Schießen waren nie meine starke Seite gewesen. Der Hirsch und ich äugten einander für einige Sekunden an; mir raste das Herz – dann war der Anblick, der Geweihte, mit einer mächtigen Flucht im Dickicht verschwunden. Ich steckte mir eine Zigarette an und sicherte die Büchse. Herrgott, war das ein Anblick! Wäre das eine Gelegenheit gewesen, einen braven Hirsch zu strecken! Wenn ich nur nicht so umständlich beim raschen Kugelschuß wäre! Ich war mehr als niedergeschlagen. Mit ein wenig persönlichem Glück, mit ein bißchen „Tüchtigkeit" hätte ich jetzt einen aufhabenden Hirsch vor mir liegen haben können.

Fast gleichzeitig mit dem lancierenden Heger traf dann mein Spaniel bei mir ein. Der Heger fragte, ob der Hirsch bei mir durchgewechselt sei. „Mei, hätten S' doch geschossen!" Der Spaniel aber, der äugte mich nur anhänglich und schuldbewußt an. Er zitterte am ganzen Körper und legte seinen Kopf an meine Waden, während er unentwegt meinen Blick suchte.

Was vorher geschehen war, war dann beim Zusammentreffen der Teilnehmer des Rieglers schnell zu rekonstruieren. Mein Hund riß sich, eine im Dickicht des Bachgrundes eingeschobene Rotte witternd, noch vor dem eigentlichen Beginn des Jagens aus der Halsung. Die Sauen flitzten in alle Richtungen, es kam zu einer wilden Schießerei, bei der zwei Überläufer gestreckt wurden. Die Rotte aber, samt einigen ganz beachtlichen Stücken, entging dank meines Hundes dem Trieb. Am liebsten wäre ich im laubbedeckten Boden des Waldes versunken, obwohl mir niemand ein tadelndes Wort gab. Daß trotz aller Mißlichkeiten mir dann noch ein aufhabender Hirsch kam, bei dessen Anblick ich mit dem Schuß nicht zusammengekommen war, gab der ganzen Geschichte noch eine weitere, persönlich bittere Note. So ist es halt oft beim Jagen. Nicht immer geschieht alles nach Vorstellung, Wunsch und Organisation. Doch berichten sollte man auch über jene Fälle, bei denen man nicht als glücklicher Schütze, nicht als mit einem schmückenden Bruch ausgezeichneter Jäger im Mittelpunkt stand, weil Jagdgeschichten nicht nur schön, sondern auch ehrlich sein sollten.

Einige Zeit später wurde ich in einem der vielen Reviere der Gegend zu einer winterlichen Treibjagd geladen. Das nicht allzugroße Waldrevier bot einen netten, in der gewohnten Art der Gegend sympathischen Jagdtag. Wir erlegten einige Waldhasen, Füchse und auch Fasane. Im letzten Trieb des Wintertages kam auch eine dreiläufige, verletzte, verstümmelte Rehgeiß vor. Der Jagdleiter bat mich mit einigen Schützen und Treibern, dieses kranke Stück anzuriegeln und zu „erwischen".

Mein Stand war sehr gut am Rückwechsel angesetzt. Ich verhielt mich dementsprechend ruhig. Auch einen Fuchs ließ ich durchgehen, eingedenk der Tatsache, daß wir Schützen ausdrücklich um das Erlegen der kranken Rehgeiß gebeten wurden. Meine Zurückhaltung sollte an diesem Tag einen bescheidenen, doch für mich reichlichen Lohn erfahren.

Die dreiläufige Ricke wurde von einem anderen Schützen gestreckt. Mir aber kam eine Bache mit einigen gut ausgewachsenen Frischlingen. Mit dem für das kranke Reh bereitgehaltenen Flintenlaufgeschoß erlegte ich ein Stück ihres Nachwuchses. Ich war grenzenlos glücklich, auch diese

Tatsache soll hier ausdrücklich vermerkt werden. Es war nur ein „Wuzerl", das vor mir lag, doch immerhin ein Stück Schwarzwild, das mir mehr Freude gemacht hat, als hätte ich an diesem Tag eine Wagenladung voll Hasen geschossen.

Die Jagd auf Schwarzwild bleibt vielleicht deshalb schon die vielfärbigste Art des Weidwerkes auf Schalenwild, weil sie ganzjährig möglich und erlaubt ist – mit Ausnahme führender Bachen – und weil sie sowohl im Trieb wie auch pirschend oder beim Ansitz ausgeübt werden kann.

Eine herrliche, leider allmählich aussterbende Möglichkeit der Schwarzwildjagden sind die kleinen Triebe im Frühjahr, so um die Osterzeit herum. Der noch lichte, vom Vorfrühling verzauberte Wald ist in diesen Wochen durchsichtig und auch ungemein malerisch. Man jagt auf Füchse, Häher, Krähen, und wenn einmal eine Überläuferrotte vor die Gewehrläufe kommt, so gibt es herrliche Spannung. Ganz abgesehen davon, daß man Schnepfen begegnen kan, daß viele Taubenarten noch frei sind. Die für mich recht stupide Einstellung vieler Jäger, wonach „man" im Frühjahr nicht treibt, läßt Kalender und Lebensrhythmus des Wildes außer acht. Gegen Ende März oder Anfang April wird noch kein Mutterwild gestört, gibt es noch keine „Kinderstube" im Wald. Oft liegen noch Schneereste im Baumschatten, und die paar Schüsse, die bei solchen Trieben abgegeben werden, stören das Wild und die ganze Natur gewiß weniger als die blumensuchenden Menschenscharen im Mai, während das meiste Schalenwild setzt!

Wie schön ist es doch, nach den langen Wochen der Schon- und Notzeit wieder einmal eine Waffe in die Hand nehmen zu dürfen! Etliche Male erlebte ich den Zauber solcher Frühlingstriebe im tiefen, vielfältigen Sinne des Wortes. Ich erlegte dabei auch einige Nußhäher, einen Fuchs, doch kein einziges Stück Schwarzwild, obwohl ich oft mehrere Stücke vorbeihuschen und davonflitzen sah.

Ein einziges Mal hätte es sicher „geklappt". Mein Freund und ich setzten für den Ostermontag einen kleinen „Gemischten Frühlingstrieb" an. Durch plötzlich einfallenden Verwandtenbesuch verhindert, konnte ich nur gegen Nachmittag in das Revier kommen. Bis dahin war freilich alles vorbei. „Dein Anteil am Wildpret liegt im Kühlschrank!" – empfing mich mein Freund. Es waren drei Überläufer gefallen, doch leider ohne meine Mitwirkung. Ich würde nicht behaupten, daß ich ganz glücklich gewesen wäre. Dafür schmeckte aber einige Tage später das zarte Wildpret um so mehr. Es gibt kaum etwas Schmackhafteres auf der Welt, als einen in Rotweinbeize gelegten jungen Wildschweinbraten mit Kraut und Knödel.

In unserem damaligen Revier, im alten Moschendorfer „Fürstenwald", gab es fast immer Schwarzwild zu fährten. Die vielen Suhlen, meist Bomben- und Geschoßtrichter aus dem Zweiten Weltkrieg, eingestürzte alte Schützengräben und ähnliche Relikte einer grausamen Zeit, zeigten fast immer frische Fährten. Das Schwarzwild war hier, im weiteren Sinne des Wortes, Standwild, womit freilich nicht behauptet werden soll, daß die von meinem Freund und später auch von mir gepachtete Eigenjagd von kaum mehr als zweihundert Hektar Fläche stets Sauen beherbergt hätte. Es ist bekannt, daß dieses Wild sich jahreszeitlich rottet und verteilt, daß es gerne seinen Stand wechselt und daß sein Lebenskreis groß und abwechslungsreich ist. Nachdem das Revier unmittelbar an der ungarischen Staatsgrenze lag, dessen alter Drahtverhau schon morsch und löchrig war, wechselte das Wild in und aus den Dickichten der Nachbarschaft. Damals wurde noch der unmittelbare Grenzstreifen seitens der Ungarn nicht bejagt, die landwirtschaftliche Kultur dazu noch zugunsten eines wild wachsenden Naturwaldes aufgegeben. Mit Ausnahme patrouillierender Soldaten kam dort nie ein Mensch durch. Somit lag unser damaliges Revier unmittelbar neben einem Dorado für Schwarzwild. Ein Glück, daß unser Revier rein aus Waldflächen bestand und wir somit keine Wildschäden zahlen mußten!

Wenn wir auch im Revier stets Schwarzwild fährteten, waren die Begegnungen mit ihm eher selten. Es ist eine bekannte Tatsache, daß dieses Wild fast nie dieselben Wechsel benützt und bei Abenddämmerung stets anderswo als morgens zur Äsung hinzieht. Die meisten Begegnungen mit ihm sind dem Zufall zu verdanken, besonders in kleinen Revieren, wo man nicht einmal die Möglichkeit hat, einer winterlichen Fährte nachzuhängen, da man bald an der Reviergrenze angelangt ist.

Es war ein herrlicher Maiabend Anfang der siebziger Jahre, erfüllt von Düften und von Vogelgezwitscher. Ich lud meine Frau zu einem Reviergang ein. Nur mit einem Feldstecher bewaffnet – die Büchsflinte ließ ich im Jagdhaus, um die „Friedfertigkeit" meiner Absichten zu betonen –, ging ich vor meiner Frau einen kleinen Pirschsteig entlang. Wir verhielten uns ganz still, auch der Wind stand gut. So näherten wir uns einem Buchenaltbestand.

Kaum dort angelangt, wurde um mich eine Rotte von Überläufern hoch. Als hätten sie gewußt, daß ich unbewaffnet war, zogen sie fast gemütlich davon. Es waren ihrer sieben. Hätte ich ein Gewehr mitgehabt, so hätte ich fast sichere Chancen gehabt, zumindest einen von ihnen zu erlegen! Ich Unglücksrabe aber stand da unbewaffnet inmitten einer Rotte. Meine Frau sagte mir nachher, daß ich ganz fahl im Gesicht war, als ich mich nach dem Verschwinden des Wildes zu ihr zurückgedreht habe.

Meine erfolglosen Begegnungen mit dem Schwarzwild waren leider somit noch lange nicht beendet. Eines heißen Augustabends auf Rehböcke passend, saß ich mit dem Heger auf einer Kanzel in der sogenannten Lichtmastallee des Fürstenwaldes. Es kam uns kein Wild. Es war schon fast stockdunkel, als wir die Umrisse eines Wildkörpers seitlich am gegenüberliegenen Waldrand entdeckten. Der Heger flüsterte mir zu, daß dort ein Rottier stünde. In diesem Jahr hatten wir einen Hirsch, doch kein Kahlwild frei. Das Büchsenlicht stand bereits miserabel schwach, so nahm ich meine Waffe gar nicht hoch. Ich blickte nur angestrengt mit meinem Glas in die Richtung, wo das rätselhafte Wild stand.

Sekunden später flüchtete ein mächtiger Keiler, ein Urwild, über die Schneise. Trotz des gewaltigen Anblickes riß ich, gewiß im Unterbewußtsein handelnd, meine Büchse hoch. Bevor das Wild den diesseitigen Rand der Allee erreichte, brach mein Schuß. Wir hörten noch das davonjagende Brechen des Wildes im dichten Unterwuchs, dann war es still. Und am nächsten Morgen beim Nachfährten hatte ich die Gewißheit, daß ich das Wild unterschossen hatte. Im vom Regen aufgeweichten Lehm konnte aber nicht nur die von meiner Kugel gezogene Furche, sondern auch eine alte Verletzung der Schale des linken Hinterlaufes festgestellt werden. Als einige Wochen später in einem etwa sechs Kilometer entfernten Revier ein starker Keiler mit dem gleichen charakteristischen Trittsiegel erlegt wurde, wurde bestätigt, daß wir das Wild richtig angesprochen, doch ich es „falsch" geschossen habe.

Bei einem kleinen winterlichen Waldtrieb im Pinkatal gab es einige Treiber und nur zwei Schützen, den Jagdherrn und mich. Wir wollten einige Hasen schießen und hofften, auch Rotröcke vor die Flinte zu kriegen. Mein damals zehnjähriger Sohn stand neben mir auf der Schneise. Sicherheitshalber drückte ich ihm zwei Flintenlaufgeschosse in die Hand. Mit dem Blick dem Trieb zugewandt, beobachtete ich das übermannshohe Fichtendickicht der Gegenseite.

Da hörte ich plötzlich polterndes Brechen. Ich riß die Flintenlaufgeschoßpatrone aus der Hand meines Söhnchens, dann jagte ein Stück Schwarzwild über die schmale Schneise. Der Schuß brach, ich hörte deutlich den Kugelschlag – und schon war das nächste Stück im Annähern zu hören. Ich brach die Flinte, schob hastig die nächste, mir gebotene Flintenlaufgeschoßpatrone in den Lauf – und fehlte den flüchtig vorbeiwetzenden zweiten Schwarzkittel.

Etwas später erfuhr ich dann die traurige Wahrheit, daß ich auch das erste Stück gefehlt hatte. Die Kugel saß fein säuberlich in einem Baumstamm und nicht im Wildkörper. Wir gingen den beiden Fährten nach, bis zur einige hundert Schritte vom Schauplatz der traurigen Ereignisse entfernten Staatsgrenze. Es gab nirgends Schweiß, Borsten oder sonstige Schußzeichen. Beide Wildschweine hatte ich gefehlt! Während ich an der Grenze stand, hörte ich das Heranbrummen eines schweren Geländefahrzeuges. Ein patrouillierender Mannschaftswagen der ungarischen Grenzsoldaten kam, wohl durch die Schüsse angelockt, den öden Grenzstreifen heraufgefahren. Er stoppte vor mir auf Körperweite. Ich fragte den jungen Anführer auf ungarisch, ob er nicht Schwarzwild gesichtet hätte und bat ihn, auch in seinem „Revier" Ausschau nach einem vielleicht angeschweißten Wildschwein zu halten. Er ließ daraufhin den Wagen wieder starten, fuhr den Grenzstreifen einmal auf und ab, kam zu mir zurück und berichtete, nirgends eine Wundfährte gesichtet zu haben.

Aus. Vorbei war es mit meinen beiden Schwarzkitteln. Sie sausten gesund und unversehrt irgendwo in der Landschaft umher.

Erst einige Jahre später kam es dann im selben Revier zu meiner „Rehabilitierung" punkto Schwarzwild. Doch dieses Ereignis schilderte ich schon eingangs, um gleich mit der sogenannten „dicken Wurst" zu beginnen.

Ein schöner Damenschmuck

Tiergrandeln aus einem Gebirgsrevier der Ostalpen

Schon von weitem erblickten wir die vom Nachmittagslicht beleuchteten Türme der Basilika von Mariazell: eine gotische und zwei barocke Silhouetten, dahinter die Kulisse der Gebirgslandschaft. Wir näherten uns dem Endpunkt der ältesten Pilgerroute Österreichs, die von der Donau zum Heiligtum der Steiermark führt. Auf einem vorgeschobenen Höhenrücken steht die Kirche. Sie beherrscht die Ortschaft und bildet einen architektonischen Mittelpunkt in der wiesengrünen und waldumrahmten Landschaft des Tales.

In keinem Wallfahrtsort des Landes ist der letzte Nachglanz Altösterreichs noch so gegenwärtig wie hier, in der Kirche der Magna Mater Austriae, der Regina Hungariae, der Patrona der Slawen. In dieser Kirche lebt noch die Erinnerung an die historische Verbundenheit des Donauraumes – ein König von Ungarn ließ die ursprünglich gotische Basilika errichten – und auch an die Vielsprachigkeit der Donauländer. Man meint damit den weiteren Horizont von einst, man meint Rest und Erinnerungen, die selbst im Vergehen noch imposant genug sind und auf die man überall stößt: auf Relikte der europäischen Abenddämmerung vor dem Ersten Weltkrieg. Man meint Stimmung und Melodie, die in der Gegenwart noch als Unterton mitklingen. Es gibt etwas Kostbares, Unersetzliches, dem man eine stille Liebeserklärung schuldet: Reichtum an Kultur und Schönheit.

Wir kamen aus der Wachau; immer wieder neu erlebtes Glück der Kunst, ob Stift, Kirche oder Kapelle! Und man spürt, daß diese Kunst nicht Produkt nervöser Eiferer war, daß sie eine ruhige Überzeugung ausstrahlt, himmelweit entfernt von allem Düsteren. Die Unmittelbarkeit dieses Eindruckes läßt neben dem Glauben auch eine fast religiöse Weltliebe vermuten. – Ein besonders glückliches Zusammentreffen des Kunstgenusses und der jagdlichen Freude bestimmte diesmal unser Reiseprogramm. Unsere Stimmung stand noch ganz im Zeichen der in der Kremser Minoritenkirche erlebten großartigen Kunstausstellung, und dennoch war ich schon wieder in fröhlicher Erwartung. Die Jagdeinladung in das prachtvolle Revier in der Walster versprach weitere Höhepunkte für unsere kleine Urlaubsfahrt, die wir mit meiner Frau unternahmen.

Das alte, liebliche Land zwischen Donau und Alpen lag bereits hinter uns. Man müßte öfters diese Strecke befahren, um die Gegend richtig genießen zu können! Niederösterreich, das Kernland im Donautal mit seinen vielen Klöstern und Stiften, Schlössern und Kleinstädten, blieb zurück. Ein mildes Land ist dieses „Land unter der Enns", es umarmt die eigene Mitte: Wien. Ein idyllisches Land der Thermalquellen, Römerfunde, Weingärten, der Heiden- und Rübenebenen, der dürftigen Föhrenwälder, der Berge, der melancholischen Kleinstädte, der wunderbaren Kunstwerke! Ein gutes Land, und doch in vielem so andersgeartet als die Steiermark, die vor Mariazell beginnt. Es ist leidenschaftsloser, weicher, geschmeidiger als die grüne Mark, wo wir wohnen.

Die sinkende herbstliche Sonne bestrahlte die Berge.

Auf dem Umweg über den Kreuzberg bogen wir nun in das Walstertal ein. Die bewaldeten Steilhänge und der häufig hervortretende nackte Kalkfels lassen hier stellenweise dem Bach und der Straße kaum Platz nebeneinander. Die Walster, dieser klare Forellenbach, strudelt mit hier und dort grünweiß-gischendem Schaum unmittelbar neben den Straßenkurven. Der Wald scheint rundum endlos zu sein, er wächst in eine Höhe, deren Ende man oft aus der Enge der Schlucht gar nicht sieht. Buche und Fichte wechseln einander ab, und eine klare, schwere Luft fließt von den Berglehnen ins Tal hinunter.

Eine eigentümliche Landschaft, eine isolierte kleine Welt, ist das Walstertal. Rundum Großgrundbesitz, private und staatliche Forstdomänen. Es fehlen daher die verstreuten Bauernhöfe, die für die Berglandschaft der Alpen sonst so typisch sind. Man sieht auch abends keine Lichter am Berghang, man findet kein Weidevieh beim Pirschen, keine Almen, nur Wälder und Wälder und ungestörte Gräben. Ein ziemlich menschenleeres Land, nur von Forstleuten und Holzarbeitern bevölkert, deren kleine Siedlungen kaum auffallen. Die meisten Häuser sind aus Holz, dessen ursprüngliche Farbe im Laufe der Zeit durch Verwitterung eine dunkle Tönung annahm oder aber braun gestrichen wurde. Klein und armselig wirken diese alten Häuser, doch ihre geschnitzten Fensterumrahmungen und vor allem ihre Blumen, eine Fülle von Nelken und Geranien, beleben das bei Regenwetter oft düster wirkende Bild.

Die Wälder werden von Hochwild, von Gams und Muffel bevölkert. Sobald man die einzige Durchzugsstraße verläßt, trifft man selbst in Sommerzeiten kaum noch Menschen. Auch darin liegt ein Reiz dieser Gegend.

In diesem Winkel zwischen Hochschwab, Mürztal, Mariazell und Alpenvorland stößt man noch überall auf das 19. Jahrhundert. Das zeigt schon das Kaiserdenkmal, eine Bronzefigur von Franz Joseph in Jägertracht; in einer Kurve der engen Talstraße stehend, die alte Hubertuskapelle, das einstige Kruppsche Jagdhaus neben dem Hubertussee und noch viele kleine Erinnerungssätten. Die Vergangenheit scheint hier noch Macht zu haben und die Gegenwart zu durchdringen, sie ist auf Schritt und Tritt noch gegenwärtig und durchwandert die Landschaft in langen, ruhigen Pensionistenspaziergängen.

Etwas oberhalb des hier schon breiteren Flußtales liegt das alte Forsthaus, daneben stehen zwei Jagdhäuser der Forstverwaltung. Die wohlbekannten Gesichter des Oberförsters und des Revierjägers lächelten uns bei der Begrüßung an. „Der Herr Graf hat eben vor zehn Minuten angerufen und nachgefragt, ob Sie schon angekommen sind“, berichtete der Oberförster. „Er wünscht Ihnen einen angenehmen Aufenthalt und einen guten Anblick!“ Das war eine nette Aufmerksamkeit des Jagdherrn, in der bedächtig höflichen Art des Revierleiters übermittelt.

Revierjäger Nutz, dieser Vierziger mit dem Gesicht eines Knaben, mit der Höflichkeit mehrerer herrschaftlicher Revierjägergenerationen, half uns beim Auspacken. Er trug den Koffer meiner Frau ins Jagdhaus. Ich kannte Nutz schon seit Jahren, auch seine außerordentliche Begabung für künstlerische Wild- und Naturfotos, auch seine zähe, ruhige Art beim Pirschen.

Wie das Feuer eines Hüttenherdes, an dem man sich gelegentlich erwärmt, ist die Beziehung des Jagdgastes zum Berufsjäger, wenn man öfter ins selbe Revier zurückkehrt. Es ist meistens kein hochgeistiges Band, das zwischen den beiden entsteht, sondern ein Kontakt aus gegenseitigem Vertrauen, aus männlicher Achtung, aus natürlicher Distanz. Und je schwieriger die gemeinsame Leistung zu erreichen ist, um so fester wird die kameradschaftliche Bindung.

So wie eine Landschaft nur im Wandel der Jahreszeiten, nur im Wechsel der Witterung ganz zu verstehen ist, werden auch die Menschen durch ihre Umgebung und ihre Geschichte geprägt.

Der Menschenschlag, dem Förster und Jäger entstammten, ist besonders interessant. Die Leute sprechen, soweit ortsansässig, nicht die steirische Mundart, obwohl die Landesgrenze an der Reviergrenze verläuft, aber auch nicht den weichen Dialekt Niederösterreichs. Sie sind Nachkommen einst vertriebener salzburgischer Protestanten, die lieber in die Fremde zogen, als ihren Glauben aufzugeben, als hiezu der gestrenge Befehl des Fürstbischofs kam. Sie fanden damals in der kargen Einsamkeit dieses Tales Heimat und Zuflucht. Der Boden und die Besitzverhältnisse ließen keine bäuerliche Entwicklung zu. Die Zuwanderer mußten sich daher zur Arbeit im Walde verdingen. Holzknechte, Flößer und Jäger wurden sie. Dieser naturnahe, zähe, stille Menschenschlag hielt dann bis heute dem unwirtlichen Boden der kleinen Heimat die Treue, bewahrte trotz der Abhängigkeit von der Grundherrschaft ein unaufdringliches Selbstbewußtsein, den Glauben der Vorfahren und das innige Verhältnis zu Wald und Wild. Kommt man aus dem Inneren der Steiermark, aus diesem leidenschaftlichen Land hierher, so hat man ein wenig den Eindruck, zu Puritanern gekommen zu sein. Und der Tonfall der Leute ist eine Mischung der Gebirgsmundart mit der Klarheit der Pastorensprache, die bei uns in Österreich immer noch ein wenig nach dem Norden klingt.

„Am besten, wir setzen uns oben zwischen Roßgraben und Krautgraben an", hatte mir der Jäger nach den obligaten Probeschüssen schon vor der ersten Pirsch geraten. Nun saßen wir schon das dritte Mal an dieser Stelle. Es war ein Bodensitz, wie im Gebirge üblich, wenn man von irgendeinem geeigneten Punkt auch ohne Überhöhung der eigenen Position guten Ausblick hat. Unser Sitz befand sich auf einer Schneid' und bot nicht nur auf mehrere Hänge gute Sichtmöglichkeiten, sondern auch einen weiten Blick ins umliegende Land, auf die dunklen Fichtenbestände, auf die leuchtenden Buchen mit dem rotdunklen Bodenteppich, auf den Föhrenhochwald am Gegenhang, auf den kahlen, schildkrötenförmigen Rücken des Göller, auf den niedrigeren Sulzberg, auf den bald steigenden, bald fallenden Jägersteig, der uns hierhergeführt hat. Es war später Nachmittag.

Kaum hatte ich eine Viertelstunde oben gesessen, zog ein Tier mit Kalb ganz in meiner Nähe durch. Es gibt kaum einen friedlicheren Anblick, kaum ein eindrucksvolleres Bild der Mutterschaft in der Tierwelt als ein vertraut äsendes, führendes Rottier. Eine verborgene Schönheit liegt immer in diesem Anblick, wie eine Erfüllung der immerwachen Sehnsucht nach Leben und nach Fortpflanzung.

Der Oktober färbte bereits kräftig das Laub. Das klare Licht des Herbstes glänzte, und der sanfte Harzduft der Föhren und Fichten lag in der Luft. Ich roch direkt, wie die Nadeln wochenlang den Sonnenschein und den Sprühregen filtrierten, um diesen eigenen frischen Duft hervorzubringen, der sich dann mit dem Geruch des Harzes vermischte.

Das Tier mit dem Kalb verließ jetzt den Schlag. Die beiden wechselten in den Hochwald der Gegenseite ein. Ich ließ meinen Blick über die weitere Umgebung streichen, über die Bergrücken im Abendlicht.

Die Berge dieser Gegend stehen nicht, sie liegen im wahrsten Sinne des Wortes. In langgezogenen Linien schneiden sie scharf in den Himmel und setzten allem Irdischen eine betonte Grenze. Im Randgebiet der Alpen findet man echte Bergspitzen recht selten, eher Züge und Massive; es fehlt hier die Gotik der Gipfel und Zacken des Alpenhauptkammes, die Individualität der Bergformationen des Hochgebirges.

Die Ostalpen wirken oft schroff und schwer durchschaubar, weil es nur von wenigen Punkten einen weiten Ausblick gibt. Hier herrschen die Konturen annähernd gleich hoher Berge, zeichenhaft klare Formen bieten sich aus verschiedenen Blickwinkeln. Man braucht eine gewisse Vorstellungskraft, um Wesen und Ausdruck dieser Landschaft zu erahnen, die Sprödigkeit der oft schattigen Steilgräben nicht zu mißdeuten. Es ist eine rauhe Gegend, doch trotz ihrer kargen Verschlossenheit nicht hintergründig.

Am alten Buchenstamm neben meinem Sitz hörte ich ein Rasseln und Kratzen. Zwei Eichkätzchen liefen in nimmermüden Spiralen um den Stamm auf und ab. Sie spielten Fangen. Das eine, ein graugefärbter kleiner Missetäter mit dunkler Fahne, blickte mich im Vorbeihuschen jedesmal an. In den winzigen dunklen Augen lag eine Schelmerei, der man nicht widerstehen konnte. Ich hätte mich nicht gewundert, hätte der Kobold plötzlich mit einem Zweig, mit einer Eichel nach mir geworfen, um auch mich zum Spiel aufzufordern.

Später zog ein Kahlwildrudel durch den Jungwald unter dem Schlag und in den Hochwald ein. Ein auffallend helles Schmaltier stand beim Rudel. Kälber sah ich keine. Kaum war das Wild durchgewechselt, erblickte ich weit außer Schußweite oben am Kahlschlag des Hofberges ein zweites Rudel. Es waren vier Tiere, ein Spießer und drei Kälber. Manchmal schienen sie in den verdorrten Fratten des Schlages zu verschwinden, dann wieder leuchtete in der Abendsonne ein Wildleib oder ein heller Spiegel auf. Hirsche sahen wir nicht, diese hatten sich nach der Brunft in heimliche Bestände verzogen.

In die Gräben und Hänge legten sich allmählich die Schatten, nur in der Höhe leuchtete noch das Licht. Von diesem umflutet, stand oben die mächtige Föhre, ein einsamer Überhälter. Der Stamm glänzte dunkelrot. Unter mir trat jetzt ein recht guter Rehbock aus. Es war die schönste Stunde des späten Tages, sie offenbarte den tiefen Zusammenhang von Landschaft, Tier, Pflanze und menschlichen Gedanken. Sie kannte auch die Einsamkeit nicht, die uns so häufig überkommt, wenn träge Stille zwischen Tag und Nacht liegt. In solchen Stunden erlebt man, daß der Mensch ein antwortendes Wesen ist, selbst der Natur gegenüber.

Der Bock warf plötzlich auf und verhoffte zum Wald. Ein Häher rätschte und kreischte. Plötzlich stieg Spannung hoch; mir schien, als würde der Bach unten im Graben viel lauter rauschen. Dann aber zog der Bock behutsam fort. Ein Rudel Muffelwild kam zum Vorschein, das hat ihm offenbar nicht gefallen.

„Das macht nix, morgen werden wir wieder in diese Gegend kommen, hier hat man immer irgendeinen Anblick!“ meinte der Revierjäger, als wir bergab zogen.

Schön ist es, in einem hübschen, gepflegten Jagdhaus den Abend nach einer Pirsch zu verbringen. Schön ist es aber auch, Zeit für solche ausgedehntere Jagdaufenthalte zu finden. Dem ruhigen Pirschen ohne Zeitdruck wurde längst schon ein Garaus gemacht: Viele Jagdgäste möchten schon am Tag ihrer Ankunft im Revier, sozusagen beim Aussteigen aus dem Wagen – welches Glück! –, den Bruch auf ihren Hut stecken. Nichts aber verdirbt die Freude des Jagdpersonals mehr als die Hast, als der Mangel an Gelegenheiten, das Beste aus einer Pirsch herauszuholen, die Schönheit des von ihnen betreuten Reviers dem Gast zu zeigen. Und vor allem braucht der Jagdgast Zeit, um Sympathie und Vertrauen des Berufsjägers zu gewinnen, denn ohne die beiden gibt es kaum einen befriedigenden Erfolg.

Vor Morgengrauen saßen wir schon mit Oberförster Theubenbacher wieder draußen im Revier. Ein unbeschreiblich schöner Sonnenaufgang kam. Merkwürdig, daß die meisten Landschaftsmaler der Alpen das Tagwerden so vielfärbig, fast störend bunt sahen. Das liegt wohl daran, daß das Bunte und Grelle für Einheimische nicht alltäglich sind; sie wollen aber das Nicht-Alltägliche sehen und auch darstellen.

Mich aber faszinierte die rote Farbe dieses Morgens, dieses herbstlichrötliche Flammen ohne Rauch am Himmelssaum und über den Wäldern, und auch das Grün vielfältigster Variationen, das von endlosen Höhen zu den Bergen herunterzufließen schien. Wieder einmal erlebte ich durch die Jagd, wie sehr Bilder Gedanken und Gedanken Bilder sein können.

Mein Begleiter berührte behutsam meinen Arm. „Dort steht ein schwacher Hirsch, vielleicht zieht er näher!"

Das Wild schien soeben aus dem Hochwald oben an der Bergkante herausgezogen zu sein. Es war ein „Hirscherl", ein recht schwacher Sechser. „Den könnten wir nehmen!" meinte Theubenbacher bedächtig, während er den Hirsch mit dem Spektiv gustierte. „Gemma ihn an, der kommt nicht näher", meinte er nach einer Zeit, da die Sonne den Berghang zu erwärmen begann und zu befürchten war, daß der Aufwind einsetzt.

Wir plagten uns gehörig, jede Deckung, jede Mulde, jeden Baumstock des Hanges auszunützen, um in die Nähe des Hirsches zu kommen. Dann lagen wir hinter einer kleinen Bodenerhöhung: Der Hirsch stand auf etwa fünfzig Gänge mit dem Spiegel zu uns – und äste.

Den Rest der Geschichte möchte ich nicht in die Länge ziehen.

Der Hirsch drehte sich nicht ein einziges Mal um, er stellte sich beim Äsen für keine Sekunde breit. Wir konnten den einzigen Körperteil an ihm bewundern, wohin man nicht schießen sollte. Und das ausgiebig; selbst dann, als die Losung kam. So vergingen die Minuten, wir hielten fast den Atem zurück. Der Hirsch tat uns nicht den Gefallen, den wir uns wünschten. Selbst dann nicht, als ein plötzlicher Windhauch kam und das Wild mit einigen raschen Fluchten im Bestand verschwand. Wir konnten nur seinem Spiegel nachsehen.

Abends zogen wir mit Nutz wieder zum Stand des Vortages. Die letzte halbe Stunde des Büchsenlichtes war angebrochen, da zuckte ich plötzlich zusammen. Hinter dem Waldrand fiel mir eine Bewegung auf. Mir schien, als ob sich etwas gerührt hätte. War es nur ein Zweig im Abendwind? Behutsam hob ich das Glas. Nichts. Minutenlang blickten wir scharf zur verdächtigen Stelle hinüber, doch nur die herbe Schönheit des Hochwaldes zeigte sich. Wir plauderten leise flüsternd weiter – ich erzählte dem Jäger eben von meinem Revier im Flachland, von dem Rehwild und dem Schwarzwild, das in unserer Gegend besonders gut zu gedeihen scheint–, da, wieder eine Bewegung! Mein Blick erhaschte einen verdächtigen kleinen Farbfleck. Oder war es nur ein brauner, verdorrter Farn?

Jetzt erblickte ich das Wild. Es trat fast bis zum Rand des Bestandes vor und schien den Wind zu prüfen. Die Minuten vergingen. Hirsch oder Kahlwild? Hinter dem Wildkörper rührte sich jetzt wieder etwas. Das Kalb?

Der Schlag lag schon im Halbdunkel, als das Kahlwild endlich ausgetreten war. Zuerst ein Alttier, dann zwei Schmaltiere und zuletzt ein Spießer. Die große Frage war: Steht noch ein Kalb beim Rudel, versteckt hinter dem Waldsaum, in den Fratten, im Gestrüpp des Schlages oder in einer Bodenmulde?

Das Leittier windete und äugte mit straffen Lauschern in unsere Richtung. Erst dann senkte es das Haupt und begann zu äsen. Doch immer wieder verhoffte es, prüfte den Wind und äugte hinaus in den allmählich verdämmernden Schlag.

Die Sonne stand längst hinter dem Sulzberg. Es war ein Wettrennen mit der Zeit, der Abend legte immer mehr Dunkel und Dunst zwischen die Pflanzen des Hanges. Kurz vor dem letzten Büchsenlicht hatte ich die volle Sicherheit, daß kein Kalb beim Rudel stand. Die Einladung lautete: „Hirscherl" oder Tier. Ich trug dem Alttier die Kugel an. Das Wild hob sich im Schuß, warf sich mit einem mächtigen Satz nach vorne und flüchtete halb bergab in die Dämmerung hinein. Ich wußte, daß ich gut abgekommen war und ahnte, daß das Wild unten am Schlag liegen würde.

In der Viertelstunde, die wir nach dem Schuß abwarteten, erlosch das letzte Tageslicht, doch stieg inzwischen der Vollmond über dem Bergrücken auf. Von der Taltiefe zog trauernder Herbstnebel hoch, in dem das Auge nur sucht und irrt, weil es nicht sogleich finden kann, was es sucht. Dann aber fanden wir das Tier dennoch dort, wo wir es vermutet haben. Es hatte einen tadellosen Schuß. Wir zogen zum Jagdhaus zurück, um ein Fahrzeug für den Abtransport des Wildes zu holen.

Eine halbe Stunde später standen wir zu dritt, mit meiner Frau und dem Revierjäger, vor dem erlegten Stück. Erst jetzt überkam mich die Freude. Auch meine Frau wünschte mir Weidmannsheil, und als ich dankte, wurde mir die Tatsache bewußt, daß wir das erste Mal gemeinsam vor einem von mir erlegten Stück Schalenwild standen!

Ich freute mich auch besonders darüber, daß die Grandeln des Tieres schön gefärbt und geformt waren. Es gibt kein schöneres Damengeschenk als Hirschgrandeln, keinen anderen Damenschmuck, den man eigenhändig „erbeuten" könnte.

Im Auwald der Donau

Sommertage in Niederösterreich

Wie vielfältig Österreich landschaftlich ist, darüber spricht man fast täglich. Dennoch entdeckt man unentwegt neue Züge im Gesicht des Landes, große oder nur kleine Teile der Gesamtkomposition. Zu den interessantesten Entdeckungen meiner „Landschaftssammlung", die ich vor allem durch die Jagd anlegen konnte, gehört das einzige große Augebiet des Landes: die Au entlang der Donau. Sie erstreckt sich beiderseits des mitteleuropäischen Schicksalsstromes, etwa von Krems beginnend bis zur Bundeshauptstadt. Unter Wien setzt sie sich mit der eigenartig schönen Lobau fort und endet bei der Einmündung der March vor Preßburg. Die Auen bilden einen bewaldeten, stellenweise mehrere Kilometer breiten Streifen entlang der Donau. Nicht nur die relative Naturbelassenheit der Aulandschaft bildet ihre große Anziehungskraft, sondern hier erlebt man die Stimmung des einzigen Stromes in Österreich, die schon den östlichen Teil Mitteleuropas vorwegnimmt.

Es ist eine Besonderheit ersten Ranges, daß es fast im Weichbild der Millionenstadt Wien ausgedehnte Aureviere gibt, in denen fast alle Wildarten vorkommen, die es im Lande überhaupt gibt. Mit Ausnahme von Gams, Tetraonen und des Murmels lebt in den Auwäldern der Donau alles, Rot-, Reh- und Schwarzwild, Niederwild und vor allem Wasserwild. All dies lebt innerhalb des Erholungsraumes der Großstadtbevölkerung.

„In diesem Jahr ist der Sommer wieder einmal mit einem Hochwasser eingetroffen", erzählte mir Freund Herbert, der mich in dieses herrliche Aurevier östlich von Tulln eingeladen hat. „Vor einigen Wochen noch sind wir in diesen Alleen, wo wir jetzt mit dem Auto fahren, nur mit der Zille durchgekommen, um dem Wild zu helfen. Der ganze kilometerbreite

Waldstreifen entlang der Donau war mit schmutziggrauen Wassermassen überflutet. Die Landschaft bot einen trostlosen Anblick. Das Wild flüchtete auf die einzelnen ‚Haufen', auf die Bodenerhöhungen zwischen den Wasserarmen."

Die Spuren der Überflutung waren nicht zu übersehen. Dennoch zeigte die Natur auch ihre ungebrochene Kraft, eine Vielfalt und Fülle an Abwechslung, eine üppige, fast tropisch anmutende Pflanzenwelt in vollem Reichtum. Das von der Not befreite Wild verbreitete sich wieder im dichten Unterwuchs des Laubwaldes. Dieser abrupte Wechsel von höchster Not und von unbesiegbarer Lebensbehauptung war ein Lehrbeispiel für den Jäger und für den Naturfreund.

In diesen von der Überflutung gespeisten und nicht nur bedrohten Dschungel des Auwaldes kam ich also, um einige ruhige Tage zu verbringen und zu jagen. Meine Frau und mein Sohn begleiteten mich. Es ist kein Zufall, daß ich der grünen Frühsommerflut auch positive Eigenschaften zuerkenne. Sie regelt nämlich auf natürliche Weise den Wildbestand, was aber noch wesentlicher ist, sie setzt der unentwegt lauernden Zivilisation eine unverrückbare Grenze. Würde es keine Überflutungsgefahr geben, so würden allmählich dort, wo heute das Rotwild suhlt, der Bock im Dickicht plätzt, das Schwarzwild bricht, „liebliche" kleine Wochenendhäuser der Städter entstehen. Trotz aller Flächenwidmungspläne gutgesinnter und die Landschaft respektierender Architekten – auch ich gehöre beruflich dieser Gilde an – wären die „Verhüttelung" und die „Zerbauung" dieser großstadtnahen Wald- und Erholungslandschaft nicht mehr aufzuhalten.

Die Auwaldung der Donau, diese eigenartige Stromlandschaft, bietet eine Fülle an Naturerlebnissen. Da ist einmal der Zauber des Wassers mit allen Stimmungen und Beobachtungsmöglichkeiten, da sind die versteckten, stillen Nebengewässer, da ist die bunte Vielfalt der Tierwelt, da sind die großen Wiesen, da ist der Reichtum an Laubbaumarten – vor allem aber ist es der Gesamteindruck, der den Besucher immer wieder anzieht.

Ich habe wenige Gegenden in meinem Leben erlebt, wo die Jagd auf den sommerroten Rehbock so schwierig ist wie hier. Gab es zu Beginn des Sommers oder noch im Frühjahr ein oder mehrere Überflutungen, so kommt es zu einer oft kaum noch erträglichen Gelsenplage. Man sagte mir, daß weiter unten, in der Lobau, manche Jäger ohne Moskitonetze gar nicht ins Revier gehen. Die Gelsen peinigen nicht nur den Jäger, auch das Wild leidet unter ihrer Zudringlichkeit. Besonders das Rehwild reagiert empfindlich auf die Peiniger, da es kein Suhlen wie das Hochwild kennt und pflegt. So bleibt ihm nichts anderes übrig, als im dschungeldichten Unterwuchs, in der Dickung zu verschwinden. Man hat oft den Eindruck, als wären die Böcke vom Waldwuchs verschlungen worden. So wird das Zusammentreffen mit einem von ihnen zu einem reinen Zufall.

Die meisten Aureviere gehören Großgrundbesitzern. Um die großen Wildschäden in den angrenzenden Gemeindemarkungen zu vermeiden und das Wild vor dem Straßenverkehr zu schützen, ist die Einzäunung der Aureviere fast unvermeidlich. Auch diese Tatsache erschwert ungemein die Jagd auf den Bock, da man den üblichen Tagesrhythmus von Aus- und Einziehen nicht kennt. Nachdem das Wild auf die Felder nicht austreten kann, sucht es einen Ersatz in den Forstkulturen. Die Folge davon ist, daß man auch diese einzäunen muß, um vernichtende Forstschäden zu vermeiden. Daß es unter diesen Umständen selten zur guten Geweihbildung bei den Böcken kommt, liegt auf der Hand.

„In eine dieser eingezäunten Parzellen ist ein Knopfspießer hineingesprungen", erzählte mir Herbert beim Kaffee. „Wir sitzen schon seit Tagen abwechselnd dort und erwischen ihn nicht. Vielleicht hast du mehr Glück als die anderen. Ich würde sagen, setze dich heute gleich dort an, der Bock gehört unter allen Umständen weg!'"

Und nun saß ich am Rande der eingezäunten Laubbaumkultur auf einem niedrigen Hochsitz. Es war noch früh, die Sonne stand noch hoch. Zeit zum Spekulieren hatte ich also genug. Aus der Dickung vor mir, die Kultur war überwuchert von Goldruten, Brombeeren und von Gras, stiegen Wolken von Gelsen hoch. Kein Wunder, daß hier das Rehwild keine Lust hat, umherzuziehen! Die drückende Hitze hatte eine erschlaffende Wirkung, dazu kam noch die Jahreszeit nach der Brunft, in der bekanntlich das Rehwild besonders heimlich und faul ist. Ob ich mehr Weidmannsheil als mein Freund haben würde?

Daß es bloß ein „Knöpfler" war, der mir für diese Pirsch zugedacht wurde, störte mich nicht im geringsten. Den Auwald wieder einmal zu erleben, war mir wichtiger als alles andere; außerdem weiß ich, daß es hier nur recht selten halbwegs gute Böcke gibt, im Gegensatz zum Hochwild, das prächtig und zahlreich gedeiht. Das zarte und auf jeden Umwelteinfluß äußerst empfindlich reagierende Rehwild wird im Auwald vom Hochwild unterdrückt und von den besten Äsungsplätzen verdrängt. Dazu kommt die erhöhte Parasitenplage infolge der Überschwemmungen und der Verschlammung. Der ziemlich hohe Rotwildbestand auf einem räumlich begrenzten Gebiet fördert ebensowenig die Entwicklung guter Rehgehörne wie die Abzäunungen. Kein Wunder also, daß es hier auffallend viele Knopfspießer und schwache Böcke gibt.

Nachmittags beim Kaffee betrachteten und besprachen wir die alten Hirschgeweihe, die im Jagdhaus hingen. Dieses ehemalige Gutshaus, dessen Verfall durch Herberts zähe bauliche Aktivitäten zumindest aufgehalten wurde, beherbergte eine Unzahl von Trophäen, teilweise noch aus der Mitte des vergangenen Jahrhunderts. Einige dieser alten Geweihe wetteiferten mit den besten Ungarnhirschen! Die Rehgehörne dagegen waren eher mittelmäßig, wenn auch besser als die heutigen.

So ist es also, dachte ich am Hochsitz sinnierend und zündete mir genüßlich eine Zigarette an. In diesem Augenblick erhob sich keine fünfzehn Meter von meinem Stand entfernt ein roter Wildkörper. Ich hatte nur so viel Zeit, um wahrzunehmen, daß es ein, besser gesagt der Knopfspießer war, der jetzt im undurchsichtigen Dickicht der Schonung verschwunden ist. Ein leise gemurmelter Fluch, eine wegwerfende Handbewegung: Ein Anfänger hätte an meiner Stelle nicht dümmer handeln können als ich! Da saß der Bock die ganze Zeit direkt vor meinen Füßen, ohne daß ich ihn wahrgenommen hätte. Eigentlich könnte man jetzt gleich abbaumen und einen anderen Hochsitz suchen, dachte ich mißgelaunt. Daß dieser unfreiwillige „Gatterbewohner" sich nochmals in meine Nähe begeben würde, war kaum mehr anzunehmen.

Dann entschloß ich mich aber doch, auf meinem Stand auszuharren, obwohl es kein Problem ergeben hätte, eine neue Kanzel zu suchen. Bei der Reviergröße von über tausend Hektar kommt man nicht leicht einem anderen Jäger in die Quere – doch der Widerhall einer inneren Stimme hieß mich zu bleiben und drängte mich zum weiteren Versuch, aus der sommerheißen Tiefe dieser vielleicht fünf bis sechs Hektar großen Schonung den Knöpfler herauszuholen. Ich blieb also. Der Abend und die Landschaft waren allein schon einer genießenden Beobachtung wert und würdig. Auch mit dem Glück, selbst mit dem unverdienten, sollte man stets rechnen.

Nun zündete ich mir doch die inzwischen ausgegangene Zigarette an. Die Gelsen ließen keinen Augenblick von mir ab. Trotz ihrer unentwegten Angriffe war der Abend von einer eigenartigen, anziehenden Schönheit. Wie jedesmal, wenn ich mich in einer Umgebung aufhalte, die eine Faszination ausstrahlt, gleich ob dies im Hochgebirge, im Alpenvorland oder in den Auen und Ebenen dieses herrlichen Landes ist, konzentrierte ich mich auf die Farben, Töne und Formen der kleinen Welt um mich. Schräg fiel der Sonnenschein durch die angrenzenden Baumkronen der Schonung, tiefgrün glänzte das Gras in den Alleen, Wildtauben gurrten und ein Bussard kreiste über den Eichen. Dieser mehr trockene, durch die jahrzehntelange Verlandung bereits erhärtete Auboden zeigte prachtvolle Hartholzbestände, vor allem Eichen. Diesen Teil des Reviers kannte ich recht gut. Selten schrie hier ein Hirsch im Herbst, nur ziehendes Rotwild besuchte gelegentlich die Suhlen, um dann im hinter dem toten Stromarm liegenden Hochwald mit dem dichten Unterwuchs einzuziehen, von wo man auf die großen, dunstnebeligen Auwiesen zur Äsung austreten konnte.

In warmen Mondnächten aber zog das Schwarzwild hier häufig umher, so nahm man stets gerne die Gelegenheit wahr, einen der Hochsitze dieses Revierteils zu besteigen. Es lag so viel landschaftliche Schönheit im märchenhaften Schattenspiel des dichten Laubwaldes um mich, solche malerische und bukolische Harmonie, daß ich einfach in die Stimmung des Abends und des Waldes hineinträumte. Das war wieder ein Tag mit Ansitzen, an dem es mir, ganz unabhängig von meinen jagdlichen Absichten, glückte, die Landschaft so zu sehen, als käme sie mir entgegen. Die Sonne wob ein Leuchten und Glitzern über Gras und Baum, sie schuf unaufhörlich neue Farben, Bilder und Effekte, zerlegte sie wieder und brachte neue Variationen hervor.

Langsam wandernde Gedanken füllten die Zeit aus. Die Gelöstheit wäre vollkommen gewesen, hätten mich die Gelsen nicht ununterbrochen beschäftigt.

Und dann geschah, was ich eigentlich gar nicht mehr erhofft hatte. Weit hinten in der Schonung, fast außer der noch anständigen Schußdistanz, erschien plötzlich der Knopfspießer. Und obwohl ich zu den Leuten, die mit dem Schießen nicht warten können, nie gehört habe, hat mich jetzt plötzlich ein echtes Schußfieber gepackt. Das war ein Zeichen, dachte ich, daß der Bock nach Stunden wieder erschien, anstatt sich für heute endgültig im Dickicht zu vergrämen. Das mußte man einfach versuchen. Ich richtete mich zum Schuß, während das Wild, durch das Gebüsch ziehend, immer wieder verschwand und dann rötlich aufschimmerte. Als er für einen Augenblick frei stand, zog ich ab. Ich sah nur ein Wegflüchten ohne Schußzeichen, doch eine innere Stimme und die Erfahrung sagten mir, daß das Wild tödlich getroffen war.

Es konnte dann freilich auch nicht ausbleiben, daß in mir, dem Ahnungen und Gedanken in der Jagd mindestens so wichtig wie Erfahrungen und

Taten sind, plötzlich brennende Zweifel hochstiegen. Ja, getroffen war das Wild, das wußte ich. Doch was dann, wenn ich mich auf diese Entfernung geirrt und ein falsches Stück, zum Beispiel eine Geiß, erlegt habe? Jetzt freute mich der vermutlich gute Schuß gar nicht so sehr. Daß ich mich falsch verhalten hatte, war mir klar: Ich verließ mich auf die Annahme, daß es in dieser eingezäunten Schonung kein anderes Rehwild als nur den Knopfspießer geben würde. Nun konnte ich nur hoffen, daß nichts Böses passiert sei. Es war ein elendes Gefühl, das zu beschreiben mich allein die Wahrheitsliebe zwingt.

Nun wollte ich keinen weiteren Fehler mehr machen. Ich kehrte zum Jagdhaus zurück, holte meinen Freund und den unvergeßlichen Heck. Wir stiegen dann über den Zaun, kämpften uns durch das dunkle Dickicht zum Anschuß durch. Dort lag das Wild, wir hätten es auch ohne Hund leicht gefunden. Es hatte einen tadellosen Blattschuß – und es war der Knopfspießer. „Daß du ihn auf diese Entfernung noch ansprechen konntest!" lachte Herbert dröhnend und augenzwinkernd.

Am nächsten Tag unternahmen wir einige Pirschgänge und Pirschfahrten mit der Zille. Diese Fahrt auf dem verwachsenen, toten Stromarm war ein ganz besonderes Erlebnis. Hier gab es Schotterbänke, schlammige Moore, sandige Uferböschungen, dichte Schilfwälder, große, stille Wasserflächen, dunkel zwischen uralten, nach Sommerhitze, nach Schlamm und nach Blättern riechende alte Weiden und Erlen, wegbuchtende Seitenarme, Brutstätten und Sommerplätze für das Wasserwild. Ein Reiher glitt über uns hinweg, Wasserhühner tauchten, junge Enten verschwanden im Ufergebüsch.

„Da gibt es einen Platz, der könnte im tropischen Urwald liegen", zeigte Herbert auf eines der Nebengewässer hin. „Dort liegt ein Fuchsbau, wenn du willst, beobachte ihn ein wenig. Er ist sicher befahren."

In der Nähe stieg ich aus. Der Bau war tatsächlich befahren, das sah man auf den ersten Augenblick. Was aber noch interessanter war: Im gleich danebenliegenden toten Wasserarm tummelte sich eine Unmenge von Wildenten, hauptsächlich junges Volk mit den Müttern, als würde es keine Füchse auf der Welt geben. Ich stieg auf eine alte Weide und beobachtete von dort die Szenerie. Es schien mir, als wäre ich im Paradies, so friedlich, so üppig und so wildreich war die Welt um mich. Im Wasser plätscherten die Enten, in den Ästen gurrten die Wildtauben und im schlammigen Boden sah ich überall die Tritte von Schalenwild. Die Sonne schimmerte mit ihrem gleißenden Schein durch die Äste. Unaufhörlich summten und brummten die Gelsen, die Käfer, die Frösche quakten. Mücken stachen, einigemal fuhr ich mit dem schweißnassen Ärmel über das Gesicht wie über den Rücken eines schaudernden, bremsengeplagten Pferdes. Mein Blick suchte im wuchernden Grün und im hellen Sand.

Nach einer Zeit trat eine führende Geiß aus. Sie vertiefte für kurze Zeit den Reiz des Bildes. Eine Geiß nur, mit einem rührend reizenden Kitzlein, und doch die Krönung der Wildbahn in meinen Augen. Ich kenne auch kein Wild, das mir mehr Freude machen würde als das Rehwild.

„Schön" ist ein Ausdruck, den wir auf das Wild im allgemeinen nicht gerne anwenden. Warum, weiß ich nicht. Für mich ist aber das Rehwild schön, in erster Linie überhaupt nur schön. Es gibt fraglos gute und schwache Böcke oder Geißen, doch keine häßlichen! Die Schönheit und die Anmut faszinieren mich jedesmal, wenn ich Rehwild in Anblick bekomme. Die diesem Wild so eigene Schönheit ist dem Gams oder dem Mufflon gewiß nicht gegeben, weder im Leben noch im Tod. Kein Wild besitzt auch diese Stärke des Ausdrucks, diese Vielfalt der Gefühlsäußerungen wie das Reh. Welche Unterschiede kann es doch im „Gesichtsausdruck" eines Bockes geben, ob er nun friedlich äst, argwöhnisch aufwirft, erschreckt flüchtet, in Liebesbegierde treibt oder im Wundbett liegend den Tod erwartet. Deshalb bleibt vielleicht die Jagd auf das Rehwild ein Leben lang eine Fundgrube der Erlebnisse und auch der Schönheitserkenntnisse. So kann auch jedes Rehwildrevier zum Ort der immerwährenden und immer neu wiederkehrenden Freude werden. Und darum kann auch das bescheidenste Rehgehörn, selbst die Trophäe eines Knopfspießers, wie am Vortage erlegt, zu einem Festtagsgeschenk werden.

Nachdem Geiß und Kitz weitergezogen waren, baumte auch ich von meiner Weide ab. Es war schon höchste Zeit, die Gelsen waren kaum mehr auszuhalten. Wie mit Herbert besprochen, holte ich einen weiteren Jagdgast und die beiden Buben vom Bootssteg ab, um mit ihnen eine „Dschungelbootsfahrt" zu unternehmen. Sie gestaltete sich zu einem aufregenden Erlebnis. Vorne fuhren wir zwei Erwachsene im Ruderboot, hinter uns paddelte die Jugend in meinem aufblasbaren Kajak. Peter, damals vierzehnjährig, durfte das Flobert mitführen, Andreas, mein Sprößling, bediente das Paddel. Freigegeben wurden für die Jugend die Bisamratte und geflügelte, wegschwimmende Enten, doch nur nach ausdrücklicher Aufforderung zum Schuß. Und wie geschickt sie ihre Sache machten! Sie stöberten regelrecht die Schilfränder ab, fuhren in kleine Lichtungen hinein, wohin wir mit dem Ruderboot nie hineingekommen wären und machten für mich mehrere Enten hoch. Sie waren auch ein recht kritisches Publikum meiner Flinte. Es waren paradiesische Vormittagsstunden am stillen Wasser mit dem eigenartigen Duft, der besonders bei starker Sonnenwärme von den Weiden und Erlen kommt und sich mit dem Fäulnisgeruch von Schilf und Schlamm vermengt. Immerhin brachten wir fünf Enten zusammen, wobei vier von mir, eine vom vor Jagdleidenschaft überschäumenden Peter erlegt wurden.

Am späteren Vormittag ruderten wir zu jener Stelle, wo Herbert, die schweißtreibende und gelsenerfüllte Schwüle mißachtend, mit seiner Lieblingstätigkeit, mit dem Hochsitzbau, beschäftigt war. Ob er wohl verrückt sei, bei dieser Affenhitze und Tropenschwüle schwere körperliche Arbeit zu verrichten, fragte ich ihn zur Begrüßung. „Man sieht, daß du keine zwanzig Jahre in Brasilien verbracht hast wie ich“, lautete die Antwort, „sonst würdest du diesen Tag als angenehm warm bezeichnen!“ Nachdem er dann den letzten langen Nagel mit sichtlichem Genuß in den Baumstamm getrieben hatte, packte auch er seine Werkzeuge zusammen. „Jetzt aber gehen wir schwimmen!“

Der landeinwärts liegende Auwald hatte einige reizende Badeplätze, einstige Schottergruben, die man vor langer Zeit im Zuge der großen Wasserbauarbeiten ausgebaggert hatte. Wir fuhren zu einem dieser Teiche, er hatte ein herrlich klares Wasser. Hier konnte man vom Steilufer köpfeln, schwimmen und tauchen. Als wir später im Gras saßen und unsere Pfeifen schmauchend den badenden Buben zugeschaut haben, wandte sich Herbert an mich.

„Ich weiß, wie sehr du deiner Bessie noch immer nachtrauerst, möchtest du nicht wieder einen Spaniel haben?“ Es war eine überraschende Frage, die ich nicht sogleich beantworten konnte. Unsere neue Wohnung, das Verbot der Hundehaltung in der Hausordnung, die Meinung meiner Frau, all dies ging mir durch den Kopf. Mein Freund erhob sich und holte aus dem in Baumschatten abgestellten und von Mücken, Bienen und Fliegen umsurrten Wagen Bierflaschen hervor. Ja, wenn meine Frau einverstanden ist, wenn der Hund in Ordnung ist . . . „Das wirst du alles bald erfahren“, meinte mein Freund, „laß dich nur einmal überraschen!“

Die Überraschung, das Geschenk, sprang abends auf vier fröhlichen kleinen Pfoten aus einem im Hof des Jagdhauses anhaltenden Wagen. Es war ein reizender kleiner Cockerspaniel! Er beschnupperte uns nach der Reihe und schloß sich dann gleich meinem kleinen Sohn an, als hätte er sagen wollen, daß er Andi als sein Herrchen anzuerkennen bereit sei. Ein Glück, daß meine Frau mit von der Partie war, so konnten wir gleich entscheiden, daß wir Pelicule behalten würden.

„Es war ein doppeltes Geschenk, diesen Hund in die geeignete Familie zu bringen", erzählte dann Herbert beim Wein die Vorgeschichte der Überraschung. „Eine junge, in Wien studierende Dame aus Montreal hat den Hund nach Europa gebracht. Sie kann ihn tagsüber nicht allein bei ihrer Hauswirtin zurücklassen; auf die Musikakademie kann sie ihn auch nicht mitnehmen. So dachte ich, eine doppelt gute Tat zu vollbringen, indem ich das Mädel von der Sorge um den Hund befreie und für euch einen Vierbeiner besorge."

Während dieser Erzählung schaute uns der Hund unentwegt aus großen braunen Augen an, als ob er jedes Wort verstanden hätte. Ich nahm ihn auf den Schoß und gab ihm einen Happen Käse. „Du bleibst bei uns!" brummte ich liebkosend unserem neuen frankokanadischen Hausgenossen zu. Wie sich erst die Mädchen freuen werden, wenn sie den Hund sehen!" – „Und erst der Hausbesitzer!" bestärkte mich meine Frau im Glücksgefühl.

Seither teilt Pelicule, seinen etwas ausgefallenen Namen verkürzten wir inzwischen auf „Pelly", unser Familienleben. Er ist ein liebenswerter und frecher kleiner Hausgenosse. Er folgt am ehesten noch meiner Frau und unseren drei Töchtern, manchmal sogar meinem Buben, ganz selten mir. Wir haben ihn inzwischen auch sprachlich umgeschult – nicht auf ungarisch, wie dies mir Herbert, mit dem ich mich nach wie vor in der Sprache unserer alten Heimat unterhalte, grinsend empfohlen hatte. Nein, Pelicule kann man auf französisch, englisch, deutsch, ja sogar ungarisch anreden. „Machen tut" er auf gut österreichisch, was ihm eben einfällt.

Daß unter diesen Umständen aus Pelicule, bei dem jegliche Anlage zu fehlen scheint, kein fermer Jagdhund geworden ist, hat vermutlich nur wenig mit der Kommandosprache zu tun gehabt. An unserer Liebe zu ihm ändert der jagdliche „Makel" oder Mangel nichts. Hauptsache, daß auch er uns liebt. Und das tut er ausgiebig.

Unter klarem Augusthimmel

Auf Sommergams in den Bergen Südtirols

Der Beginn späterer Ereignisse lag in der Karwoche, im Skiurlaub, den wir im Pustertal verbrachten. Unser Hotel hatte nebenan einen aufgelassenen Vorgänger aus der k. u. k.-Zeit, aus jener berühmten also, in der dieses Tal noch fest zu Tirol, zu Österreich gehörte, obwohl es seine Wässer zu Rienz, Eisack und Etsch schickt und eindeutig südlich der Hauptwasserscheide der Alpen liegt.

Die alte Pension von nebenan hatte geschnitzte Dachpfetten, geschlossene Fensterbalken, eine schönbrunngelbe Fassade und eine gemütliche Veranda. Sie verkörperte den klassischen franzisko-josephinischen Stil und atmete jene Atmosphäre aus, die meine Generation noch in den Häusern ihrer Großeltern erlebte. Ganz verlassen war die Villa trotz ihres Altersschlafes nicht. Sie wurde betreut von einem älteren Mann – und in dieser Tatsache lag auch der Ursprung kommender Ereignisse –, der gleichzeitig Aufsichtsjäger des umliegenden Gebirgsreviers war. So kam es dann, daß, während im österlichen Tal Lawinen dröhnten, wir beide öfters über die Gamsjagd plauderten. Auch die Möglichkeit einer sommerlichen Beteiligung meiner Person kam zur Rede. Eine Einladung fiel allerdings nicht. Mit einer vagen Hoffnung fuhr ich am Ende des Urlaubes heim.

Vielleicht, weil ich mir es so sehr wünschte, klappte dann doch die Sache mit der Einladung. Ein bäuerliches Gemeinschaftsrevier des Nachbartales, ein alpines Hochtal mit großer landschaftlicher Schönheit, hätte einen Gamsbock für mich frei, hörte ich Anfang August durchs Telefon. Ich könnte jederzeit kommen, vorausgesetzt, daß ich genügend Zeit, also mindestens vier, fünf Tage hätte, war die abschließende Auskunft. Ich legte den Hörer auf. Daß ich in ähnlichen Fällen stets ein außergewöhnliches Glück, direkt eine „Mordssau" habe, war mir schon lange bewußt. Diesmal aber übertraf die Einladung alles Bisherige.

Bei prächtigem Spätsommerwetter fuhr ich am zwanzigsten August los. Unter tiefblauem Himmel überquerte ich bei Sillian die Grenze. Parallel zur Straße ratterte der Korridorzug, der Reisende auf der altösterreichischen Bahnstrecke von Österreich nach Österreich, von Osttirol über das Pustertal und den Brenner nach Innsbruck bringt. Was dazwischen liegt, ist freilich auch Tirol: „Südtirol". Keine schönere Landschaft hat das alte Österreich je besessen und verloren als diese sonnig-südliche Provinz, die südlichste der deutschen Zunge.

Die talübliche Variante der besagten „Zunge" ist freilich für jeden Besucher, selbst für den sprachbewußten, nicht einfach verständlich. Auch Vinzenz, mein Begleiter in den folgenden Tagen, kaute bedächtig-kehlig an seiner harten Gebirgsmundart. Er erwartete mich in einem kleinen Dorfgasthaus im Taufterertal. Der Vinzenz war ein guter Fünfziger von mittelgroß-kräftiger Statur, von Beruf Frührentner, wobei der Anteil der Kriegs- und der Arbeitsinvalidität nicht ganz festzustellen war. Dem Klischee des Gebirglers mit dem Adlerblick und der Habichtnase wurde er nicht im geringsten gerecht: Vinzenz hatte fröhlich-listige Augen und eine dicke rote Nase. Daß ich ihn einfach mit dem Vornamen in die Literatur einziehen lasse, hat seinen Grund: er wünschte es so.

Es war Sonntagnachmittag. Wir fuhren durch das obere Tal. Hinter von Regen und Schnee verwitterten Holzzäunen standen die verstreuten Gehöfte des für diese Gegend so kennzeichnenden altfreien Bauerntums. In den Fenstern hingen fröhliche Geranien, sie erhellten die verwitterten alten Bauten mit den schweren Blockwänden und den grob verputzten Natursteinmauern. In den kleinen Vorgärten saßen überall Spitzenklöpplerinnen, meist dunkelgekleidete ältere Frauen. Das Klöppeln, mundartlich „Glöggln", ist eine Handarbeit, die noch heute den Reiz einer alten Kunst und Technik besitzt. Sie ist vielleicht überhaupt die klassische Handarbeit für Frauen, gleich in welchem europäischen Land.

Je höher sich unsere Schotterstraße windete, um so kleiner und seltener wurden die Häuser, steiler die mageren Äcker, deren Ertrag oft erst im späten September, nicht selten bei dem ersten Schnee eingebracht werden kann. Der Anblick der steilen Wiesen lehrte auch einiges über schwere körperliche Arbeit: Hier muß man alles händisch schneiden, zum Trocknen aufhängen und das Heu zuletzt bündelweise auf dem Rücken wegtragen. Eine karge und harte Landschaft ist dieser Talhintergrund, die

Heimat des Dichters Oberkofler. Im vorigen Jahrhundert hat man hier noch nach Kupfer gegraben, heute gibt es nur noch die Landwirtschaft und den Wald, Fremdenverkehr aber kaum.

Bei einem der letzten Bauern ließen wir meinen Wagen stehen. Von dort ging es zu Fuß bergauf. Philosophierte ich noch vor einer Viertelstunde über schwere körperliche Arbeiten, kamen jetzt Vinzenz und ich an die Reihe, solche auch auszuführen! Wir trugen nicht nur unsere Ausrüstung, auch die Eß- und Trinkvorräte für die kommenden Tage. Bei jeder Verschnaufpause sehnte ich mich nach jenen Zeiten, in denen der Gast- bzw. Herrenjäger leichtfüßig hinter dem Pirschführer einhergeschritten war; ihm aber folgten die pfeifenschmauchenden Gebirgler als Bagageträger – zumindest stand es in der Jagdliteratur meiner Kindheit noch so geschrieben.

Die Aussicht wurde von Viertelstunde zu Viertelstunde großartiger. Das ganze Hochtal und der Talhintergrund stehen im Banne der Südseite der Zillertaler Alpen. Der Bergwald, der hier meistens aus Lärchen und aus Legföhren, seltener aus Fichten gebildet wird, blieb bald hinter uns. Es kamen nun ganz steile Stellen, klüftiger Fels, wo es kaum Vegetation gibt. Dann aber gelangten wir zu Hochflächen, die an vielen Stellen überraschend wenig steil oder muldenförmig waren. Der heiße Hauch der Felsen ließ immer mehr nach, feuriges Rot lag über den Bergkämmen, als wir die Hütte erreichten.

Im kristallhellen Abendlicht wölbte sich der Himmel über uns, die Bergspitzen der Tauern erglühten im ewigen Schnee, die ersten Sterne blickten herab. Wir beide saßen auf der Bank vor der Hütte, still schauend und rauchend, als der Mond kam. Er zeichnete die langen Bergrücken auf den Sternenhimmel in einer rätselhaften warmen Schönheit, wie ein zeitloses Sehnsuchtsbild.

Morgens unternahmen wir unseren ersten Pirschgang. Im fahlen Frühlicht schienen die Mulden und Kare wie ausgestorben zu sein; wir bekamen nichts in Anblick. Später stieg die Sonne hinter einem Rücken hoch, keine Wolke trübte den dunkelblauen Himmel. Eine Viertelstunde später pfiff uns ein Gams vom linken Latschenhang an. Ich glaubte schon, an diesem Morgen kein Wild mehr in Anblick zu bekommen, als ich bei einer Kehre rückblickend plötzlich zwei äsende Gams wahrgenommen habe. Wir pirschten daraufhin in ihre Richtung, durch Steinbrocken gedeckt. An einer günstigen Stelle schoben wir uns über die Kante vor. Da kam die Überraschung! Nicht zwei, gleich ein Dutzend äsende Gams stand vor uns.

Wir beobachteten lange das Wild. Es war eine Freude, die grazilen, sommerhellen Gams zu sehen, die zu dieser Zeit viel schmäler und leichter wirken als in der winterdunklen Kutte. Bei dem Rudel vor uns standen Muttergeißen mit ihren heurigen Kitzen und auch einige Schmalgeißen, vermutlich vorjährige Geißkitze, die weiterhin bei der Mutter blieben. Wir sahen auch zwei ältere Geltgeißen im Rudel. Zu dieser Jahreszeit hielten sich beim Gamswild die Geschlechter schon ziemlich getrennt, und die Böcke, auch die jüngeren, zogen ihre eigenen Fährten.

Vinzenz suchte inzwischen eifrig nach der kranken, vielleicht wurmbefallenen Geiß, die er möglichst bald zur Strecke bringen wollte. Sie war aber nicht beim Rudel. Durch die rasche Erwärmung der Felsen änderte der Wind allmählich seine Richtung. Die Luft begann über der Hochmatte zu flimmern, das äsende Wild wurde unruhig und zog bald darauf auf die Schattseite. Wir pirschten eine Zeitlang noch umher, dann zogen auch wir zu unserem „Einstand" zurück.

Seitdem wir unseren ersten gemeinsamen Anblick hatten, war mein Begleiter wie ausgewechselt. Seine bisher etwas umständliche Art war wie weggeflogen, er lachte häufig und wurde gesprächig. Jetzt „erscht" erkundigte er sich bei mir nach meiner bisherigen Gamsstrecke. Es soll mein fünfter Gams sein, auf den wir jetzt gehen, gab ich ihm Auskunft, noch gar nicht ahnend, daß ich auch meinen sechsten in seiner Gesellschaft erlegen sollte, allerdings ein Jahr später.

Der Kragen klebte am Hals, das Hemd am Rücken, als wir bei prächtigem Sonnenwetter zur Hütte kamen. Wir aßen eine Jause, legten uns auf ein Schläfchen in den Schatten – die Stunden vergingen in voller Gelöstheit. Vinzenz erzählte mir viel von früheren Zeiten, von Hochalmwirtschaft, Schafhaltung und von anderen Erwerbszweigen, war doch seine Gemeinde nicht nur durch ein intensives Schmuggelwesen mit Österreich verbunden, sondern auch durch uralte Weiderechte jenseits der Berge. Früher bestand zwischen den Bewohnern des Ahrntales und des Zillertales eine viel lebhaftere Verbindung als heute, erzählte mir Vinzenz, es führen einige Joche durch das Gebirge, die kaum mehr benützt werden. Auch über eigenmächtige „Reviererweiterungen" fielen manche Worte, gemischt mit kernigen Tiroler und italienischen Kraftausdrücken. Der schwärmerisch-nostalgische Blick des nur mühsam gezähmten Wilderers ließ einige Erfahrung erahnen. Fast fragte ich ihn schon, ob wir vielleicht, also ob wir diesmal ganz auf dem Pfad der Tugend uns befänden, ob meine Anwesenheit hier ganz den Vorschriften – ich räusperte mich lieber und ging zu einem neuen Thema über. „Ihr, dein Vater und du, müßt doch eine Stube voller Gamskrucken daheim haben!“ warf ich in die Erzählung von Vinzenz ein. Er sah mich zuerst nachdenklich an, dann lachte er schallend. „Na, die Kruckeln, die ham mir damals schön an die Sommerfrischler verkauft!“ Als er mein erstauntes Gesicht sah, wurde auch er nachdenklich. „Hascht du Willi a Ahnung, wie arm mir damals vorn Krieg waren, was der Vata si hat als Baur schindn müßn? Heit, ja heit, ischt's leicht . . . “

Ein großer Koch vor dem Herrn waren weder der Vinzenz noch ich. Wenn es nach ihm gegangen wäre, hätten wir beide die ganzen Tage nur Nudeln gegessen. Ich aber weigerte mich mannhaft gegen diese Spaghetti-Monokultur und versuchte mit Hilfe unserer Konserven einen Hochgebirgs-Feinschmeckertisch hervorzuzaubern. Kaffee, Wein, Käse und Brot hatten wir vorerst noch genug. Nur mit Tabak und Zigaretten sah es schlecht aus, der Großteil meines Vorrats wurde von Vinzenz konsumiert.

Nach ausgiebiger Mittagsrast zogen wir an diesem Tag wieder hinaus. Hier oben war das Gelände stellenweise gar nicht schwierig, und ich genoß aus vollem Herzen diese sommerliche Gamsjagd. Ich weiß, daß es manche Jäger gibt, die den Gams nur in der dunklen Kutte gejagt sehen möchten. Zu ihnen gehöre ich keinesfalls, ich habe meine Gründe dafür. Meine feste Überzeugung ist, daß das Gebirge, die Umwelt unseres Gamswildes, eben im Spätsommer und im Frühherbst landschaftlich am schönsten ist und daß daher die Gamsjagd zu dieser Jahreszeit das tiefste Landschaftserlebnis schenkt. Zugegeben, der körperliche Einsatz ist zur schönen Jahreszeit geringer als im Winter, doch eben für Leute, die nicht ständig im Hochgebirge wohnen oder jagen, ist die Akklimatisation leichter und die Anstrengungen bleiben in einem erträglichen Rahmen. Nachdem das Gamswild nicht nur zur Dämmerzeit austritt oder zieht, kann man praktisch fast den ganzen Tag darauf weidwerken, wenn man nur seine Gewohnheiten und das Revier kennt. Daß man daher als Jagdgast nie ohne Pirschführer auskommt, wenn man nur einige Tage im Revier verbringt, liegt auf der Hand. All diese Sachen gingen mir durch den Kopf, während ich hinter meinem Vinzenz einherpirschte. Manchmal knirschten unsere Bergstöcke im Geröll, immer wieder verhielten wir, um Umschau zu halten.

Wir näherten uns einer flachen, allseits Überblick bietenden Mulde, an deren Rand wir uns in Deckung begeben wollten. Eben legten wir Stock und Rucksack nieder, als wir von gar nicht weit her den schrillen Warnpfiff eines Gams vernahmen. Die Richtung war zuerst unklar, wir blickten umher, bis dann ein zweiter Pfiff uns einwies. Etwa hundertfünfzig Gänge schräg unter uns stand der Gams, er äugte zu uns herauf und schien sich nicht ganz im klaren zu sein, was los sei. Mein Begleiter gab ein kurzes Zeichen: „Das ischt sie!" Gemeint war die vermutlich kranke, alte Geiß. Die struppige, irgendwie schlecht verfärbte Decke des Wildes verriet die Richtigkeit der Annahme. Vinzenz schlich und balancierte sich vorsichtig zum nächsten Stein vor, betrachtete nochmals lange das Wild durch sein Glas, erst dann richtete er sich zum Schuß. Gespannt beobachtete ich die Szene, eine Gebirgsdohle rief ihre Warnung herunter, dann brach der Schuß. Ich vernahm deutlich den Kugelschlag im Stein. Zu tief, zu kurz.

Die Geiß flüchtete. Weiter hinten sah ich zwei weitere Gams davonflitzen. Sie waren gewiß vorher niedergetan in der Deckung von Steinen. Der Gams von Vinzenz flüchtete ebenfalls, doch mit müden Sätzen. „Sakra" und „porco", so viel vernahm ich noch, dann machte das Stück ein Haberl und der zweite Schuß krachte. Die Geiß torkelte, knickte vorne ein und lag. Vinzenz erhob sich und wischte die Stirne ab. Weidmannsheil! Kurze Zeit später wußten wir bereits, daß der Abschuß richtig war. Es lag die wurmbefallene, alte Geiß vor uns.

Abends in der Hütte rätselte Vinzenz noch lange über seinen fehlgegangenen ersten Schuß. War am Ende vielleicht etwas mit der „Bix'n" nicht in Ordnung? Diese Vermutung, besser Entschuldigung, ließ freilich eine Möglichkeit unerwähnt: Nicht selten knallt man allein aus eigener Schuld daneben, selbst in den heiligen Bergen Tirols, gleich ob man Einheimischer oder Jagdgast ist. Ein Jäger ohne Ausrede wäre übrigens wie ein Hund ohne Flöhe, tröstete ich meinen Weidgenossen. Und er lachte dann dröhnend mit mir, als ich ihm erzählte, daß eine meiner Jagderzählungen, in der ich ehrlich meine „gfeilten" Schüsse schilderte, folgende „Literaturkritik" mir eingebracht hatte: „Schießen üben!" Wir feierten die Geiß von Vinzenz gehörig. Den unvermeidlichen Nudeln meines Hüttengenossen pfropfte ich diesmal eine Gulaschkonserve auf. Dazu tranken wir den mühsam bergauf geschleppten „Terlaner".

In tiefes Dunkel getaucht, lag abends der Talgrund unter unserem Berg. Wir saßen auf der Bank im Freien und plauderten. Vinzenz bedauerte im Gespräch, nie einen Steinbock oder ein exotisches Wild erlegt zu haben, obwohl er dazu die Möglichkeit gehabt hätte. Auf meine erstaunte Frage, wo sich diese Chancen ergeben hätten, erfuhr ich, daß mein Begleiter im siebenunddreißiger Jahr Alpini in Äthiopien, im zweiundvierziger dagegen deutscher Gebirgsjäger im Kaukasus gewesen war. „Die Kaiserjager, die ham's noch schöner ghabt als wir im zweiten Krieg.“ Vinzenz beendete seine historische Betrachtung mit einem leisen Kopfnicken, gleichzeitig als Reverenz in meine Richtung, da er wußte, daß der nächstjüngste Bruder meines Vaters im ersten Weltkrieg als junger Leutnant dieser Truppe an der Tiroler Front gefallen ist.

Nach fest durchschlafener Nacht gingen wir gegen drei Uhr zur Pirsch. Der schwindende Mond warf einen seltsam rätselhaften Schatten auf das helle Geröll und in die Tiefe des Tales. Es war recht frisch. Vom gestrigen Steig bogen wir bald ab und stiegen im Seitenhang mit den schweren Steinbrocken weiter. Es dauerte etwa zwei Stunden. Wir gingen, verhielten, schnauften, lauschten. Unterwegs konnte man ungestört über Werden und Vergehen von Mondlicht und Nacht meditieren. Denn nirgends ist das gelbe Mondlicht so warm wie über den spätsommerlichen Graten, Zinken, Zacken, Scharten und Rücken der südlichen Alpen, nirgends, nicht einmal in meiner engeren Heimat, zeigte es sich mir bisher so schön wie in Südtirol oder in den Karawanken, in den Karnischen und in den Julischen Alpen.

Und mit jedem Schritt dankte ich auch dem ruhigen Zeitplan dieser Jagdreise: Ich hatte von früher her schon meine schlechten Erfahrungen über zu kurz angesetzte und daher zu anstrengende Bergjagden, bei denen ich dann zuletzt noch schlecht geschossen habe, weil ich nicht akklimatisiert, schlecht höhengewöhnt war, mit einem stechenden Zahnschmerz mich bergauf schleppte und somit in den Haller Mauern nicht den besten Eindruck machte – jetzt aber geisterte der fahle Morgen herauf. Der Wind fiel bergab. Warmes Frühlicht glänzte, als wir den ersten Gams in Anblick bekamen.

Alles hätte gepaßt, der Wind, die Entfernung, das Licht, nur die vielversprechenden, bloß vier Lebensjahre des Bockes nicht. Wir bewunderten seine schönen, fast schwerelosen Bewegungen im Geröll und zogen uns zurück. Bis in den Vormittag pirschten wir noch weiter und zogen erst heim, als es heiß in den Steinen wurde.

Bei der Jause in der Hütte hielten wir eine kurze Aussprache. Unser Rauchvorrat ging seinem Ende zu, auch Wein und Brot brauchten einen Nachschub. Obwohl ich der Jüngere war, traf ich die Entscheidung. Vinzenz war einverstanden. Wir versperrten die Hütte und zogen in das Tal hinunter, um in der Stadt einmal ordentlich zu speisen und einzukaufen.

Wegweiser fanden sich genug. In der grünen, bewaldeten Stille des Tales, mehr betont als gestört durch das Getöse des Baches, der den Talgrund eilig durchzieht, um dann in der Bewegungslosigkeit eines tieferliegenden Staubeckens zu münden, stand eine endlose Reihe bäuerlicher Kunstwerke. Buntbemalte, aus Holz geschnitzte oder in Stein gemeißelte Heiligenbilder, meist durch ein kleines Schindeldach vom Wetter geschützt, begleiteten uns. Diese Bildstöcke, Kreuze und Heiligenfiguren sind bildhafte und standhafte Zeugen einer Welt, die lächelt und leidet, die also tiefst menschlich ist. Sie sprechen vom Glauben, sie stehen über Hang und Hain, in Mauernischen oder am Straßenrand, auf Brückenköpfen, vor Friedhöfen und Kirchen. Sie bilden eine aus Gläubigkeit und aus künstlerischer Ausdruckskraft bestehende alpenländische Prozession, die in einer nicht abbrechenden Folge bis zu den „Werken" des sozialen Wohnbaues am Stadtrand reicht.

Dieser architektonisch wenig schöne Rand gehörte zu Bruneck, zur Geburtsstadt des Michael Pacher, dieses großartigen Künstlers des späten Mittelalters, der in seiner lebensfrohen Kunst bereits den Barock vorwegnahm. Bruneck: eine bezaubernde Altstadt mit Urbanität, voller Geschichte, voller Ergänzung von Landschaft und Architektur.

Auf der überdachten Terrasse eines bedächtigen Hotels aßen wir zur Feier des Tages ein ordentliches Menü. Ich saß vor einer herrlichen Rindsuppe, Vinzenz bestellte sich als Vorspeise eine pasta asciutta mit einer grünen Sauce, als hätten wir nicht genug Nudeln oben am Berg gehabt. Dann kauften wir den nötigen Hüttenproviant ein, besorgten Zeitungen und Rauchwaren und traten die Rückfahrt zur Hütte an. Der lange Aufstieg, der Preis für Schlemmeressen und Hüttennachschub, war zwar anstrengend, doch lockte von oben die Aussicht auf den Gams, auf mein eigentliches Reiseziel.

Die nächsten Tage vergingen mit weiteren, leider erfolglosen Pirschgängen. Wir fanden einfach nicht das passende Wild. Dann aber kam der sechste Tag meines Jagdurlaubes in diesen Bergen.

Wir stiegen morgens wieder in jenen Teil des Reviers, wo Vinzenz die kranke Geiß geschossen hatte. In einer Mulde des Kars entdeckten wir einen Gams, er äste im frohen Sonnenlicht in der schütteren, grünbraunen Matte. Das Spektiv, in dessen Handhabung ich es nie zur wahren Meisterschaft gebracht habe, zeigte einen Bock mit etwas enggestellten Krucken, anscheinend acht- bis neunjährig, der aus sicherer Entfernung mitunter zu uns herüberäugte. Die Spannung wurde immer größer.

„Das wäre der richtige Bock!“ murmelte Vinzenz, „aber er steht z'weit.“

Wir warteten also. Vom nächsten Felsköpfel übersah man die ganze Mulde, wir setzten uns gedeckt hin und spähten. Kein Windhauch, kein noch so geringes Lüfterl ging, die Ruhe war groß. Es war ein prachtvoller Morgen, das Licht, der Fels, der klare Himmel und das Wild bildeten eine Einheit in der Komposition der Natur, wie noch selten erlebt. Weiter hinten bemerkte ich jetzt in der Höhe eine Geiß mit turnendem Kitz, die beiden zogen langsam an der Felskante durch. Ihre Leiber wirkten eigenartig schön gegen den tiefblauen Himmel. Eine Dohle schwebte hoch über uns vorbei – hat jetzt vielleicht ein Gams gepfiffen? Es stimmte, auch Vinzenz hat den Pfiff wahrgenommen. Wir spekulierten die ganze Bergflanke ab, in Anblick bekamen wir dennoch nichts. „Mein“ Bock stand noch ruhig in der Mulde, den Gefallen, sich näher an uns heranzuäsen, wollte er anscheinend nicht tun. Wenn ich meinen Beobachtungsposten verlasse und mit seitlichem Bogen in Deckung näher pirsche, müßte ich auf Schußentfernung herankommen können, studierte ich die Lage. Ich winkte Vinzenz, daß ich den Gams angehen werde. „Probier's halt“, flüsterte er mir zu, während ich leise Rock und Fernglas ablegte. Ich kroch und arbeitete mich nach vorwärts. Der Bock stand – so etwas merkt man immer erst, während man sich im Gestein schindet – viel weiter entfernt als gedacht. Ich mußte zwei kleine Mulden überqueren. Mitunter blickte ich zu Vinzenz zurück: Er hob jedesmal bedächtig den Hut um eine Fingerbreite. Der Bock stand also noch! So, von diesem Block vor mir müßte es mit dem Schuß gehen.

Bevor ich mein Ziel erreichte, verhielt ich kurz und versuchte Atem und Pulsschlag in Ordnung zu bringen. Erst dann erhob ich mich leise. Jetzt erst begann mein Herz aufgeregt zu schlagen: Der Bock stand noch, er hielt mich aus.

In Zeitlupentempo schob ich meinen Hut und darauf dann den Büchsenlauf vor. Das Fadenkreuz wollte und wollte nicht ruhig stehenbleiben. Dann kam ein tiefes Durchatmen, Schuhspitze, Knie, Ellbogen und Brust verspreizt, lag ich da und visierte den Gams an. Im Schuß sah ich ein gutes Zeichnen, dann verschwand mein Gams hinter einem Steinblock. Meine Zigarette war kaum angeraucht, als Vinzenz schon bei mir stand. Kurz nachher fanden wir meinen Bock. Er hatte gut verpechte Schläuche mit acht Jahresringen.

Der Abschied von Berg, Tal und Revier fiel mir nicht leicht, nicht zu sprechen von dem von meinem Begleiter und Pirschführer. Wir feierten meinen Gams so ausgiebig wie nur möglich in einem Wirtshaus im Tal unten. „Das Kruckele werd' i dir schon nachschickn und dei Bixn brauchst nit unbedingt den Carabinieri an der Grenze unter die Nasn schiebn!" waren Vinzenz' Abschiedsworte.

Zauber der Heide

Große Flintentage im Seewinkel

Unendlich weit, reich und gesegnet lag die Ebene vor uns, als wir das Nordufer des Neusiedler Sees verließen und weiter in die Heide des Seewinkels fuhren. Schimmerndes, strahlendes Herbstwetter lag über all diesen Fluren, Feldern und Weingärten. Der Wein wurde schon gelesen, nur noch der Traminer wartete; Mais und Kartoffeln waren eingefahren, bloß die großen Rübenfelder standen noch vor ihrer Ernte. Der Herbst ist in diesem Lande die schönste Zeit des Jahres, wenn Hase, Fasan und Rebhuhn der Flinte freigegeben sind, wenn der jagdliche Höhepunkt des Jahres mit den Enten- und Gänsejagden kommt. Der ferne Dunst Pannoniens liegt über der grenzenlosen Ebene, über den Schilfwäldern der Heidelacken, über den Pappeln, Robinien und Nußbäumen, nächtlicher Frost macht die Sonne tagsüber noch schöner, Stimmung und jagdliche Freude strahlen aus allen Winkeln. Das alles zusammen heißt Seewinkel, das mit zahllosen Heideseen, „Lacken", bespickte Land zwischen Neusiedler See und der ungarischen Grenze.

Die Dörfer hier im flachsten Burgenland gleichen einander erstaunlich. Man trifft immer dasselbe Bild: Ein Haufen von Häusern steht entlang der Landstraße. In der Mitte der Ortschaft steht immer die barocke Pfarrkirche. Als Blickfang der Neuzeit dient auch häufig ein Getreidesilo und symbolisiert diese Kornkammer Österreichs. Die Häuser der großen Heidedörfer stehen dicht nebeneinander, als müßten die Menschen des Tieflandes einander näherrücken, um durch die Kraft der Gemeinschaft den fehlenden Schutz der Landschaft ersetzen zu können. Aus dieser engen Tuchfühlung entstand nicht nur die starke Ähnlichkeit der einfachen dörflichen Bauweise, sondern auch die Lebensform der Bewohner.

Als Gäste in einem der Heidereviere standen uns vier erwartungsvolle

Jagdtage auf Niederwild und auf Wasserwild bevor, vier große Flintenjagdtage, die man in Österreich nur in dieser Gegend erleben kann, die im übrigen westlichen Europa kaum noch denkbar sind! Gute Fasanenjagden gibt es im Lande noch hie und da, auch einige Hasenjagden lassen sich sehen, doch was den größten Reiz der Flintenjagd hier ausmacht, ist die Kombination von Treibjagd mit Morgen- und Abendstrich auf Wasserwild.

Im Dorfwirtshaus bekamen wir ein gutes Abendessen, dann gingen wir in unsere Quartiere. Schon hier erwartete mich eine angenehme Überraschung, da wir in separaten Sommerbungalows an einem kleinen Heidesee untergebracht wurden, nicht in einem Gasthaus. Die elektrische Heizung war zwar etwas dürftig, doch entschädigten mich dafür die Einzelzimmer, die Stille im Haus und die Unabhängigkeit im Tagesablauf; denn außer uns Jägern gab es hier keine Gäste mehr.

Am nächsten Morgen war es noch dunkel und frisch, als wir uns im Wohnraum zum Morgentee versammelten. Dann fuhren wir zu unseren Ständen in die Heide, um den Morgenstrich mitzuerleben. Unsere Schirme wurden aus Maisstangen errichtet, oben offene, wulstige Ringe oder nur Brüstungen. Man saß in ihnen bequem und konnte ungestört in den Himmel spähen. Ich legte mir die Patronentasche zurecht, suchte für die Flinte einen günstigen Platz zum Anlehnen, zündete mir eine Zigarette an und gab mich ganz der Erwartung hin. Rundum schlief noch die westpannonische Heide, doch gab es stets kleine Geräusche. Einmal kraspelten Mäuse im Maisstroh, dann hörte ich Rebhühner in der hinter mir liegenden Brache locken. Ein blasser Mond stand noch am Himmel, die Sterne blinkten, und von der Lacke her hörte ich das tausendstimmige Geschnatter des Wasserwildes, als die Morgendämmerung kam. Die Luft bewegte sich kaum. Dann plötzlich, als wäre der Geist der Heide auferstanden, ertönte ein Rauschen und ein Brausen wie ein heftiger Windstoß. Hunderte von Enten strichen von der Lacke her, gerade auf uns zu. Man sah zwar zunächst nur wenige dunkle Punkte am Himmel dicht nebeneinander; aber sie kamen, sie kamen! Herrgott, war das ein wunderbarer Anblick!

. . . der erste Schuß, Entenschnattern . . . Der zweite, schnell nachladen, während das Auge nach der Stelle spähte, wo die Ente aufschlug . . . Da waren sie schon wieder, immer neue und neue! . . . Die Flinte stach in den Himmel: Schuß – gefehlt, den zweiten nachgeworfen, die Ente trudelte herunter. Inzwischen krachte es auch bei den Nachbarn gehörig, die Enten schnatterten verwirrt und drehten blitzschnell nach rechts ab, der große

Schof wurde völlig durcheinandergebracht und strich ab. Jetzt kam ein einzelner Nachzügler und flog direkt meinen Schirm an. Nach dem ersten Schuß schnellte er in die Höhe, der zweite holte ihn vom Himmel. Das war der Auftakt zum Morgenstrich.

Nach einer Pause kamen kleinere Gruppen. Die Sonne stand bereits am östlichen Rand der Heide. Der Strich wurde zunehmend lebhafter. Schwirrend, schnatternd, rauschend kamen und gingen die Enten. Schüsse, immer wieder Schüsse aus allen Richtungen. Aus der Ferne der Lacke aber hörte man die Laute des Wasserwildes, mit dem Fernglas sah ich nebst Enten auch Gänse kommen und gehen. Schade nur, daß das Wetter so mild und ruhig war, so konnte man kaum mit niedrig streichenden Gänsen rechnen. Und schon wieder strich eine einzelne Ente an mich heran. Ich fehlte sie mit beiden Läufen. Die Hülsen flogen aus der Flinte, nachgeladen, dann fuhr der Lauf wieder in den Himmel und ein bunter Stockerpel schlug weich auf der Brache auf.

Das Entenschießen in der Heide ist nicht immer so einfach, wie man annehmen würde. Durch das Fehlen von Bäumen und einem Hintergrund verschätzt man sich recht oft in der Entfernung. Auch bei erfahrenen Jägern juckt oft der Schießfinger, gewagte und zu weite Schüsse zu riskieren, gibt es doch heutzutage nur noch recht wenige Möglichkeiten, sich einmal ordentlich „sattzuschießen"!

Die Sonne schwebte inzwischen wie eine dunstumhüllte riesige Feuerkugel über der Heide. Plötzlich ertönte wieder das „Ga-ga-ga" der Gänse. Sie strichen leider viel zu hoch. Einer der Schützen versuchte dennoch sein Glück. Die Gänse ruderten indes unbeeindruckt und in fester Formation mit rauschenden Schwingenschlägen weiter.

Jetzt, gegen sieben Uhr morgens, wurde alles lebendig. Aus allen Richtungen kamen Gänse in größeren und kleineren Formationen angestrichen. Es war ein unvergeßlicher Anblick trotz des hohen Fluges. Mir schien, als ob der ganze Herbsthimmel in Bewegung geraten wäre. Der Gänseruf erschallte aus den verschiedenen Richtungen. Besonders redselig aber wurde das Wild erst, wenn es auf der Lacke eingefallen war. Dort schnatterte die ganze Gesellschaft schwimmend und sich tränkend. Hie und da ertönte ein ganz heller Ruf, vielleicht ein Gruß an die frisch eingefallene Verwandtschaft. Er wurde aus der Luft lebhaft und freundlich beantwortet, während sich andere Gänse von der Wasserfläche abhoben und weiteren Zielen entgegensteuerten. Dieses ständige Kommen und Gehen gab dem Herbstmorgen Stimmung und Reiz, schon durch die fast sagenhafte Masse des Wildes. Der Gänsestrich ist mehr als ein jagdliches Ereignis, er ist ein Wunder der Natur, ein unvergeßliches Erlebnis.

Es war etwa gegen acht Uhr, als es mir gelang, eine einsam heranstreichende Gans herunterzuholen. Auch meine Freunde hatten nicht viel mehr Weidmannsheil – außer dem großartigen Anblick! –, da das Wild viel zu hoch strich. Wir hatten auch nicht die günstigsten Stände: Durch vereinbarte Schutzmaßnahmen und einer selbstauferlegten Einschränkung des Revierinhabers waren die Stände so gewählt, daß in der unmittelbaren Nähe der Lacke kein Schütze stehen konnte, somit konnte niemand aus dem vollen schöpfen oder gar auf aufsteigendes oder einfallendes Wasserwild schießen.

Gegen halb neun Uhr verließen wir unsere Stände und sammelten die Morgenstrecke ein. Von Massenabschüssen oder sportlichen Flintenrekorden konnte keine Rede sein, doch hatten wir alle sechs eine erfreuliche Strecke. Sportlich aber war die Eile, mit der wir uns für die ganztägige Treibjagd „richten" mußten. Kaum eine knappe Stunde hatten wir nur Zeit, um Morgentoilette zu machen und zu frühstücken; schon ging es auf zur eigens für uns veranstalteten Treibjagd. Der Trieb ging über Äcker, Weingärten, Wiesen und Sumpflöcher.

Als die erste Rebhuhnkette vor mir schwirrend aufstand, holte ich ein Huhn herunter. Bald darauf gelang mir ein Paradeschuß auf einen Hasen. Plötzlich gab es an der äußersten rechten Flanke einen Mordsspektakel. Ein Fuchs versuchte aus dem Trieb zu kommen, doch war es bereits zu spät für ihn. Der Eckschütze brachte ihn mit sicherem Lauf zur Strecke. Wir befanden uns unentwegt in Bewegung, sechs Schützen, der Aufsichtsjäger und zwei Treiber. Wir machten kleine Paralleltriebe und in den Rüben auch Streifen. Ich habe zwar auch große Kreisjagden gerne, die man überhaupt nur im Osten Österreichs veranstaltet. Doch noch anziehender für mich sind die kleinen „intimen" Triebe, die, den jeweiligen Geländeverhältnissen und landwirtschaftlichen Kulturen angepaßt, höchstens einige hundert Meter lang sind.

Im nächsten Feld schoß ich meinen zweiten Hasen und wieder ein Rebhuhn. Die Kette fiel unweit von uns nochmals in das breite Rübenfeld ein. Als wir sie einholten, stürzten wieder zwei kleine Vögel mit dem V-förmigen Schild an der Brust herunter. Hie und da brach es kräftig vor uns Schützen im Buschwerk und in den Schilfmulden – Rehe wurden flüchtig und jagten mit federnden Sätzen davon. Und dann wieder ein Bild von überwältigender Schönheit: Gänse strichen über uns hinweg.

Hasen gab es hier in Mengen, wie nur in meiner Kindheit in Ungarn erlebt! Am „ausgiebigsten" waren jene Rübenstreifen, die zwischen Weinkulturen lagen; hier stolperte man förmlich über Mümmelmann. Auf einem etwa jochgroßen Acker erlegten wir gleich sieben Hasen! Hier dominierten sie und auch die Rebhühner. Erst später kamen wir zu einer Rebschule, wo es recht viele Fasane gab. Die pfeilschnellen, hohen Feldfasane sind schwerer zu schießen als die Waldfasane, bei denen man durch die optische Hilfe der Bäume viel sicherer in der Schätzung von Entfernung und Fluggeschwindigkeit ist. Wir schossen nur die „Hahnen" – auf österreichisch ist dies die jagdsprachlich korrekte Mehrzahl –, und deren gar nicht wenige. Schon bis Mittag hatten wir über dreißig buntbefiederte zur Strecke, aber keine einzige Henne. Es gelang uns überhaupt während des viertägigen Jagdaufenthaltes, den Jagdherrnwunsch, das Schonen der Hennen, derart strikte einzuhalten, daß keine einzige Henne irrtümlich heruntergeholt wurde, was dann auch mit einer Wiederholung der Einladung honoriert wurde.

Die Mittagspause hielten wir nur kurz. Zu Füßen einer mächtigen Strohtriste ließen wir uns nieder. Die Sonne schien warm auf mein Gesicht. Ich aß mein Speckbrot und trank einen guten Schluck Wein, dann döste ich glücklich in Strohduft gehüllt. Der staubige, schwere Geruch von Herbststroh ist etwas ganz Besonderes, Verlockendes. Er erinnert an Zeiten, als das Stroh dem Menschen noch mehr bedeutete als ein ziemlich unwichtiges Nebenprodukt der Getreideerzeugung. Vor gar nicht so langer Zeit war hier in der Heide das Stroh noch Baustoff und Brennstoff. Für Generationen bedeutete es die Bettwärme, in der man schlief, liebte, auf die Welt kam und starb. Jahrtausendelang gab die Ähre die Nahrung, das Stroh die Wärme. „Auf geht's, meine Herren, der Tag ist recht kurz!" Der Revierjäger mahnte zum Aufbruch.

Nachmittags stöberten wir einige Remisen und Wiesen durch. Hier gab es im verdörrten, hohen Gras reichlich Wild, vor allem Hasen und Fasane. Die beste Strecke machten wir in einer längst aufgelassenen, weidenbestandenen Schottergrube. Hier wimmelte es vor Wild; wir erlegten allein in diesem Trieb siebzehn Stück. Allmählich kamen wir auch alle in gute Form, wobei kein einziger Teilnehmer unserer kleinen Gruppe von Haus aus unterdurchschnittlich „flintenbegabt" war. Führend in der Schießkunst aber war unser bekannter Wurftaubenschütze, dem zuzusehen allein schon eine Freude war – was nicht heißen sollte, daß auch er nicht relativ einfache Schüsse „verpatzt" hätte! Zu solchen Anlässen flog ihm dann stets eine freudige Aufmunterung zu. Denn das Schönste an der Flintenjagd ist die Geselligkeit, die Fröhlichkeit und die Teamarbeit, das korrekte Zusammenarbeiten und die neidlose Anerkennung der Leistung anderer. Und während wir die Ernte der Niederjagd einbrachten, tauchten immer wieder die langgezogenen Keile der Gänse auf, die ihren Lacken zustrichen.

Jetzt gingen wir über Maisstoppeln mit vielen liegengelassenen Kolben, die das Wild zum Äsen einluden. Unentwegt krachten Schüsse, auch ein Fuchs fiel in diesem Trieb. Wir streiften auch einige „Zickwiesen" durch. Die Bezeichnung kommt aus dem ungarischen Wort „szik"; das ist eine von Natronausblühungen saure Steppenweide, die an den vielen weißen, salzhältigen Flecken zu erkennen ist. Dazwischen mußten wir einen Entwässerungskanal überqueren, aus dem Enten hoch wurden, ohne beschossen werden zu können. Wir machten noch zwei kleine Triebe, wobei es mir gelang, mit drei Patronen drei Fasane zu schießen; dann stellten wir die Jagd ein. Die Strecke kam auf den Lieferwagen, wir Schützen auf den Kleinbus. Es ging wieder in die Schirme, zum Abendstrich.

Ziemlich ermüdet, doch in bester Laune, nahm ich eine Viertelstunde später meinen Stand ein. Ich legte mir die Patronen zurecht, suchte für die Flinte einen günstigen Platz zum Anlehnen, zündete mir bedächtig eine Zigarette an und gab mich ganz der Erwartung hin. Der Abend „schlich" immer näher, die Sonne wurde größer und größer und schwebte wie eine glutrote Kugel über der Heide.

Plötzlich ertönte von hinten der Ruf der Gänse. Ich machte mich im Schirm klein, an einen Schuß war wegen der Entfernung nicht zu denken. Die Gänse sind nacheinander auf die nahe Lacke und auf die Stoppeln niedergegangen, ohne daß wir nur eine einzige hätten schießen können. Mein Blick haftete am westlichen Himmel. Dort rollte ein Naturschauspiel ab, ergreifend und hoheitsvoll. Die rote Sonne hatte schon die Abendseite der Ebene erreicht und verschwand nun plötzlich ohne Übergang hinter den Wellen ferner Gebirgszüge. Bei Tag schien die Ebene, mit freiem Auge betrachtet, in der verschleiert-spätherbstlichen Beleuchtung auch gegen Westen unbegrenzt zu sein. Jetzt aber entsprangen der Ferne Konturen der letzten Alpenausläufer. Im selben Augenblick, in dem die Sonne vom Horizont verschluckt wurde, zerrann tiefrote Farbe über der westlichen Hälfte des Himmelgewölbes, immer breiter, immer tiefer. Das Dunkelrot wurde gegen die Himmelsmitte blasser, rosafarbiger und dann – es war ein außergewöhnlich schönes Bild – hellgrün. Gegen Osten war der Himmel dagegen dunkelgrau bis schwarz. Das Auge konnte sich nur schwer von dieser Abendpracht über der Heide lösen, es war wie ein Naturwunder.

Alles um mich herum war Erwartung. Ich hörte, wie das Schilf leise summend mit dem Abendwind plauderte, wie ein kaum wahrzunehmendes, geheimnisvolles Raunen die Heide durchdrang. Und dann plötzlich begann der Strich.

Weit vor uns, aus der Tiefe des Heidesees, wurden mit lauten Rufen Enten hoch, sie strichen mit sirrendem Schwingenschlag herüber zu den Feldern. Wie auf ein Kommando ertönte das große Konzert des Wassers, tausende Vogelstimmen klangen, lärmten und klagten. Sie erfüllten die Gegend mit einer wehmütigen Herbstmelodie, ohne Pause, ohne Rhythmus, immerfort und gleichtönig, als hätten sie den nahen Wintereinbruch bedauert.

Zuerst huschten nur einige Enten über uns hin. Sie kamen einzeln und aus mehreren Richtungen. Jetzt hieß es aufpassen und nicht aus der Deckung heraushängen. Enten sind viel mißtrauischer als Gänse, dafür streichen sie auch viel tiefer. Schon war ein Schof da, er kam ganz tief vom See her, um die Abendäsung auf unserem Feld einzunehmen. Und schon krachte es. Mein Nachbar holte eine herunter, da kamen schon andere, leider aus Osten, also aus dem Dunkel. Ich schoß zweimal ohne Erfolg; die Enten zogen schnatternd ab. Aber schon waren die nächsten da; wie bestellt kamen sie aus westlicher Richtung. Der Abendhimmel erhellte ihre Umrisse, sie strichen auf den Maisschirm meines Nachbarn zu. Zwei rasche Schüsse, eine Ente schlug mit dumpfem Geräusch auf. Die zweite holte ich beim Abdrehen aus dem Schof herunter, die übrigen beeilten sich, der erkannten Gefahr auszuweichen. Nun packte mich richtiges Jagdfieber!

Da kam schon wieder eine einzelne Ente, sie flatterte wie ein Schmetterling knapp über dem Boden . . . rrums . . . daneben, rrums . . . jetzt war sie verschwunden – die mußte liegen! Und nun drei Enten hintereinander, zwei aber kamen nicht über unser Schützenfeld hinaus. Mit einem mächtigen Brausen strich ein Schof außer Schußweite über den Rübenacker an uns vorbei. Ich sah das helle Gefieder und die dunklen Körper, zum Schuß aber kam keiner von uns. Und mitunter hörten und sahen wir immer wieder Gänse. Sie überflogen uns aber in einer Höhe, die um einiges über Schußweite lag.

Die letzten Enten des Tages kamen, als der Hirtenstern, der in den ungarischen Märchen und Sagen so häufig vorkommende Stern des

„Abendmorgens", schon glänzend strahlte. Nacheinander glühten auch andere Sterne auf und durchbrachen das immer schwärzer werdende Gewölbe. Die Strohtristen kuschelten sich in die Dunkelheit. In meinem Stand knisterten die Feldmäuse. Ein Pfiff vom Nachbarn her: Jagd vorbei!

In der Früh war es bewölkt und sehr kalt. Es wehte ein mäßiger Wind. Wir losten die Schirme aus, wobei es gar nicht so leicht war, in der Dunkelheit den als Richtungsweiser dienenden Strohschober zu finden. Die Sippschaft der Mäuse begrüßte mich im Schirm mit aufgeregtem Knistern. Aus dem bodendunklen Feld hörte ich Rebhühner locken. Langsam graute es von Osten her. Die Heide regte sich, bald waren auch die ersten Enten des Tages da. Flintenfeuer flackerte auf, auch ich kam einigemal zum Schuß, rund um meine Stiefeln häuften sich die Hülsen.

Fünf Enten hatte ich bereits, als die Sonne die letzten Schatten der Nacht verjagte. Leuchtende, goldene Strahlen fegten über die Ebene, die Umrisse der Strohtristen glühten und unzählige während der Nacht gefrorene Wassertropfen glitzerten. Unglaublich, wie schwer manch erlegte Ente zu finden war, obwohl ich mir jedesmal Richtung und Entfernung beim Aufschlag eingeprägt hatte.

Den Höhepunkt des Morgens erlebte ich, als es mir gelang, eine einsam streichende Gans herunterzuholen. Es war ein herrlicher Schuß; die Gans schlug schwer auf die gefrorene Brache auf.

Tagsüber bejagten wir einen Teil des Reviers, das in der Nähe der Heidelacke lag. Hier kamen wir an einem Feld vorbei, wo es von eingefallenen Gänsen wimmelte. Wir waren in guter Deckung und wurden lange vom äsenden Wild nicht wahrgenommen. Die ganze Schar schnatterte im Gefühl der vollen Sicherheit; manchmal flatterten einige zwei, drei Meter weiter und fielen dann zu einem kleinen Plausch bei der Verwandtschaft ein. Die Weide war übersät von den Gefiederten; der Anblick war ungemein eindrucksvoll. Schade, daß er durch die unvorsichtige Bewegung eines Jagdgefährten vorzeitig sein Ende fand. Mit einem donnernden Getöse, als führe eine Lokomotive über die Bohlen einer alten Brücke, stiegen die Gänse in die Luft. Es war betäubend. Die vielen Schwingen rauschten wie ein Gewitterwind. Es waren mehrere hundert Gänse, die hier vor uns hoch wurden!

Es waren insgesamt vier glückliche und große Flintenjagdtage, die wir im Revier verbrachten. Die Leistung war außerordentlich hoch, und auch die Strecke ließ sich sehen.

Am letzten Nachmittag gingen wir nicht mehr jagen. Wir saßen beisammen und ließen uns den Wein, das Hauptprodukt und den Stolz dieser Landschaft, munden. Die Flinten, das Jagdgerät und die Hunde ruhten um uns. Durch die große Glasfront der Stube beobachteten wir den Sonnenuntergang. Wie ein scheidender Herrscher verließ der Sonnenball die Heide. Bevor ihm die blutrote Krone vom Haupt fiel, blickte er noch einmal durch die Dämmerung auf die Endlosigkeit der Heide zurück.

Es gibt keinen Dreizehnten!

Gamsjagd und Hochsommer in den Gailtaler Alpen

Wieder einmal Sommerfrische in Kärnten: diesmal Hermagor, eine Kleinstadt mit vielen alten Häusern, mit Touristenmassen, mit einer ungemein anziehenden Umgebung und mit einer sorglosen Stimmung. Wunderbar schön ist das Gebiet: eingebettet zwischen zwei Bergzügen, im Norden die Gailtaler Alpen, im Süden die Karnischen mit Naßfeld und Eggeralm, dazwischen das beherrschende Massiv des Gartenkofels und des kleineren Zielkofels. Traumhaft schön ist das alles, ein glückliches Augenfest, doch am schönsten der tiefblaue, wolkenlose Augusthimmel mit der strahlenden Sonne.

Ich schwamm im Pressegger See. Das Wasser war glatt und warm, keine Wolke spiegelte sich im Glas seiner Fläche, nur kleine Segel, Schilf und Phloxsträucher am Uferrande. In der Spiegelung war freilich alles anders, verändert und ein wenig in Bewegung. Ich wurde nicht satt, die Spiegelbilder zu beobachten, langsam weiterzuschwimmen und mitunter auf die Berge hinaufzublicken. Dort oben, zwischen Graslitzen und Vellacher Egel, hinter Fels und Sattel, lag das Gamsrevier, wo ich nachmittags pirschen gehen sollte. Ich machte einige Tempi, ganz kräftig und tief durchatmend. Durch meine Bewegung zerfielen die kleinen Spiegelbilder des Wassers in tausend Teile. Ja, das wird wieder einmal ein schweißtreibender Aufstieg werden bei dieser Augusthitze! Wohlig suhlte ich mich nochmals im frischen Wasser und schwamm dann zum Ufer hinaus, dorthin, wo es Schatten gab, wo der Phlox blühte und wo meine Frau eben dabei war, für mich und für die Kinder das Picknick zu richten.

Ich warf mich neben ihr ins Gras. Während ich mit Genuß mein mit Käse und mit grünem Paprika belegtes Schinkenbrot verzehrte, wanderte mein Blick stets zum gegenüberliegenden, in der Mittagshitze gleißenden

Bergzug hinauf. Eine mächtige, bis unter die Waldgrenze herabfließende Geröllhalde teilte den Steilhang mit ihrer weißen Masse. Rechts daneben sah ich die Gruppe kleiner Felstürme mit schütterem Baumbestand, dahinter den Sattel, den wir beim Aufstieg überqueren werden müssen, um ins schattseitig gelegene Revier zu gelangen. Jetzt wanderte mein Blick zum Gailtal zurück, zu seiner breiten Weite, zum grünen Talboden mit der fernblauen Fortsetzung des Drautals im Osten, zur ganzen behäbig-beglückenden Ruhe und Schönheit des sommerlichen Kärntner Landes. Dazu noch das überraschende Glück der Jagdeinladung – meine Stimmung war euphorisch! Ich nahm einen Schluck Bier. Das war wieder einmal ein Tag, an dem es eine einzige Freude war, auf der Welt zu sein. Ob er für mich auch ein Weidmannsheil bringen würde? Der Tag, dieser beglückende, herrliche Sommertag, war nämlich ausgerechnet der dreizehnte August!

Einige Stunden später betrachtete ich den See bereits aus einer beachtlichen Höhe. Die vielen Segel der Boote und der Surfbretter nahmen sich wie Schmetterlinge aus, der See wie eine im Tal ausgeschüttete kleine Lache. Der Jägersteig, früher diente er als Viehpfad zur Alm, führte hier mit kleinen Serpentinen aus den Wandln heraus. Von hier ging es zum über achtzehnhundert Meter hoch liegenden Sattel schon gemächlich weiter. Wir verhielten zu einer Verschnaufpause.

Als ich vor Jahren das erste Mal in diesem Revier pirschte, faszinierte mich schon die prachtvolle Aussicht. Damals war es Winter, harter, lebloser Winter mit viel Schnee. An diesem Tag aber, da war die Welt voller sommerlicher Düfte. Der klare, wolkenlose Himmel gab die Aussicht frei in alle Richtungen. Es war ein grandioses Panorama!

Zur linken Hand sah man zu den Karawanken und zum Dobratsch. Hinter der Dreiländerecke ragten die Zinnen des Triglavs in die Höhe. Fast genau gegenüber sah ich im Feldstecher hinter den Karnischen den Luschariberg, den altehrwürdigen Wallfahrtsort mit der Kirche und den paar Häusern um sie, dieses uralte Heiligtum der Südalpen, in dessen Geschichte sich Glaube und Vergangenheit der hier lebenden drei Völker, der Deutschen, der Slowenen und der Italiener, berühren. Dann wanderte mein Blick weiter gegen Westen, den Kamm der Karnischen entlang, wo man gegen Ende der von hier aus noch übersichtlichen Welt die Dolomiten sah, besser erahnte.

Seit jener Zeit, als ich als Kind das erste Mal die Natur und ihre wunderbare Schönheit erahnte, die Liebe zu unserer Erde und ihrer vielfältigen Beschaffenheit entdeckte, „sammle“ ich erlebte Landschaften. Sie faszinieren mich jedesmal besonders dort, wo sich die Landschaftsstrukturen überdecken, wo verschiedene Elemente aufeinandertreffen, wo allein schon aus der geographischen Lage die Geschichte erwuchs. Von hier, wo ich an diesem sommerlichen Gamspirschnachmittag stand, konnte ich in eine der interessantesten europäischen Landschaften hinunterblicken: auf den „Knotenpunkt“ der Südalpen. Hinter dem Massiv der Karnischen Alpen konnte man sich unschwer die friaulische Tiefebene und dahinter die Adria vorstellen. Die Julischen lagen zum Greifen nahe vor mir. Sie und die Karawanken sind vielleicht die schönsten, geheimnisvollsten Berge der Alpen bei Vollmond: Noch nie sah ich anderswo ein wärmenderes, strömenderes Mondlicht als in der Bergwelt dieser hellen Giebel, Gipfel und Halden. Auch der große Maler des Kärntner Unterlandes, Berg, kam immer wieder auf das ganz eigenartige, warme, gemütsergreifende Mondlicht um seinen Rutarhof zu Füßen der Karawanken zurück, und auf die vielen Roßkastanienbäume, die zu einem Kärntner Landhaus gehören wie anderswo Nuß, Pappel oder Linde.

Auch die alte Völkerstraße, die historische Verbindung Altösterreichs zu seinen südlichen Provinzen, führte unweit von unserem Beobachtungspunkt ins Kanaltal und weiter nach Görz, ins Friaulische und nach Venedig. Nirgends ist der Süden, das Adriatische Meer, Österreich näher als hier und dennoch irgendwie ferne. Denn kein Fluß unseres Landes mündet in das Gewässer der nahen nördlichen Adria. Auch die Gail, die zu unseren Füßen das Tal durchfloß, strebt wie alle Flüsse und Bäche Kärntens zur Drau, um dann weit im Osten, in der fernen Tiefebene Ungarns, in die Mutter Mitteleuropas, in die Donau, zu münden. Unser Aussichtspunkt schenkte uns eine großartige geographische Übersicht!

Das Gailtal, Oberkrain und die friaulische Gebirgsgegend nenne ich das „Harpfenland“. In meinen Augen sind die Harpfen oder Harfen das „grenzüberschreitende“ architektonische Wahrzeichen dieser altkarnischen Landschaft, diese Holzskelettbauten mit dem Schindeldach, die zum Trocknen von Heu und Feldfrucht dienen. Sie beinhalten so viele konstruktive und formgebende Ideen, daß sie mit Recht als Produkte einer einheitlichen „übernationalen“ bäuerlichen Kultur gelten können. Einer Kultur, die alles mit sich und ihrer Umwelt in Einklang bringen konnte.

Mein Blick ging nochmals auf die Berge der Dreiländerecke. Ja, die Architektur und Volkskunst dieser Region sind trotz der drei Völker fast einheitlich, fast schmerzhaft altösterreichisch. Erst die Neubauten seit dem

Ersten Weltkrieg änderten das bauliche Bild der Region – man braucht nur Tarvis oder Wochein anzuschauen. Und was unsere eigene einheimische neue Baukunst betrifft: Auch hier fehlt die unmittelbare Anschauung, die aus der Wirklichkeit der Landschaft eine neue, moderne Gestaltung heranwachsen lassen könnte!

Wir standen am Jägersteig, schauten in die Landschaft, trockneten unser Gesicht nach dem Aufstieg ab und sinnierten. Ich krempelte meine Hemdsärmel herunter – hier beim Stehen und in der Höhe wurde es merklich kühler. Mein Kinn ruhte auf der Faust am Ende des Bergstockes. Ja, das war eine wunderbare Region, auf die wir jetzt herunterblickten! Ein Kärntner Witzbold definierte sie mir einmal – wir standen eines Herbstabends an einem der Absturzhänge des Dobratsch und blickten auf die Landschaft hinunter, glücklich und ein wenig auch ergriffen. Die Sonne nahm Abschied, und in der Stimmung des Abends lagen Glück und Sehnsucht nach der Ferne – also unser Begleiter ergriff das Wort und führte unser Gemüt in die Wirklichkeit zurück. „Meine Herren", sagte der Kärnter und blinzelte ohne Ergriffenheit in die besagte Region hinunter, „hier überschneiden sich drei Kulturkreise!" Ich war bereits auf eine Banalität gefaßt, doch dann sagte der Kärntner: „Meine Herren, drei Kulturkreise! Nämlich jene des Rotweins, des Apfelmostes und des Sliwowitz!" Befremdend war nur, daß er auf das Bier vergaß, auf diese wichtige bajuwarische Komponente der Landschaft. Zum dröhnenden Gelächter reichte allerdings damals seine Aufzählung auch so.

Auch jetzt mußte ich über dieses „bon mot" lachen, während ich meine Büchse ins Kreuz schob und mit meinen beiden Begleitern bergauf zog.

Meine Begleiter, der Jagdherr und sein Sohn – vor einigen Jahren war Rudi noch mein Schüler, heute ist er ein junger Kollege mit tausend Ideen im Kopf –, führten mich jetzt den sanft ansteigenden, letzten Abschnitt zum Sattel hinauf. Neben dem Jägersteig blühten überall Kohlröschen; sie dufteten schwer und süß wie ihre tropischen Verwandten. Hinter dem Sattel aber war alles vollgesät mit hellrotem Almrausch. Auch von dort, von der Schattseite, hatten wir einen herrlichen Ausblick bis zu den Tauern. Wir stiegen von hier bergab. Kurz danach trennten wir uns. Der Jagdherr pirschte weiter in Richtung Jagdhütte, mein junger Freund aber führte mich zu einem kleinen Quertal, wo es zu dieser Jahreszeit stets Gams geben sollte.

Am dreizehnten August?

Eine kaum erlebte, beinahe hörbare Stille umfing uns, als wir mit Rudi in einer kleinen Bodenmulde an der Schattseite Platz nahmen. Gegenüber lag ein mit schütterem Baumbestand bestockter Hang mit vielen kleinen Felsen und Wandln. Die Sonne bestrahlte die Gegenseite, doch bei uns im Schatten war es bald merklich kühl. „Du wirst sehen, da kommen bald die Gams heraus!" flüsterte mir Rudi zu, während er ein trockenes Hemd anzog. Ich blickte etwas skeptisch vor mich hin. Einige Minuten später entdeckten wir eine Rehgeiß, sie beobachtete uns lange regungslos.

Die Sonne sank inzwischen immer tiefer. Die Bergspitzen glühten im rötlichen Licht, und am Himmel zogen einige aus dem Nichts plötzlich aufgetauchte dunkelgraue Wolken durch. „Jetzt aber sind die ersten da!" Rudi entdeckte eine Gamsgeiß mit Kitz auf der Kante der Gegenseite. Die Geiß stand völlig regungslos in der Deckung eines Fichtenstammes, das Kitz aber tat sich nieder und ruhte. Es dauerte eine Weile, bis das Wild wieder in Bewegung geriet und weiter hinunterzog. Bald tauchte oben auf der Kante und aus der Deckung der Bäume weiteres Wild auf, und wir wurden Augenzeugen des vielleicht reizendsten Anblicks, den man im Gebirge erleben kann, der spielenden Gamsjugend.

Als wären sie dem Fels entwachsen oder den Baumstämmen entschlüpft, sausten plötzlich vier Kitze den Hang auf und ab. Sie spielten wie Menschenkinder Abfangen. Mühelos jagten sie den steilen Hang hinauf, sprangen sie von den Wandln herunter. Unentwegt war das Steindln zu hören, immer wieder rollten losgetretene Steinbrocken zum Grabengrund herunter. Manchmal verschwand die spielerische Hatz hinter der Kante, doch bald tauchte der ganze „Kindergarten" wieder auf. Die Sonne bestrahlte das Bild, kein Lüftchen ging.

Wir sahen auch immer mehr Geißen herunterziehen. Die Sommerdecke des Gamswildes ist durchaus nicht einfärbig oder gar falb. Auch hier beobachtete ich das immer wieder faszinierende Phänomen der farblichen Anpassung des Wildes an Licht und Umgebung. Schien die Spätnachmittagssonne direkt auf das Stück Gamswild, so wirkte es fast gelblich hellbraun, fast wie ein Sommerreh. Trat aber dasselbe Stück in den Schatten, so schien es braungrau zu sein, genau wie Fels und Erde rundum. Doch zwischen diesen farblichen Extremen gab es viele Variationen an Tönungen, je nachdem, ob das Wild mit dem Rücken oder mit dem Haupt zu uns stand.

Es wurde immer kühler.

Zur gleichen Tageszeit badeten die Leute noch fröhlich im Presseggersee. Es war eindrucksvoll zu erleben, was die Tatsache ausmachte, daß man sich nördlich des Kammes der Gailtaler Alpen befand, dazu noch quasi „doppelt-schattseitig". Die beiden Berge, der Spitzegel und der Vellacher Egel, nahmen uns völlig die Sonne, ohne den knapp uns gegenüberliegenden kleinen Hang zu beschatten. Meine Finger wurden kalt und steif. Es war immerhin der Dreizehnte des Monats, da konnte allerhand Schußbares kommen oder auch gar nichts; doch auch die schlimmste jagdliche Unbill, nämlich der Fehlschuß, konnte eintreten!

Den jungen Gamsbock, der jetzt hereinzog, hatten wir beide gleichzeitig entdeckt. Wir hatten beide die Gläser vor dem Auge, und Rudi murmelte irgend etwas leise in seinem weichen, warmen Kärntner Dialekt, der für meine Ohren vielleicht der lieblichste aller österreichischen Mundarten ist. Das Gemurmelte aber zielte dahingehend, daß man sich zum Schuß richten sollte, weil das Stück vielleicht „passen" könnte. Ich rieb erneut meine Finger warm, dann ging ich in Anschlag. Durch das Zielfernrohr beobachtete ich den schwachen jungen Bock. Ein sogenannter „Dreier" war er. Plötzlich war es mir gar nicht so kalt. Mein Puls ging heftig, wie jedesmal, wenn ich Wild im Fadenkreuz meiner Büchse habe. Rudi winkte mir leise zu: „Schieß!"

Es ging aber nicht. Der Gams hielt keinen Augenblick ein. Als er endlich breitgestanden war, hingen Zweige einer uralten Fichte in mein Schußfeld hinein. Und dann verschwand der Bock auf eine fast gespenstische Weise. Er trat einfach weiter in das schützende Geäst meines Blickfeldes hinein. Wahrgenommen hatte er uns gewiß nicht: Minuten später hörten wir ihn zum Geröllgrund herunterwechseln, doch auch dort blieb er gedeckt. Meine Spannung ließ plötzlich nach. Immerhin war es der dreizehnte August, ein Tag also, an dem man nicht unbedingt mit einem raschen Weidmannsheil rechnen durfte.

Die Zeit verging, allmählich nahte der Abend.

Die Gamspirsch hatten wir bis zum darauffolgenden Tag geplant, so war die Angelegenheit nicht dringend. Einen Zeitdruck gab es nicht, und die Nacht wollten wir ohnehin oben am Berg in der kleinen Jagdhütte verbringen. Ich wollte eben mein Fernglas zum Auge führen, als mich eine Bewegung am Gegenhang erstarren ließ. Ein neuer Gams zog den Hang herunter, jetzt verschwand er hinter einem Felsen, dann kam er wieder zum Vorschein. Wir konnten ihn eindeutig als einen weiteren jungen Bock ansprechen, als einen „Dreier", als einer jener Gruppe angehörenden, der wir ein Stück dem Auftrag des Jagdherrn gemäß „entnehmen" sollten. Immer wieder verschwand der Gams hinter Fels und Baumstamm, doch er zog eindeutig in unsere Richtung. Die Spannung stieg mit jedem Meter seines Herannahens.

Daß am Dreizehnten gleich hintereinander zwei passende Gams kommen müssen! Mein Jagdfieber stieg; so eilig hätten wir es gar nicht gehabt, Zeit stand uns eigentlich genug zur Verfügung. Bergspitze, Geröllhang, Fels und Bäume verfärbten sich von Minute zu Minute schöner im Abendlicht, es lag eine unsagbar ergreifende farbliche Stimmung über unserer Umwelt. In meinem Blickfeld stand Gamswild, doch richtig gesehen habe ich nur das einzige Stück, das zu uns heruntergewechselt kam.

Zwei, drei Gänge noch, dann müßte es gehen!

Aufmerksam und angespannt lag ich mehr als ich saß in meiner Felsmulde mit ausgebreiteten Loden als Unterlage auf der Brüstung. Da trat der junge Gamsbock einige Gänge weiter nach rechts und äugte in den Graben hinunter. Knall und Widerhall verschluckten den Einschlag auf die vielleicht hundertfünfzig Meter Entfernung. Auf den Schuß schnellte der Gams hoch, dann gab es einige müde Fluchten, und das Wild verschwand seitlich hinter der Deckung von Fels und Fichten. Und während am Hang gegenüber der Schußknall verhallte, flitzte das übrige Gamswild wie von Teufeln gehetzt den Hang hinauf und verschwand hinter der Bergkante. Ich wischte meine Stirne ab und zündete eine Zigarette an. Daß ich gut abgekommen war, war für mich keinen Augenblick fraglich.

Nun spürte ich mit einem Mal die Kälte des Sommerabends. Doch nach einigen Minuten wurde mir plötzlich wieder brennend heiß: Mein Gams wurde aus dem Wundbett hoch und zog mit schweren, stolpernden Schritten aus der Deckung heraus. Bergab! Ich wollte seinen Todesgang verkürzen, riß die Büchse noch einmal hoch, begleitete mit der Mündung den Wildkörper und zog durch, als ich ihn gut im Fadenkreuz hatte. Stein spritzte, das Wild machte einen müden Satz und verschwand hinter einem Felsbrocken. Gefehlt! Und dann kam der Gams plötzlich wieder zum Vorschein, seine Läufe verknäulten sich, das Haupt senkte sich todmüde herab, jetzt gab es einen leisen Rumpler, das Wild kippte um und es „walgte“ den leblosen Körper den Hang hinunter. Wir sahen regungslos zu. Einen überflüssigeren Schuß als den zweiten habe ich kaum in meinem bisherigen Leben abgefeuert!

Es war kein starker Bock, es war mein schwächster Gams überhaupt, den ich an diesem dreizehnten August erlegt hatte. Doch die Freude, die ich verspürte, als ich neben meinem Kärntner Gams stand, neben diesem herrlichen Geschenk glücklicher Gailtaler Sommertage, möchte ich jeden Tag des Jahres erleben!

Eine Viertelstunde später waren wir samt Strecke schon unterwegs zum Sattel. Im Westen, irgendwo hinter den Dolomiten Osttirols und den Drei Zinnen, verschwand das letzte Tageslicht, während über uns die Sterne des tiefen Augusthimmels zu leuchten begannen. Manchmal klirrten die Bergstöcke. Ein warmer Windhauch stieg aus dem Tal herauf. Mir schien, als ob wir drei Jäger und der erlegte Gams ein winziger Teil eines riesengroßen Ganzen sein würden, Zwerge zwischen Ewigkeit und Raum eines mächtigen Ganzen, zwischen Himmel und Felsen, Wanderer in einer Welt, deren Wirklichkeit für den Menschen nur für Augenblicke eine Geltung hat.

Hinter dem Sattel sahen wir dann auf die vielen Lichter des Tals hinunter. Sie wirkten auf mich wie ein Abglanz, wie eine Spiegelung des Sternenhimmels. Am Campingplatz unten leuchteten bunte Lichter. Hier heroben sahen wir nur unsere grauen Umrisse, während wir, das Geröll überquerend, den tiefen Nachtduft des unter uns liegenden Waldes eratmeten.

Inhalt

Seite